医疗纠纷处置概论

主　编　解　放

浙江工商大学出版社
ZHEJIANG GONGSHANG UNIVERSITY PRESS

图书在版编目(CIP)数据

医疗纠纷处置概论 / 解放主编. —杭州：浙江工商大学出版社，2016.12

(卫生法学系列丛书 / 吴崇其主编)

ISBN 978-7-5178-1830-4

Ⅰ.①医… Ⅱ.①解… Ⅲ.①医疗事故—民事纠纷—处理—中国 Ⅳ.①D922.16

中国版本图书馆CIP数据核字(2016)第304762号

医疗纠纷处置概论

解 放 主编

策划编辑 钟仲南 王艳艳 郑 建
责任编辑 王文舟
责任校对 金菲菲
封面设计 林朦朦
责任印制 包建辉
出版发行 浙江工商大学出版社
(杭州市教工路198号 邮政编码310012)
(E-mail:zjgsupress@163.com)
(网址:http://www.zjgsupress.com)
电话:0571-88904980,88831806(传真)
排 版 杭州朝曦图文设计有限公司
印 刷 浙江云广印业股份有限公司
开 本 710mm×1000mm 1/16
印 张 12.25
字 数 227千
版 印 次 2016年12月第1版 2016年12月第1次印刷
书 号 ISBN 978-7-5178-1830-4
定 价 32.00元

“卫生法学系列丛书”总主编

吴崇其

“卫生法学系列丛书”副总主编

徐勤耕　张以善　刘　群　王　毅　蒲　川
张　静　张际文　田　侃　石俊华　罗　刚
王　萍　赵　敏　李冀宁　邓　虹　郑雪倩
陈志华　王梅红　仇永贵　石　悦　杨淑娟
丁朝刚　冯正骏　戴金增　解　放　胡晓翔
崔高明　古津贤　王国平

“卫生法学系列丛书”编纂委员会

本书作者分工

主　编　解　放（中国卫生法学会常务理事、甘肃第三方医疗纠纷人民调解委副主任）

副主编　张云德（兰州大学医学人文中心副主任、副教授）

执　笔　（按姓氏笔画为序）

任云照（兰州大学）第九章

范锦梅（兰州大学）第二、三章

胡　妮（兰州大学）绪论，第一、六、七、八、十、十二章

柯　涛（兰州大学）第十一章

施守娟（兰州大学）第四、五章

前　言

医疗纠纷是世界上大多数国家步入现代化社会以后遇到的一大难题，中国也不例外。医疗纠纷涉及千家万户，直接关乎广大群众的生命健康、家庭福祉，易发生，易激化，且对抗性强，社会关注度高，处置难度大。医疗纠纷若不及时妥善地化解，即会严重地损害医患关系及其切身权益，干扰正常的医疗秩序，甚至引发群体性事件乃至社会治安事件、刑事案件，严重地影响整个社会的和谐稳定。我国政府一贯高度重视对医疗纠纷的预防和处置。但由于近年来我国的改革步入攻坚期，发展进入关键期，经济下行压力持续增大，致使包括医疗纠纷在内的各种矛盾凸显出来，且呈现易发、多发、尖锐化的态势。为此，各级政府特别是卫生、司法、综治等行政主管部门，法院、调解、仲裁等机构，以及广大医疗机构管理者、医务工作者比任何时期都认识到加强并切实做好医疗纠纷预防和处置工作的重要性、迫切性；卫生、法学、社会学、心理学的研究和教学也越来越关注对医疗纠纷预防和处置的再认识，以及对其历史渊源、发展趋势的探求。鉴于此，中国卫生法学会在其主持编纂的“十二五”国家重点图书出版规划项目之“中国卫生法学丛书”中将《医疗纠纷处置概论》列为著书选题，并委托我们编写。

《医疗纠纷处置概论》一书分十二章，从医疗纠纷概述，医疗纠纷处置的历史回顾，医疗纠纷处置主体、客体、权利义务、责任及各类处置形式等方面着眼，从理论与实践的密切结合入手，全面探讨、论述了医疗纠纷的法律关系、处置形式、程序及法律应用，准确定位了医疗纠纷双方的权利义务，并设专章详尽论述了医疗纠纷处置的关键环节——医疗责任鉴定的有关问题；从创新机制的角度探究了开展医疗纠纷仲裁、拓宽医疗责任保险范围的可行性。本书还纵向回顾和横向扫描了国内外医疗纠纷处置的现状及历史经验，特别是中国的传统法文化在处置医疗纠纷上的优势和特点。同时，本书还重点介绍了我国台湾地区和香港特别行政区，以及美、英、日等国处置医疗纠纷的沿革、特点及可借鉴的方式方法。

本书主编解放曾长期在新闻媒体和人大法制部门工作，先后担任了中国卫生法学会常务理事、中国消费者权益保护法研究会理事、甘肃省行政法学研究会副会长、省经济法学研究会副会长、省记者协会理事、省人大理论研究会理事、兰州仲裁委员会驻会副秘书长等，并被兰州大学聘为硕士生导师，被西北民族大学、甘肃政法学院聘为教授。从 2011 年起，解放担任甘肃第三方医疗纠纷人民调解委员会副主任、《第三方调解》杂志（原《甘肃医调》）总编辑，专职从事第三方调解的实务和理论研究。解放编著及参与的法制类专著有《中国市场经济与地方立法》《地方立法新问题探索》《行政许可法详解》《仲裁法律手册》《医疗纠纷人民调解法律汇编》《患者维权手册》等，他发表了《试论西部大开发与地方立法》《环境保护若干立法问题探究》《“三农”立法之我见》《医疗纠纷与第三方调解浅议》等法制类论文三十余篇，积累了较为丰富的法制实务及理论探索研究的经验。副主编张云德，曾任兰州医学院副教授，现任兰州大学医学院副教授、硕士生导师、甘肃第三方医疗纠纷人民调解委员会法学专家。张云德编著有《医学证据学》《医学证据学实用指南》等专著，在卫生法学和医疗纠纷处置的教学、研究上具有丰富的经验和深厚的造诣。本书之绪论、第一、六、七、八、十、十二章由兰州大学胡妮执笔；第二、三章由兰州大学范锦梅执笔；第四、五章由兰州大学施守娟执笔；第九章由兰州大学任云照执笔；第十一章由兰州大学柯涛执笔。两位主编整合了各自理论和实践的优势，互补共促，并带领编写组辛勤劳动、精心编撰，特别是在中国卫生法学会丛书编委会及副会长兼秘书长吴崇其先生的大力支持和指导下，历时两年，七易其稿，使得这本书具有了较为明确的系统性和一定的理论深度，具有了较强的指导性、操作性，对医疗纠纷预防处置的研究、教学、培训，特别是对实际应用具有重要的参考价值。我们希望本书出版后能够得到各科专家及处置医疗纠纷的同仁们指教，进一步丰富提升医疗纠纷处置的理论及实践水准，从而高效化解医疗纠纷，强有力地维护医患双方的合法权益，打造平安医院，让医者患者成为相互信任支持、携手同心呵护健康、共同捍卫生命的同盟军。如此，和谐、幸福将会伴随我们终老！

主　编　解　放

副主编　张云德

目　录

绪　论

在卫生法学中，人们从法律视角研究医患关系，着重研究医患关系的法律属性、医患法律关系的构成、医患纠纷解决的法律途径及医疗法律责任。而其他学科，像医学社会学、医学伦理学、医学心理学，它们研究的侧重点和卫生法学不同。具体医患关系的概念则有广义和狭义之分。狭义的医患关系仅指医师和患者之间因疾病的诊疗而形成的权利义务关系，这里的患者指因疾病而接受医师诊疗的自然人。患者因疾病接受医师提供的医疗服务，即形成医患法律关系。而广义的医患关系所涉及的医方和患方的边界要宽得多。医方不仅指医师，还包括护理人员、医疗技术人员、管理人员以及这些人员所在的医疗机构或医疗单位。而患方不仅指患者，还包括患者的家属、监护人以及与患者在医患关系中存在利害关系的自然人或法人。因此，广义的医患关系是指以医方为主的群体与以患者为中心的群体，基于医师为患者提供的诊疗服务而形成的法律关系。而广义的医患关系须以狭义的医患关系为基础，但法律所规范的医患关系通常指广义的医患关系。因为患者是到医疗机构就诊，接受医疗机构提供的服务，与医疗机构建立法律关系，医疗纠纷也多是发生在患者与医疗机构之间。因此本书研究的医患关系主要指广义的医患关系。由此我们定义：医疗纠纷是指基于医疗行为，在医方（医疗机构）与患方（患者或者患者近亲属）之间产生的因医疗过错、违约等而导致的医疗损害赔偿及医疗合同违约等纠纷。

毋庸讳言，近些年来，我国医疗纠纷日益增多，“重大医疗事故”“医闹”“伤医”现象也频频发生，严重影响了社会稳定与和谐社会建设。如何预防、化解医疗纠纷，构建和谐的医患关系，成为党和国家及全社会关注的焦点。为此，国家相继出台了一些改善医患关系、处置医疗纠纷的法律法规及规范性文件，如卫生部、公安部于 2001 年 8 月联合下发了通告（卫通〔2001〕12 号），2012 年 4 月又联合下发了《关于维护医疗机构秩序的通告》，2010 年 1 月司法部、卫生部、中国保监会联合下发了《关于加强医疗纠纷人民调解工作的意见》，2007 年 6 月卫生部、国家中医药管理局、中国保监会联合下发了《关于推动医疗责任保险有关问题的通知》，2014 年 4 月最高人民法院、最高人民检察院、公安部、司法部、国家卫计委联合下发了《关于依法惩处涉医违法犯罪维护正常医疗秩序的意见》，2015 年 10 月国务院法制办公室公开征求《医疗纠纷预防与处理条例（送审稿）》

的意见，2016 年 3 月国家卫计委、中央综治办、公安部、司法部又联合下发了《关于进一步做好维护医疗秩序工作的通知》，全国人大及其常委会先后制定了《中华人民共和国人民调解法》《中华人民共和国侵权责任法》，2015 年 8 月通过的《中华人民共和国刑法修正案（九）》（以下简称《刑法修正案（九）》）也将“医闹”列为刑事犯罪；在地方层面，2014 年，江西省首次出台并施行了全国首部地方性医疗纠纷处置法规——《江西省医疗纠纷预防与处理条例》，开了我国医疗纠纷地方立法的先河，并取得了显著成果。据了解，该条例实施以来，江西全省再没有发生一起恶性医疗纠纷案件，2014 年 1—10 月，发生医疗纠纷 2683 起，同比下降 31.2%；发生扰乱医疗秩序的“医闹”事件 252 起，同比下降 78.8%；各级医调组织共调解医疗纠纷 1407 起，调解成功率达 91.6%。全国各地也在积极加强医疗纠纷处置工作，大力推进人民调解机制建设，探索建立符合国情的医疗风险分担机制，切实维护正常医疗秩序，构建和谐医患关系。如 2014 年人民调解组织就成功解决了 6.6 万起医疗纠纷，当年虽然全国医疗机构诊疗总量比上年增加了 3 亿多人次，但医疗纠纷数量却下降了 18%。因此，随着新形势的变化，医疗纠纷处置也必须与时俱进，积极吸收融入新的有效的内容、经验、方法，为医疗纠纷的解决、新型医患关系及平安医院建设提供全面充实的指导和服务，进一步推动和谐社会建设的深入开展。

第一节　医疗纠纷处置概述

一、医疗纠纷处置的主体

法律关系的产生，是以主体的存在为前提的，即法律关系中权利的享有者和义务的承担者，具有法律性和社会性。法律关系的主体具有权利能力、行为能力和责任能力。根据我国民事法律规定，医患法律关系的参与者为医方和患方。而医疗行业是国家实行严格准入制度的行业，行业法律法规对医疗机构也有明确规定。

医方，是指医疗机构及其医务人员。

国务院颁布的《医疗机构管理条例》第十六条规定：“申请医疗机构执业登记，应当具备下列条件：（一）有设置医疗机构批准书；（二）符合医疗机构的基本标准；（三）有适合的名称、组织机构和场所；（四）有与其开展的业务相适应的经费、设施和专业卫生技术人员；（五）有相应的规章制度；（六）能够独立承担民事责任。”由此可见，医疗机构符合法人条件，它是以提供医疗服务为主要目的的事业单位法人。根据原卫生部发布的《医疗机构管理条例实施细则》，医疗机构包括:(1)综合医院、中医医院、中西医结合医院、民族医医院、专科医院、康复医院;(2)妇幼保健院;(3)中心卫生院、乡(镇)卫生院、街道卫生院;(4)疗养院;(5)综合门诊部、专科门诊部、中医门诊部、中西医结合门诊部、民族医门诊部;(6)诊所、中医诊所、民族医诊所、卫生所、医务室、卫生保健所、卫生站;(7)村卫生室(所);(8)急救中心、急救站;(9)临床检验中心;(10)专科疾病防治院、专科疾病防治所、专科疾病防治站;(11)护理院、护理站;(12)其他诊疗机构。

医务人员是指依法取得执业资格的医疗卫生专业技术人员,如医生、护士等,他们必须在医疗机构执业。

患方,主要指患者或者其亲属、监护人等,作为民事法律关系的主体,必须具有民事行为能力。

在一般法律意义上,医患双方处于平等主体地位。一方面,从医疗行为上看,人们一般认为在医患关系中,医方处于明显的优势地位。这主要表现在医方与患方关系中交织在一起的三个支点:医生的专业知识及其职业权威和患者对其的依赖性。医疗知识的高度专业性,使患者和医生之间的知识水平高度不平衡,进而形成患者在生病时很难充分维护自己各方面利益的现实。同时,医疗对象的多样性特点使得医疗服务很难绝对地标准化,这种以个体特性为依托的治疗行为实际上造成了患方对医疗行为的困惑与质疑。另一方面,从权利维护的角度可见,自2002年4月1日起实施《最高人民法院关于民事诉讼证据的若干规定》及2002年2月颁布《医疗事故处理条例》以来,一些患者维权意识过强,而部分医务人员维权意识淡漠,这也成了医疗纠纷的主要诱因。当然医生作为承担救死扶伤的主体,是具体执行国家医疗政策的社会特殊责任者,其职业道德素质对患者也会产生巨大影响。医生与患者的关系应该建立在相互信任的基础上,应该更多加入人文关怀和社会责任等因素,而不是简单地遵循市场经济条件下的平等交换原则。

二、医疗纠纷处置的客体

医疗纠纷这一法律关系的客体是医疗行为,它是由医务人员根据患者的病情作出的诊断与治疗行为。此类行为是按现行法律规定,依患者病情作出的诊疗行为,应当符合医学法律法规、规范、规章和医学常规。任何不符合以上规范或不符合病情的行为,以及不被患者及其家属理解的行为都可能引发医疗纠纷。所以,医疗纠纷处置的客体——医疗行为,就是引发医疗纠纷的根源,只有正确理解医疗行为,才能正确认识医疗纠纷的本质,妥善处理医疗纠纷。

三、医疗纠纷处置的内容

“民事法律关系的内容,是指民事法律关系主体所享有的民事权利和负有的民事义务。”①医疗纠纷法律关系中，其处置内容就是医患双方的权利与义务。从医方来讲，具体包括医疗机构和医务人员两个组成部分。医疗机构的权利主要有：独立运营的权利，对疾病的紧急救治、诊断、康复、保健、预防等医疗权，收取医疗费用的权利，特殊情况下准行政权等（如在“非典”时期，医疗机构就拥有留置患者、强制治疗与检查患者的权利）。医务人员的权利主要有：医疗诊治权、医疗设备使用权、科学研究权、继续教育权、人身安全权、获得经济待遇权、强制执行权等。医疗机构的义务主要有：社会义务、内部管理义务、尽力诊疗义务、制作保存病历义务、紧急救护义务、转诊义务等。医务人员的义务主要有：遵守法律法规及技术操作规范的义务、如实记载和妥善保管病历的义务、如实告知和说明的义务、抢救及转诊的义务、保护患者隐私等义务。从患方来讲，患者的权利主要有：基本医疗权、知情同意权、医疗自主权、隐私受保护权、请求赔偿权、医疗监督权等。患者的义务主要有：配合医方诊疗的义务，遵守医院规章制度、尊重医务人员及其劳动的义务，给付医疗费用的义务，接受强制性治疗的义务，防止疾病扩散等义务。

四、医疗纠纷处置的途径

我国于 2002 年 2 月颁布的《医疗事故处理条例》规定了三种医疗纠纷解决方式：双方当事人协商和解、卫生行政机关调解、医疗诉讼。随后颁布的《侵权责任法》《人民调解法》，又把人民调解、仲裁增加为医疗纠纷解决的方式。这些纠纷解决模式均是立法所确定和认可的。随着社会经济的发展，医疗纠纷的解决还会有更多途径，但总体来说可分为诉讼和非诉讼解决方式两类。

诉讼是解决医疗纠纷的最后手段，它具有程序规范、理论丰富和效力性高等特点，但在学术界和司法实践中的争论也最多。具体而言，法院诉讼解决方式的优点在于：程序完全依据《民事诉讼法》的规定，较为严格规范；有关医疗纠纷诉讼的各种理论研究丰富，学术界的探讨和司法实践又在不断丰富医疗纠纷的诉讼解决方式；诉讼判决或调解结果被法律赋予了确定力和执行力，在一方拒绝履行义务时，另一方可以申请法院强制执行，因此效力最高、权威性最强，特别是对于一些社会影响大和案情复杂的案件，选择诉讼无疑是平息纠纷、维护社会稳定的最有力方式。

非诉讼方式是使用诉讼外的方式来解决纠纷，重在当事人双方谈判或由第三方站在中立的立场调解双方当事人的纠纷。非诉讼方式突出当事人的自主权利，双方可以就纠纷的解决方案通过协商达成一致，或者邀请第三方（非法院）参

① 魏振瀛：《民法学》，北京大学出版社 2000 年版，第 33 页。

与，针对纠纷的产生过程以及造成的影响，公正地做出裁决，双方当事人都无条件执行的一种方式。由于非诉讼方式奉行当事人主义，因此非诉讼方式是重要的医疗纠纷解决机制，也是遏止医患关系继续恶化的有效方式，而且更加适合在私法领域（主要是民事法律关系）中使用。

2013 年国家卫计委统计，全国医疗机构接待患者数量为 73 亿人次，发生医疗纠纷 7 万起左右。尽管 7 万起医疗纠纷在就诊数量中的占比并不高，但每一起都会令眼下紧张的医患关系雪上加霜。改善医患关系，处理好医疗纠纷成为当前医疗工作的重点。自 2010 年《中华人民共和国人民调解法》和《关于加强医疗纠纷人民调解工作的意见》出台以来，全国各地积极推进医疗纠纷人民调解工作，建立以人民调解为主要模式的第三方医疗纠纷化解机制，取得了显著成效。据统计，2013 年共调解医疗纠纷 6.3 万件，调解成功率达 88%，有力地维护了医患双方合法权益，维护了社会和谐稳定。

同时，我国也在积极完善和推进医疗责任保险制度的建设。医疗责任保险是医疗风险分担机制的重要组成部分，可以有效维护医患双方的合法权益，通过与医疗纠纷调解机制的有效结合，可以防范、化解医患矛盾，维护正常的医疗秩序；利用保险费率的杠杆作用，能够引导医疗机构增强风险意识，提升风险管理水平。中国保监会高度重视医疗责任保险，同国家卫计委、司法部、财政部等部委联合印发了《关于加强医疗责任保险工作的意见》，并召开全国电视电话会议，交流各地医疗责任保险的试点经验，提出到 2015 年底，全国三级公立医院参保率应当达到 100%，二级公立医院参保率应当达到 90%以上的要求。同时积极去各试点调研，并主动协调国家卫计委，推动将医责险纳入“平安医院”和医疗风险分担机制建设。目前，全国除个别地区外都开展了符合当地特点的医疗责任保险试点工作。2013 年，我国医疗责任险保费收入 15.7 亿元，累计为各级医疗机构提供风险保障 242 亿元，已赔付 9.65 亿元，有力支持了医疗纠纷处理机制建设和医疗卫生事业的发展。2014 年 8 月 10 日，国务院印发了《关于加快发展现代保险服务业的若干意见》，强调要积极探索开展强制责任保险试点工作，尤其是大力发展医疗责任保险，提出到 2020 年，基本建成保障全面、功能完善、安全稳健、诚信规范，具有较强服务能力、创新能力和国家竞争力的保险强国。

回顾近几年的工作实践，不管是独立的第三方调解，还是市场化的保险制度，都对缓解医疗纠纷、构建和谐社会发挥了重大的作用，并且越来越受到广大医患者的青睐和欢迎。

第二节 医疗纠纷处置的原则和目的

一、医疗纠纷处置的原则

（一）自愿原则

医疗纠纷处置方式有诉讼和非诉讼两类处理方式，可以根据意思自治的民法理念，由医疗纠纷的参与主体自主地选择解决纠纷的方式。当然，任何一种纠纷处理方式都有利有弊，在实际中只能由参与主体依据具体情况合理选择处置方式，最大限度地维护其合法权益。

（二）合法原则

任何一种医疗纠纷处置方法都有一定的规范要遵守，要按照一定的规范去执行，才能达到医疗纠纷处置效果的最大化。因此，选择任何一种处置方式都要依法进行。

（三）关联性原则

医疗纠纷处置方式的运用要遵循关联性原则。医疗纠纷只能是因医疗行为引起的纠纷，对于非医疗行为引起的纠纷及不属于医疗纠纷范围内的纠纷，应由参与主体选择其他法定途径处理。

（四）一次性补偿原则

依据相关法律法规的规定，在医疗纠纷发生后，不论采取何种处置方式，处置结果都坚持一次性补偿原则。在执行完补偿协议后，医患双方因医疗问题引起的所有争议即告终结，任何一方不能再对此纠纷以任何理由和方式主张权利。

二、医疗纠纷处置的目的

（一）合理合法解决纠纷

医疗纠纷是指患者在接受医疗服务过程中或终结后，因发生非医疗必要的或非疾病自然转归的不良后果，由此与医疗服务提供者之间就不良后果发生的原因、性质、因果关系等方面以及医疗服务合同订立、履行、终结等方面的权利义务产生分歧和争议而引发的纠纷。一般需要通过双方自行和解或第三方调解来解决纠纷，协商或调解不成功的可以通过司法程序解决纠纷。党的十八届三中全会提出，我们要全面依法治国，完善社会主义法律体系，增强全民的法律意识和法治观念，建设社会主义法治强国。在“全面依法治国”的战略指引下，医疗纠纷的解决必将纳入法治程序，医患双方应当根据纠纷的内容、特点选择适宜的合法的解决方式，而不是在纠纷面前不知所措或失去理智。医疗纠纷处置的最直接目的就是在合理合法的范围内解决医疗纠纷。

（二）构建和谐的医患关系

医患关系是医生与患者在医疗过程中产生的特定关系，它不仅仅反映医生群体和患者群体之间的关系，而且可以折射出整个医疗卫生界乃至所有的社会关系。和谐的医患关系是社会主义和谐社会不可或缺的组成部分。当前，构建和谐医患关系已成为全社会关注的热点话题，全国各地医患纠纷日益增多，暴力冲突频发，给医疗卫生事业的正常发展和社会的和谐稳定都带来了负面的影响。一项来自新浪新闻网的医患关系调查报告显示：被调查的人群中，感觉医患关系融洽的人只有1.7%，74.3%的人感觉医患关系紧张，还有24%的人觉得医患关系一般。发生医患冲突并不是简单的医学技术问题，而是包括医学、法学、社会学、经济学、管理学、心理学等众多学科在内的综合性社会问题。因此，研究和探索如何依法解决医疗纠纷、构建和谐的医患关系，对于提高全民健康素质，加快我国卫生事业的持续健康发展，推进医药卫生体制改革和维护整个社会的和谐稳定都具有十分重要的现实意义和长远意义。

（三）适应经济社会发展的需要

我国实行市场经济后，人们的商品意识和竞争意识不断增强。在经济利益的驱动下，医生群体与患者群体在新的利益分配机制尚不完善的情况下时常会发生冲突。此外，我国现阶段的卫生资源相对贫乏，分配也不合理，医疗保障体系尚不够成熟，患者及医务人员的素质、医疗技术和医疗服务的质量都亟待提高，从而使我国目前的医患关系处于不稳定、不平衡、利益冲突不断加剧的特殊时期。如果仍不改善，有可能出现“医者不敢行医，患者不敢就医”的情形，将带来更严重的社会矛盾和危机。因此我们必须尽快从卫生体制、社会保障等宏观层面解决医学与社会的关系问题，同时也要从医学人才、医疗技术、医患素养、医患沟通等微观层面来探讨和解决医患纠纷，以此来构建和谐的医患关系乃至和谐社会。

第一章　医疗纠纷处置的历史发展

第一节　中国传统法文化对医疗纠纷处置的影响

一、中国传统法文化概述

中国传统法文化，源远流长，它不断地积淀在一代代国人的心灵深处，流贯于每个人的周身血液，出现于人们的行为方式和人际关系之中，物化在我们的社会制度、习俗、规范以及形形色色的物质和精神产品里。因而，中国传统法文化是中华民族宝贵的精神财富，对于今天的法治现代化建设有着重大而深远的影响。

由于对文化及法律文化理解的多元性，法学界对中国传统法文化也有不同的解释，可谓众说纷纭。有的学者认为中国传统法文化是融儒、佛、道为一体的文化；有的学者认为中国传统法文化是以“伦理为本位”的儒家文化；有的学者认为中国传统法文化是礼法并重、以礼为主，传统法制与伦理道德交织在一起，本质上属于伦理法；有的学者认为传统法文化是以刑律为核心，融道德、习惯、家规、乡约为一体，强调礼治，重视道德，实行人治，将礼乐的教化与道德的约束置于重要地位，仅把法视为治国的辅助手段等。我们认为中国传统法文化是一个民族在长期的共同生活过程中所认同的、相对稳定的与法和法律现象有关的制度、意识和传统学说，是社会上层建筑中有关法律思想、法律制度、法律设计等一系列法律活动及其成果的总和。

中国传统法文化，不仅具有“明德慎罚”“出礼入刑”“德主刑辅”等浓厚的儒家伦理化色彩，而且还具有“法自君出”“朕即法律”等明显的人治化特色。中国传统法文化有如下品质：

（一）礼法结合，以礼统法

在中国传统法文化中，重礼的传统由来已久。早在西周初期，周公就“制礼作乐”，以礼治国。到了春秋战国时期，礼治思想进一步发展，许多政治家、思想家都强调“礼”的重要性。如子产说：“夫礼，天之经也，地之义也。”荀子说：“礼者，法之大公，类之纲纪也。”“礼”是一种差别性的规则体系，“法”则是同一性的规则体系。二者分别是儒家和法家的治世之具。传统法文化重礼，是为了维护“君君、臣臣、父父、子子”的宗法等级秩序，其目的就是实现“贵贱有等，长幼有差”。礼治就是建立在宗法结构基础上的，等级森严、尊卑有序的社会政治伦理秩序体系。从本质上说，它体现的是以宗法家族为本位的个人与社会、个人与家族、个人与国家的关系图式。在这种图式下，个人的权利及价值被漠视，个人并不是独立存在的实体，而是社会性的存在物。儒家重礼，并不完全否定法的作用，荀子就曾提出“隆礼”与“重法”并行的主张，贾谊、董仲舒也主张礼法并用。但在传统法文化看来，礼与法不是平起平坐，而是礼处于统率地位，法必须以礼为纲。礼法结合，以礼统法，通过礼预防犯罪，导民向善，通过法惩治犯罪，禁人为非，如此就构成了中国传统法文化的特点。在礼与法的关系上，礼指导着法律的制定，比如“三纲五常”之礼就是历代封建法典必须贯穿的基本内容。礼影响着定罪量刑，凡是违礼之罪要加重惩罚，礼法互补，以礼为导，以法为准绳，以礼为内涵，以法为外貌；以礼移民心于隐微，以法彰善，以礼再现恤民的仁政，以法渲染治世的公平。

（二）德刑并用，以德为主

在中国传统法文化中，以德教为主，道德是调整社会关系的主要手段，而法律则处于次要地位，是道德的辅助手段；刑是工具，而道德教化则是目的，刑罚的适用必须建立在德教的基础上，而实施刑罚的目的，则是实现道德教化的要求。道德几乎成为法律的化身。道德规范对法律世界的介入非常广泛，以至于很难截然划分道德与法律的界限。在德刑关系上，德教的地位高于刑罚，即所谓“德主刑辅”，所谓“德教者，人君之常任也，而刑罚为之佐肋焉”。传统法文化主张“为政以德”。“为政以德”有两方面的意思：一是提倡仁政，反对暴政；二是重道德教化，主张“以德化民”。德与刑相比，是以德为主，以刑为辅，这就叫“德主刑辅”，刑罚必须以礼乐为依据，否则就不会得当。从使用效果来说，儒家主张刑罚只能惩罚犯罪，而德教却能“止邪于未形”，防患于未然。从使用顺序来说，儒家主张先教后诛，反对不教而诛。在“德主刑辅”思想的指导下，法律自我发展张力极其衰微，法律成为伦理道德体系和行政命令的附庸。法律规范与道德规范、行政命令之间没有明确的界线，法律缺乏独立性和自治性，从而丧失了自身作为法律的独特个性和功能。

（三）皇权至上，法自君出

中国传统法文化的基本政体形态是君主专制，皇帝处于政治结构的金字塔顶峰。为维护皇帝的权力、地位及个人尊严，树立皇帝的至高无上的独尊地位，法律成为皇权的附庸，法律的至高无上性为皇权的绝对神圣性所代替。在对待皇权的态度上，传统法文化中的儒、墨、法三家都维护皇权。在传统法文化中，一切大政方针都由皇帝“乾纲独断”，法律出自君主，所谓言出法随，口含天宪。皇帝的威严神圣不可侵犯。皇帝所拥有的特权，超越法律，支配着法律，皇帝的诏令不仅必须无条件执行，而且不许评论。他可以因一时之喜怒或立法或废法，历代中国的法典中从没有约束皇权的条款，著名思想家黄宗羲说过，封建国家的法律是“一家之法”而非“天下之法”。

（四）法律是手段和工具，而非目的

中国传统法文化中，法律是“帝王之具”，是“治民之本”。法律不是源于理性、正义，而是源于君主权力之下的对人性善恶的看法。人性善论者主张以礼齐民，以德导民。法律的出现与作用主要是用于制裁那些不服从教化的“小人”“刁民”。人性恶论者主张法治，以严格的法治来遏制人性中的贪欲，从而“定分止争”。无论性善论还是性恶论者，在法律是君主治民工具这一点上具有高度的共识。在传统法文化中，将法律置于君权之下，视法为君主的一种统治技术，在这种御用法律精神中，人成为法律规定的存在，是法律的客体而不是法律的主体，法律是对人的约束而不是保护，无形中将法律私有化，成为个人意志的体现，完全失去了法律对君主的约束力量，因而在中国封建社会法律文化发展中，君主既是最高的立法者，又是最大的司法官。

（五）重群体，轻个人；重义务，轻权利

在中国传统法文化中，法律不是“个人”的确认者、保护者，法律不承认个人的价值、尊严和自由。法律的基本精神是维护集权专制政体和宗法家族制度。家族是国家和社会的基础，维护家族和维护国家是一致的，家国不分，法律宗法化，宗法法律化。在以国家和宗族为本位的法律面前，个人的地位、权利完全是无足轻重的，君叫臣死，臣不得不死，父让子亡，子不敢不亡。孟子曾说“天下之本在国，国之本在家”“人人亲其亲，长其长，而天下平”。从中国封建法律规定的“十恶”看，就有一半是维护宗法家族制度的，另一半是维护封建王权的。中国传统法文化还表现在法律无视权利，完全以义务为本位。纵观中国古代社会，从未出现过以权利为主体的法律意识和法律规范，人只是法律义务的载体。人的主体地位和自由权利在法律上的丧失，导致中国政治的专横和独裁。在中国封建社会后期，传统法文化中的义务本位精神越发明显。“存天理，灭人欲”的提出，更是强化了人们的义务，将人为取得各种权利的欲望均视为犯罪。

（六）重人治，轻法治

传统法文化经过儒家与法家的较量，在人与法的关系上，重人治，轻法治，认为“为政在人”“人存政举，人亡政息”。也就是说，政事的兴废，全系于当权者是否贤明，要想治国，只寄希望于贤者。这种主张夸大了当权者个人的作用，把当权者个人置于法律之上，这就为个人随心所欲，以言代法大行方便之门。

（七）重实体，轻程序

中国传统法文化是公法与私法不分，诉讼法与实体法合一的诸法合体的法律结构体系。法律的专业化程度较低，“无讼”的法文化意识根深蒂固，诉讼法制不发达。在司法过程的运行机制上，中国传统法律文化表现为司法与行政合一，行政长官兼理司法。

古代中国，无论在中央或地方都没有专职司法官吏。在中央，三省六部的官员都可以直接参加重大案件的审理，反映行政机关对司法的全面干涉，而皇帝则拥有最高的司法审判权，法律保证皇帝对司法权的控制；在地方，专职司法官员只是辅佐行政长官审理案件，大多数情况下却是行政官吏亲自审案，行政与司法机关合二为一。

二、“重调解，轻诉讼”的法文化内涵

我国以土地为中心的自然经济将农民长期束缚于一个狭隘的社会环境中，传统道德所倡导的“和为贵”的思想又在宗族内部和社会成员之间得到肯定。尤其儒道思想中重视人伦关系的自然和谐，要求人们和谐相处，严禁父子反目、夫妻成仇、邻里为怨、亲友无信等思想观念更是得到首肯并得以传播和实现。人们一方面受传统礼制的束缚，另一方面又在传统文化所归置的这种无形范围内最大限度追求和实现着他们所期待并为社会认可、国家保护的公平和正义。当然，这种公平正义的价值追求可能由于其实现形式的表面现象而被人们忽视，因为中国传统法文化中的一个重要的特点就是以“无讼”为价值取向，“贱讼”的传统影响深远。但是，透过中国古代的礼法，可清晰地看出，我国古代民众孜孜追求他们心目中的法价值，为了公平正义这个终极目标而不泯决心。而事实上，中国古代的民事抑或其他纠纷产生后，往往不讼或由乡里调解以息事宁人；可一旦纠纷较大而上告官府，往往还是能在基于礼法、情理与道德的基础上得到相对公正的判决的。所以，可以说我们的祖先是在基于道德的基础上来追求法和谐理念的，是在以“礼治为先”的风尚中存怀公平正义的观念的。

由于中国古代统治者为维护其统治过分地强调和谐，加之占中国古代思想统治地位的儒家思想也极力宣扬“无讼”“息讼”“贱讼”“厌讼”等观点，所以无讼成为中国传统法文化里追求和谐的必然选择，也是体现中国传统法文化及其价值追求的最突出和集中的表现。“无讼不过是和谐延伸到司法上的一个转借词而已。”儒家主要的创始人孔子在《论语·颜渊》中言：“听讼，吾犹人也，必也使无讼乎！”其隐含的观念基础在于，争讼是社会的一种不道德行为，理应越少越好。人与人之间相争相讼，是对和谐世界的破坏，而人与人之间的和睦相处，无争无讼才是最重要和最美好的。孔子这一看法是中国古人“和谐无讼”理想的经典写

照，并且成为千百年来司法活动和诉讼实践一以贯之的行动指南，几乎历朝历代都将其奉为圭臬而遵守之，没有太大的变动。劝讼、止讼曾经是中国历代官府与官吏的重要使命，他们力图以此实现“完赋役、无讼事”的天堂世界。因此由于这一历史影响，在医疗纠纷处置中，调解成为大多数当事人的主要选择。

第二节 我国医疗纠纷处置方法及其发展

一、医疗纠纷处置方法的历史沿革

我国是世界上最早运用法律来管理医药事务的国家之一，历史上很早就有解决医疗纠纷的相关法律规范及行政官员依法处理医疗纠纷的记载。《唐律》中对医生误伤、调剂差错、针刺差错、非法出卖有毒药品、行医欺诈等行为规定了由官府处以相应的刑罚；《元典章》明确规定了医疗纠纷的诉讼程序，如果医生和患者发生纠纷进入诉讼程序，由管民的官和管医的官共同审理。

新中国成立后，医疗纠纷处置方式的变革大致经历了五个阶段：

第一个阶段（1950—1959 年）：这一阶段，全国百废待兴，国内外政治局势较紧张，情节较轻的医疗纠纷会被看成破坏社会主义建设，情节较重的医疗事故就被归入“现行反革命”的事件中，因此，医疗纠纷解决的主要方式是法律裁决，不经医学技术鉴定，法院可直接传唤医生并进行审判。

第二个阶段（1959—1977 年）：此时的医疗纠纷主要由卫生行政部门定性处理。这一阶段，全国经历了“文化大革命”，法制遭到严重破坏，纠纷的解决则依赖卫生、公安等行政部门。

第三个阶段（1978—1997）：十一届三中全会召开后，我国加快立法建设，制定了一系列地方性和全国性的法律法规来维护医疗秩序，标志性成果是 1987 年 6 月 29 日发布的《医疗事故处理办法》（以下简称《办法》）和 1994 年 2 月国务院颁布的《医疗机构管理条例》。《办法》是我国第一部由国务院颁布的关于医疗工作的行政法规，随后又颁布了与之配套的《医疗事故分级标准》和《关于医疗事故处理办法若干问题的说明》，结束了多年来处理医疗纠纷无法可依的局面，初步形成了中国特色的医疗事故处理的法律制度和理论体系。伴随着法规的逐步健全和患方维权意识的增强，市场经济下的医患关系渐趋紧张，纠纷频发。

第四个阶段（1997—2002 年）：这一时间段尽管很短，却是医疗纠纷解决史上的一个转折，1997 年 3 月 14 日颁布的《中华人民共和国刑法》（以下简称《刑法》）中明确规定，“医务人员由于严重不负责任，造成就诊人员死亡或者严重损害就诊人员身体健康的，处三年以下有期徒刑或者拘役”“从事传染病防治的政府卫生行政部门的工作人员严重不负责任，导致传染病传播或流行，情节严重的处三年以下有期徒刑或者拘役”。第一次在国家的法律体系中提出，医务人员玩忽职守将受到刑事处罚。

第五个阶段(2002 年至今)：2002 年 2 月 20 日国务院第五十五次常务会议通过，自当年 9 月 1 日起施行《医疗事故处理条例》；随后，最高人民法院审判委员会相继通过《最高人民法院关于民事诉讼证据的若干规定》和《关于审理人身损害赔偿案件适用法律若干问题的解释》；2009 年 12 月 26 日全国人大通过《侵权责任法》，并于 2010 年 7 月 1 日起施行，从此，中国的医疗纠纷处理逐步走上了法制化的轨道。

二、国内医疗纠纷处置方法的发展

1950 年以后，我国颁布了一些法律和法规，确立了一些涉及医疗纠纷的规定，如关于尸体解剖的纠纷(医疗事故鉴定委员会也是在这时出现的)。但是在当时，这些医疗纠纷的处理主要是由人民法院负责的，被认定为医疗事故的案件中大部分没有经过专业的医疗鉴定。对于专业性要求很强的医疗纠纷来说，这种处置方式难免存在不合理性。

从 1960 年起到 1980 年，我国的医疗纠纷不再由人民法院进行处理，而是改为由相关的卫生行政部门进行处理。好处是，这些部门熟悉医疗业务，有权对医疗机构进行监督管理，包括处理医疗纠纷，而且有一定的权威性、专业性，但是，也有一些纠纷不能处理，如很多情况下由于缺乏相关的监督、缺乏强制力，患者的赔偿迟迟得不到有效执行，另外，卫生行政部门对一些“医闹”行为也无能为力，因而无法保障医院的工作秩序，更别提医生的人身安全了。这样一来，医疗纠纷的处理更加困难。随着我国法制建设的不断完善，各地纷纷出台相关的规定，以期解决医疗纠纷这一大难题。在总结各地的经验又经过相关部门的多方论证后，国务院于 1987 年 6 月出台了《医疗事故处理办法》，用于医疗纠纷的解决。次年，卫生部又颁发了对该处理办法的说明，详尽地解释了医疗事故相关问题的处理办法，包括事故鉴定委员会设立的规则、设立的形式，如何对医疗事故进行定性等，从而奠定了依法解决我国医疗纠纷的基础。当前我国医疗纠纷处置困难还有一个原因，即存在医疗纠纷鉴定“二元化”的问题，造成该现象的原因是我国的行政立法、国家立法和司法解释等形式的立法不匹配。1991 年我国颁布了《民事诉讼法》，赋予了人民法院决定和指定鉴定的权利。十年之内，我国接连颁布了《最高人民法院关于民事诉讼证据的若干规定》《人民法院司法鉴定工作暂行规定》《人民法院对外委托司法鉴定管理规定》等，这些规定从不同的方面对医疗纠纷及其鉴定进行了规范描述，目的在于方便法院处理医疗事故。2002

年 4 月 4 日，国务院颁布的《医疗事故处理条例》规定，被鉴定后确认为医疗事故的，应由责任方进行赔偿；若鉴定结果认定不属于医疗事故，则不需要进行赔偿。但是对医疗事故的鉴定结果是由当地的医学会组织专家得出的，鉴定办法则依据国务院卫生行政部门的有关规定，这属于行政体系内部的自我鉴定，存在一定的封闭性。因此，次年最高人民法院又颁布了关于《参照〈医疗事故处理条例〉审理医疗纠纷民事案件的通知》，这样一来，我国对于医疗纠纷的处理就形成了双重标准，处理方式也变成“二元化”。一方面是指法律上的二元化，如果医疗纠纷构成了医疗事故，则要根据《医疗事故处理条例》进行处理；未构成医疗事故的，若符合民事赔偿条件，要根据《民法通则》处理。另一方面是指医疗鉴定二元化，既有由医学会组织专家组进行的医疗事故的技术鉴定，又有由法医进行的医疗事故的司法鉴定。法医在进行司法鉴定时，主要考查行医方在医疗过程中是否存在差错，其差错是否对患者造成直接的伤害等，因此也被称为医疗过错司法鉴定。

三、香港、台湾地区的医疗纠纷处置

（一）香港特别行政区的医疗纠纷处置

香港特区政府让卫生署和医管局分别负责医疗机构政策的制定和具体的管理，形成彼此监督的机制。目前香港的医院分为三种：一种是公立医院，特点是收费低廉，但排队等候时间较长；第二种是慈善性医院，该类医院通常是由政府资助，但也会有数额巨大的民间资本以捐助的形式注入医院；第三种是私人医院，它的定位主要是高端市场，旨在为有消费能力的患者提供更便捷、更优质的服务。患者在发生一般性的医疗纠纷时，可以向医疗机构或香港医疗机构管理局投诉，医疗机构一方也设有专人负责投诉或提供协助，医管局也会依据投诉利害关系优先进行处理。若患者对医管局的裁决不服，可以上诉至公众投诉委员会，公众投诉委员会拥有独立的审议和裁决权，可以针对患者的投诉向医疗机构提出建议，但对医疗机构没有强制的约束力。患者还可以向特区行政长官办公室、立法会秘书处等机构投诉医管局，以维护自己的合法权益。另外，患者也可以直接提起民事诉讼，通过法律途径解决医疗纠纷。香港建有完善的医疗事故处理机制。发生医疗事故后，医疗机构应及时向医管局呈报并公开。香港规定，有九类事故、两类重大风险事件发生后，在 24 小时内要向医管局汇报，同时要积极与患者及患者家属沟通，平复他们的情绪，随后由医管局委任专家小组展开调查，最后根据调查报告，责成医疗机构作出改进及赔偿，同时由医管局负责监督实施。

（二）台湾地区的医疗纠纷处置

目前，台湾地区医疗纠纷的处置方式主要有：申诉、调解、民间团体协助、自

力救济，最后才是提起诉讼。台湾地区充分发挥了调解的纠纷解决功能，还将调解设置为法定的诉讼前置程序，以期通过强制调解加强沟通，减少不必要的诉讼。根据台湾学者的统计，自行协商或者通过第三方介入解决的纠纷占医疗纠纷的 50%～70%，而通过诉讼途径解决纠纷的只有 10%～20%。

1. 卫生行政主管机关调解

“台湾当局所谓‘医疗法’”第九十条规定：“行政院卫生署”及各个县市卫生局下设医事审议委员会，该委员会的首要职责就是调解医疗纠纷。此外，为了配合医疗纠纷的调解工作，“卫生署”于 1998 年 4 月制定了“医事争议调处作业要点”，此后许多地方政府也根据自身的特点制定了相关的条例或者办法。规定一般先由医疗纠纷当事人向卫生行政主管机关提出调解申请，主管机关在受理申请后交由医事争议审理委员会调解，但调解协议没有法律效力，当事人可以不接受。由于卫生行政主管机关的调解在制度上存在一些漏洞，被指责为医医相护、推迟拖延、压迫患者，所以自设立以来鲜有调解成功的案例。

2. 民间团体调解

对比官方调解的成绩，台湾地区民间处理医疗纠纷却相当有成效。台湾民间成立了许多团体作为中立的第三方介入医疗纠纷的调解与协商，如台湾医疗改革基金会(简称医改会)、消费者文教基金会(简称消基会)以及各地的医师工会等，其提供的服务主要有：成立互助团体，提供信息咨询，协助患方与医疗机构进行协商或者与患方共同对抗医疗机构等。这些民间团体在处理医疗纠纷上发挥着重要的作用，使得调解的主体来源更为丰富。

台湾医改会成立于 2000 年，自成立之初就不断有医疗纠纷的患者求助，它虽不介入单个的医疗纠纷处理，但是可为当事人提供医疗信息咨询服务，以改善医患关系中的信息不对称。同时，台湾医改会还将收到的申诉定期整理，提炼总结有用的信息，做成指南，免费提供给各医疗机构。此外，对于医疗机构的医疗服务质量，医改会也会进行密切监督。

消基会接受的关于医药问题的投诉历年来都是占所有投诉的第二位，并且得到了大多数患者的信任。目前消基会的服务还仅限于帮助消费者进行医疗鉴定、协助患者与医院进行沟通与协商、捍卫消费者权利等。据调查，台湾地区有 42%的患者及家属在出现医疗纠纷后会选择由消基会处理。

3. 立法将调解作为诉讼前置程序

“台湾当局所谓‘民事诉讼法’”明确规定，因道路交通事故或医疗纠纷发生争执的，在提起诉讼前应先经法院调解。也就是说，所有的医疗纠纷案件在正式进入审判之前都要先进行诉前调解，这就是法定的强制调解。这体现了台湾地区普遍认同的原则：医疗纠纷如果能够以和解方式达成协议，自然是最为理想的，以调解的方式解决争议进而达成协议，与和解一样能够让纠纷圆满解决，相较于诉讼，调解是迅速而节约成本的，且具有保护隐私的功能，对于医患双方的沟通与相处更是具有积极的作用，值得提倡。

四、国际医疗纠纷处置方法的发展

人际纠纷，从社会学的意义来看，是特定的主体基于利益冲突而产生的一种双边的对抗行为。由于资源的稀缺性、人们的利己性、利益的冲突性和价值的多元性，纠纷的产生是必然的，是人类社会所无法避免的，毫不夸张地说，纠纷将伴随人类社会的始终。纠纷解决的方式是多样的，按照不同的标准划分，可以有不同的分类。以下按照纠纷解决的机构的不同和规范与否，将纠纷解决方式分类如下：

（一）诉讼

诉讼是由法院代表国家、依靠国家公权力实施的对纠纷进行中立裁判的过程。诉讼是典型的规范性纠纷解决方式，作为公权力救济取代私权力救济的结果，它是人类对于纠纷解决方式的革命性创造。诉讼一般分为民事诉讼、刑事诉讼和行政诉讼三种，在美国、德国等国家还存在专门的宪法诉讼。采用诉讼方式解决纠纷是人类纠纷解决方式的极大进步，有其合理性。通过诉讼解决纠纷具有权威性、公正性和强制性的优点，人们往往把诉诸法院作为纠纷解决的最后一种途径，也将法院裁判作为获得公平正义的最终途径，法院裁判也由于其程序的严格性、结果的公正性、判决的强制性等特点而获得尊重。然而，不容忽视的是，随着纠纷数量的增加，专业性的增强，诉讼途径已经无法满足纠纷解决的需要，诉讼迟延、费用攀升、解决专业纠纷力不从心等不足，使其解决纠纷主力的地位有所下降。

（二）诉讼外纠纷解决方式

诉讼外纠纷解决方式（简称 ADR）是指诉讼以外的多种纠纷解决方式的总称，其中包括调解、仲裁、混合 ADR。ADR 正是针对诉讼所存在的问题而逐渐发展起来的纠纷解决方式，其与诉讼相比更加富有弹性，更加强调纠纷当事人的参与和主观意志，更加注重发挥社会自治团体的作用，在许多纠纷解决上较诉讼更有优势。

ADR 概念起源于美国，最初是指 20 世纪逐步在欧美等地发展起来的各种诉讼外纠纷解决机制，现在已经引申为对世界各地普遍存在的、民事诉讼制度以外的非诉讼纠纷解决程序或机制的总称。但是其中所体现的采用多种方式协同解决纠纷，并倾向于通过当事人的主动参与和自觉自愿来解决纠纷的理念则是长期以来就已经存在的，而且其存在的历史几乎和人类文明的历史一样漫长。

如我国古代社会长期存在并发挥重要作用的调解就体现 ADR 的理念和思想。根据曾宪义先生的研究，虽然我国古代书籍文献中没有“调解制度”的直接表述，但是“调解制度”的实践却早已存在。在尧舜时期已经有了调解制度的萌芽，之后在汉代唐代都在施行并发挥了重要作用，直到元代正式入律，具有了法律的意义，至明清民国时期，调解制度已日趋完善，并在解决民间纠纷和社会管理中占有重要的地位。

ADR 解决纠纷在当代的兴起和发展，主要是源自至少三方面的社会价值观：效益观念、自治观念和实质正义观念。这些观念在当代的兴起和发展反映了单纯依靠诉讼方式解决纠纷所存在的不足：诉讼往往导致纠纷解决过分拖延、成本昂贵、不符合效率原则；过分重视诉讼，压制了社会自治团体的积极性，不利于公民自治的形成和发展；传统的通过程序正义实现实质正义的观念在一定程度上也受到挑战，人们希望通过非正式的程序来实现更符合情理的实质正义。目前，ADR 已经发展成为多元化的纠纷解决机制，既包括协商、调解和仲裁等传统的诉讼外纠纷解决方式，也包括当代在美国、加拿大等国发展起来的小额审判、早期中立评估、简易陪审团审判、调解、仲裁等纠纷解决方式，其应用范围也越来越广，目前已经突破了劳动纠纷、简单民商事纠纷的范围，扩大到几乎所有的民商事领域和部分行政法、刑事法领域。

我国有关医疗纠纷解决机制的现状是以诉讼为主，辅之以其他形式的非诉讼纠纷解决机制。我国的非诉讼纠纷解决机制主要包括五种方式：一是医疗纠纷当事人自行协商；二是第三方社会自治团体的人民调解；三是卫生行政部门的行政调解；四是仲裁；五是通过法院调解。这五种医疗纠纷解决机制在实践运用中都各有优缺点，后续几章将专门论述这几种解决机制。

第三节　发达国家医疗纠纷处置概述

医患纠纷不是我国特有的，而是一个世界性现象，只是一些发达国家、地区的医患纠纷没有成为严重的社会问题。在日本、美国、英国等国家，医患纠纷案件一度也出现数量剧增的现象，为此这些国家在相关制度上进行了改进，很好地防范和处理了医患纠纷。虽然国家体制不同，但我们相信，其他国家的先进经验是可以辩证地加以利用的，本书主要借鉴了三个国家的医患纠纷处置模式。

一、美国模式

美国是一个具有浓厚“诉讼文化”背景的国家，诉讼是解决医疗纠纷的法定途径，但由于诉讼引起的经济成本、时间成本和机会成本太高，大部分诉讼都无法胜诉，得不到补偿。医疗纠纷的大量增加及对医疗卫生服务的影响已经成为美国医疗卫生服务系统面临的重大挑战。为解决急剧增加和日益积累的医疗纠纷，美国从 20 世纪 70 年代起尝试诉讼外纠纷解决方式（Alternative Dispute Resolution，ADR）。发展至今，美国已有 25 个州立法，要求医疗纠纷诉讼需通过庭前审核，以减少无明确医疗伤害的诉讼。目前，80%以上的医疗纠纷是通过诉讼外调解解决的，诉讼外纠纷解决途径已成为美国解决医疗纠纷的主要手段。同时美国也注重发展医疗保险制度，通过创建由医师协会和保险公司合作的医疗纠纷处理机构来解决医疗纠纷。

在医疗过程中，严格执行"患者知情认同"制度，即医方向患方详细阐明其真实的病情、医疗过程中可能发生的问题、治疗的成功率、可能发生的后遗症等，以确保患者对自己的状况有一个完整和真实的了解，保证患者充分的知情权，以避免治疗后的争议。美国还十分重视医患沟通，从 2004 年开始，对医师医患沟通技能的考核正式成为美国行医执照考试的一个重要组成部分。

目前，美国医疗纠纷的处理方式主要是通过 ADR 模式，其形式主要包括调解、仲裁、混合 ADR。ADR 包括：(1)监察人制度，指由中立的第三方收集纠纷相关信息并独立调查得出解决方案。(2)事实发现。中立方根据调查出具的纠纷事实不具有法律约束力，只是为纠纷当事人提供了一份事实依据。

1. 调解

纠纷当事人在中立第三方的帮助下，通过协商，消除分歧，达成协议，有些国家调解所达成的协议并不具有约束力。但我国 2010 年 8 月 28 日颁布的《人民调解法》第三十一条规定："经人民调解委员会调解达成的调解协议，具有法律约束力，当事人应当按照约定履行。"

2. 仲裁

纠纷案件被提交给一个或多个中立的仲裁员，由仲裁员根据预先制定的程序做出最终裁决，此裁决具有法律约束力。

3. 混合 ADR

多种 ADR 方式混合进行使用，通常按一定的次序进行，如在"调解—仲裁"中，仲裁员应先进行调解，调解不成时才转入仲裁程序。在美国，所有的医院都须设立仲裁委员会，其中处理医疗纠纷是仲裁委员会的一个重要功能。不过仲裁委员会仅仅是咨询服务性的机构，只是提供建议给医生、患者和家属，并不具备法律效力。如果调解不成，患者和家属还可聘请律师，代理其维权。若证明医方确有过失，特别是情节严重的，会处以较高的罚金。另外，相关保险公司也会对医疗过程进行监督，若做出的相应鉴定认定医方确有过失，患者即可得到赔偿。因此在这种情况下，患者更愿意通过调解或法律手段解决医患纠纷，而不是到医院闹事或采取暴力维权。

为了解决庞大的医疗费用问题，美国在全国范围实行了按疾病诊断相关分组预定额付费制(Diagnosis Related Groups-Prospective Payment System，DRGs-PPS)的改革方案，构成了医疗保险机构支付医院住院费用的基础。DRGs-PPS在美国颁布实施后，大大减慢了医疗费用的增长速度，使其上涨幅度由16%～18%降至7%～8%。在社区层面采用了两种按“人头”付费的结算办法：一是付费给初级保健管理项目(Primary Care Case Management，PCCM)；二是付费给健康维持组织(Health Maintenance Organizations，HMOs)。PCCM的注册参保者，除了常规的按项目付费获得的医疗服务之外，每人每月还向初级保健医生支付3～6美元，以购买提供的初级保健服务。HMOs为参保人提供门诊和住院服务，还提供药品、口腔病治疗和其他服务。这种按人头支付的付费方式对医疗费用控制比较合理，能够鼓励医方注重预防保健工作，减少疾病发生，提高健康水平。

二、日本模式

日本在处理医患关系方面有一些经验值得借鉴。

1. 成立医疗评估机构，监督医院的行为

为了加强患者对医生的信任，日本于1995年成立了医疗评估机构，监督医院向患者提供优质服务，对医院进行测评并公布结果。这样一来，患者就会选择医疗评估合格的医院和医生看病，而那些不合格或者得分低的医院，就无人问津了。

2. 设立专门的医疗事故研究机构

日本有专门的医疗事故研究机构。医院内部都设有安全管理委员会，收集医疗事故的信息，分析事故的原因并进行记录，以有效地防止医疗事故的再发生。

3. 推行“无过失补偿制”，保护患者的权益

当发生医疗事故的时候，医院要向有关部门报告，向患者和家属做出解释。属于医方错误的，医方需要真诚道歉，并给予经济上的赔偿。如果对责任存在争议，可通过法律途径解决。不过日本的医疗诉讼案大都是和解的，原因是诉讼给原告造成的心理和经济压力都很大，所以患者及家属往往会选择和解获取赔偿金的方式。再者，厚生劳动省推行的“无过失补偿制”，即规定无论医方是否存在过失，受损害的家属都可以得到一定的补偿，充分保护了患者的权益，使得患者更加不愿意闹事。并且，日本在提高和解效率方面也做了很大的努力，大幅度缩短了纠纷处置时间，大大提升了和解率。

4.设立独立于法院的民事非诉讼调解机制

具体做法是由退休法官主持,由非法律人士参与组成调解委员会来斡旋、调解医疗纠纷,使当事人达成满意的解决纠纷的协议。这种做法既可以缓解患方的诉讼压力,也为纠纷的解决提供了专业的指导。

5.给医生购买医疗保险

为了保护医生的权益,由医院为医生购买保险,既保护了医务人员的权益,又可以通过保险公司及时解决部分纠纷或事故,避免事态扩大。

三、英国模式

英国属于普通法法系国家,在处理医疗纠纷时,以司法途径为主。在英国,既要求医生尽法定义务为患者服务,同时对于患者在治疗过程中或结束后与医疗机构或医生发生纠纷而提出赔偿要求时,要求患方承担举证责任,证明医生的失职行为。因此在英国,司法界倾向于潜意识地去保护医务人员。在预防医疗纠纷发生机制上,通过信息公开化保障患者知情权,避免矛盾升级,也为医疗纠纷的举证环节提供了信息来源。同时建立医疗信托责任制度,有效降低了医疗风险。

1.通过健全的法制使得信息公开化

英国的关于医疗信息的法律有《医疗报告获得法(1988)》《健康数据获得法案(1990)》《数据保护法案(1998)》。其中《医疗报告获得法(1988)》主要是授予公民可因就业或者保险的目的要求医生提供相关的医疗报告的权利。此外,该法还规定医师在提供报告后,还必须将副本保存6个月。如果公众认为报告中有不实的信息,可以提出修改的要求。不过当有关信息的披露有可能对患者有损害时,医生是有权拒绝披露的。如果披露的信息涉及他人,在未得到当事人许可之前,不可以公开信息。而且医方必须承担包括记录索取信息、经同意后披露医疗报告、修正或者将拒绝修正医疗报告的意见记录、保存报告副本至少6个月等责任。又如《健康数据获得法案(1990)》赋予公民查阅已死亡亲属健康记录的权利,该法案适用于英国整个卫生系统及全科医生所做的记录和私人健康部门。《数据保护法案(1998)》则要求有关数据控制人(包括英国全国卫生系统的组织)遵守有关数据保护的原则。此外,法案还设立一个独立的公共机构——信息委员会办公室,负责对数据保护事项的遵守和执行进行监督。该法案主要赋予个人及其授权代理人申请查看个人数据(包括健康记录)的权利。这些法律的制定,使得医疗纠纷发生时,患者及家属能够获得比较详尽而真实的医疗报告,有利于在诉讼时举证,保护患者的权益。

2.建立医疗责任信托制度

英国制定了《国民健康服务(医疗过失计划)条例(1996)》,建立了医疗责任信托制度(CNST),为公立医院医疗纠纷赔偿提供经济保障,解决赔偿风险。该条例规定国民医疗服务体系的医疗机构应该在其雇佣的员工出现医疗过失和疏漏时承担替代赔偿责任。在有效期内,任何成员面对符合相关规定的医疗责任索赔和赔偿,卫生部可以根据相关规定以及案件的具体情况确定赔偿数额支付给成员。每个成员要向卫生部交纳一定费用,经费除了作为来年估算的投诉赔偿和相关工作费用外,不得用作他用。在有效期内,卫生部在成员提出符合规定的医疗责任索赔时,要根据相关规定和案件情况赔偿给成员,包括身体和精神损失,以及因此造成的相关财产损失。由此看来,医疗过失计划应用到医疗纠纷中,不但及时解决了赔偿问题,同时,把国民医疗服务诉讼委员会作为承担处理医疗纠纷和赔偿的主体,有效减轻了医疗机构和保险机构的压力,避免了人为压低赔付的弊端。

四、发达国家纠纷处置模式的借鉴意义

虽然各国国情不同,但医患关系这一人与人之间的关系的本质无论在哪个国家都是存在共性的。为何其他国家的医患纠纷没有我国这么严重,根本还是在于体制和制度的设立。因此,上述国家在这一方面的好做法、好经验,对我们具有重要的借鉴意义。

首先,应当重视医生的医患沟通能力以及服务质量。美国医生取得职业资格证十分困难,除了有技术方面的难度,对患者的人文关怀也被纳入考核范围。医患沟通即是其中重要的一项考核内容,足见美国对医师沟通能力的重视。在这样的考核机制的规定和激励下,医生会在医患沟通方面下功夫,提高自己的沟通能力,从而可以更好地防范很多非医学技术层面的医患纠纷。在日本,对医院进行评分并且公布结果是对医院服务质量最重要的评估,其中就包括对医生沟通能力的评估。这不仅有效提高了医疗机构的服务意识和服务水平,同时也拓展了患者知情权的范围,使其能更自主地选择医疗机构的服务。由此可见,国外的医疗行业不仅注重不断提高医学技术水平,攻克各种疾病难题,为人类的健康保驾护航,而且更注重医患的沟通和服务质量,为患者提供人文关怀和人权保障。而这些在我国,至少是现阶段还是很不够的,无论是对医学生的教育还是对医生职业资格的认定,都存在着重医学知识的掌握、轻救死扶伤的人文情怀的培养,重医生专业领域的技术水平、轻医生的沟通水平和服务意识的问题。这使得一些医生在诊疗过程中,没有对患者提供应有的关怀,态度恶劣,服务也不到位,从而为发生医疗纠纷埋下了隐患。

其次,重视第三方调解。国外的第三方调解机制比较成熟,应用十分广泛。

第三方调解是把医患双方的矛盾放在一个中立的第三方平台上去解决，以做到不偏袒任何一方，而且在调解中考虑到患方是弱势群体，第三方调解往往在经济赔偿上会有一定的倾斜，但对恶意的"医闹"却绝不姑息。这样的做法，让医患双方在发生纠纷的时候有处说理，并且可以正确引导患方用理性的手段进行维权，而不诉诸暴力。笔者认为这种第三方调解机制在医患纠纷的问题处理上是很值得借鉴的。我国医患纠纷居高不下，患方去医院吵闹打砸的很大原因就是纠纷发生时找不到适合自己的维权途径，而第三方调解机制正是一个可行有效的解决办法。事实上在我国，不少地方已经开始采用第三方调解来处理医患纠纷，但机制及运行还有待进一步完善和改进。

再次，重视患者的知情权。国外的医院和医务工作者都十分注重患者的知情权，他们认为患者对自己的病情及进展情况和诊疗过程了解得越透彻，就越不容易出现相关的纠纷。在国外，医生并不厌烦患者问得详细，因为这样就把更多的决定权交给了患者。这与国内的医生对患者的询问经常敷衍了事、遮遮掩掩的做法形成了鲜明对比，是值得各医疗机构和医生反思借鉴的。在英国，法律还对患者信息的公开做了相应的规定，这使得患者能够清楚地知道自己的医疗状况，并且能够为以后寻求法律援助提供有力凭证。

最后，重视患者的经济承担能力，体现"以人为本"的医疗精神。生病本身就会对患者的身体和精神造成一定的折磨，巨大的经济负担更加剧了患者的压力，因此，医生在诊疗过程中要适当考虑患者的经济承担能力，更不能过度医疗。我国人口众多，医疗费用十分庞大，对国家财政和患者都造成了一定的压力。国外在医疗费用的控制方面有些好的经验，如美国按疾病诊断相关分组预定额付费制，在社区实行的初级保健管理项目和按人头付费的"健康维持组织"以及日本的医疗保险制度等，使得保险公司不仅发挥了赔付的职责，还兼备了对医疗机构进行监督的职责。医生在提供医疗服务的时候，也会充分考虑到诊疗过程中的费用开支，不过度医疗，从而大大节省医疗的开支，减轻政府财政和患者的压力。

第二章　医疗纠纷处置主体

医疗纠纷是医疗关系双方在医患关系存续期间因医疗行为在认知、观念、行为等方面的误解或一方及双方行为过错而引发的争议。其中医方主要是指医疗机构及其医务人员，即医疗纠纷处置的主体，患方主要是指患者及其亲属，即医疗纠纷的客体。

第一节　医疗纠纷处置主体的构成

医疗纠纷处置的主体包括医疗机构及其医务人员和与之相对应的患方当事人及其家属。医方具体包括医院、保健院、卫生院、疗养院、门诊部、诊所、急救站、临床体检中心、妇幼保健院（站）等机构，以及医生、护士、实习医生、实习护士、后勤服务人员等；患方具体包括患者本人、患者的监护人（父母、直系亲属）。

一、医方

（一）医疗机构

医疗机构，在我国是指按照国务院 1994 年 2 月发布的《医疗机构管理条例》规定取得医疗机构执业许可证，依法从事疾病诊断、治疗活动的法人、非法人组织和个体诊所。

按《医疗机构管理条例》及其实施细则，医疗机构是指依据该条例和该细则的规定，经登记取得医疗机构执业许可证的机构，主要包括医院、保健院、卫生院、疗养院、门诊部、诊所、卫生所、急救站、临床检验中心、妇幼保健院（站）等医疗单位。按医疗机构的功能、任务、规模等，我国医疗机构可划分为以下：(1)综合医院、中医医院、中西医结合医院、民族医医院、专科医院、康复医院。(2)妇幼保健院。(3)中心卫生院、乡（镇）卫生院、街道卫生院。(4)疗养院。(5)综合门诊部、专科门诊部、中医门诊部、中西医结合门诊部、民族医门诊部。(6)诊所、中医诊所、民族医诊所、卫生所、医务室、卫生保健所、卫生站。(7)村卫生室（所）；(8)急救中心、急救站。(9)临床检验中心。(10)专科疾病防治院、专科疾病防治所、专科疾病防治站。(11)护理院、护理站。(12)其他诊疗机构。

1. 按经济性质大体可分为国有、集体、联营、民营四类

(1)国有医疗机构。国有即全民所有制医疗机构占到全国医疗卫生机构数量的70%左右,床位数则占到85%以上。这些全民所有制医疗机构拥有较先进的医疗设备和仪器,集中了大量的高、中级专业医务人员,代表了国家和地区的先进医疗业务水平,承担主要的防病治病工作,是形成我国城乡三级医疗网络的主导力量,同时,也是我国培养专业医疗卫生人员的教学和科研基地。全民所有制即国有医疗机构是政府预算内事业单位,属于非营利性医疗机构,由中央政府和地方政府分别代表国家履行出资者职责,享有所有者权益、权利,义务和责任相统一,采用管资产和管人、管事相结合的国有资产管理体制。

(2)集体所有制医疗机构。一般可分为两类:一是城镇街道或集体所有制工商企业的医院、卫生院、卫生所、医务室,是城市三级医疗网的基础单位,也是街道范围的预防中心;二是部分乡村卫生院、卫生所。全国乡村卫生院有4万多个,其中约三分之二属集体性质;乡村卫生所均为集体性质,作为我国农村卫生机构的主体,担负着我国八亿多农村人口的医疗预防、治疗和妇幼保健任务。集体所有制医疗机构与全民所有制医疗机构不同之处在于:其一切生产资料,归集体经济范围内的部分劳动群众共同所有,国家和任何其他单位或个人不得无偿调拨和侵占;其主要依靠自身的力量发展壮大,并接受国家少量的政策性补助或补偿;其发展规模和服务能力、设备优劣、技术水平主要取决于该医疗机构的经济实力和经营管理水平;其拥有更多的经营自主权。与世界上其他国家相比,公立医院目前在我国医疗机构中仍然占据主导地位。国家卫计委统计数据显示,截至2015年5月底,全国医疗卫生机构达98.6万个,其中:医院2.6万个,基层医疗卫生机构92.2万个,专业公共卫生机构3.5万个,其他机构0.3万个。医院中:公立医院13326个,民营医院13153个。2015年1—5月,全国医疗卫生机构总诊疗人次达31.1亿,其中医院12.2亿人次(其中公立医院10.8亿人次,占医院总数的89%)。

(3)联营医疗机构。联营医疗机构是近年来随着我国改革开放的发展,医疗改革不断深化出现的新形式,是由于医疗产业的出现和快速发展,医院管理集团不断增多,而那些独立经营的医院为了摆脱不利的竞争地位的状况而产生的。为了求得医院的生存和发展,那些独立经营的医院自愿地联合起来,采用统一公认标志,执行统一市场营销策略,统一的质量标准,以求与那些公立医院及大的医院集团相抗衡,从而导致了合作联营医院集团的产生。这是一种松散的组织,各自保持着财务独立。合作联营的主要目的是创造整体形象,增强营销宣传力度和医疗信息共享。互相间转送患者、联合行动所需费用由成员医院分摊。在我国,法人医院互相参股,或一些有实力的医院对其他医院控股,以资产、利益作为纽带,形成利益共同体,组建起联营医疗机构。可以根据核心医院对其他医院参股额的多少，在联营机构内部形成紧密层、半紧密层和松散的多层次的组织结构，便于联营机构内部资产、医疗服务、经营管理的一体化，以利于形成在医院规划投资建设、技术开发与教育培训、医疗技术共享与会诊、市场开发与保护上的统一。

（4）民营医疗机构。民营医疗机构是政府放开社会资本投资办医后，经一定程序核准，各种社会资本，包括内资、外资、个人资本和企业资本设立的医院，其可提供医疗供给，参与医疗市场竞争。主要有股份有限（公司）医院，有限责任（公司）医院，私立医院，中外合资、合作医疗机构。我国民营医疗机构出现于20世纪80年代，经过30多年的发展，已成为我国医疗卫生事业的重要补充。从最初的小诊所到门诊部，再扩大到规模较小的医院，再发展成“大专科，小综合”的大医院，现阶段又开始将单体医院做大，通过投资、兼并、托管等形式实现多个医院连锁经营，形成了医院集团。医院投资或管理公司也逐渐增多，由初始的门诊医疗服务走向高端的专科医疗服务，逐步稳定和持续发展起来，并以其全新的管理模式、运行机制和服务理念与公立医院展开竞争，促进了我国国有医院的改革，其劣势在于医疗人才的匮乏。知名医疗专家是社会的稀缺资源，而我国现有的《执业医师法》规定医生只能在自己的注册单位行医，这大大限制了民营医疗机构的发展。现阶段民营医疗机构投资回报周期较长，导致民营资本不敢大胆涉入，虽说民营医疗机构在不违法的情况下拥有自主经营权，但由于现有法律制度的不完善，其在管理上经常面临无法可依的尴尬局面。

2.按管理类别分类

根据2000年卫生部出台的《关于城镇医疗机构分类管理的实施意见》，我国的医疗机构在性质上分为两类：非营利性医院和营利性医院，并实行分类管理，即对不同类别的医疗机构在管理上分别对待，依据其机构性质、级别、功能、任务的不同，实行要求不同、标准有别的管理措施，两者执行不同的财政、税收、价格政策和财务会计制度。核定办法是采取资源选择与政府核定相结合，在执业登记中注明“非营利性”或“营利性”。

二者的区别在于：

（1）前者是为社会公众利益服务而设立和运营的医疗机构，不以营利为目的，其收支结余只能用于自身的发展；后者的所得收益可用于投资者的经济回报。

（2）非营利性医院从财税上可以不需要对国家做出贡献，预算内非营利性医院还可从财税上得到政府的补贴；营利性医院要从财税上对国家做出贡献。

（3）国家根据医疗机构的性质、社会功能及其承担的任务，制定并实施不同的价格政策。

(4)营利性医疗机构以市场为导向，提供的往往是能够获得高额利润的特需医疗服务或其他特色医疗服务，服务对象主要是经济条件较好的病人和急诊患者；非营利性医疗机构主要以群众的医疗需求为导向，提供的是基本医疗服务，服务对象是全社会。

在市场经济环境下，医院分类管理一是为了适应产权制度多样化的需要；二是为了适应医疗服务市场竞争的需要；三是政府职能转变的需要；四是政府税收制度建设的需要；五是政府公共财政改革政府支出管理制度的需要。通过分类管理，引入竞争机制，促进营利性和非营利性医疗机构开展有效、有序、公平、充分的竞争，以激活医疗市场，提高医疗服务质量，降低医疗费用。在提高效率的同时，又体现医疗卫生事业的公益性。但事实上，这种分类管理政策尚没有起到应有的作用，由于单位性质混淆不清，两类医疗机构待遇上的不平等，尤其是税收待遇的不平等，使得营利性医疗机构的收益不明显，发展很缓慢。据2013年中国卫生统计年鉴的统计数据表明，2012年我国营利性医院的数量仅有6403家，占全国医院数量的28%。而非营利性医院的数量则有16767家，占全国医院数量的72%。在我国现有体制下，占主导地位的仍然是非营利性医疗机构，即由政府投资兴办的公立医疗机构。我国民办非营利性医疗机构几乎不存在，而国外私立非营利性医疗机构占有相当的比例，如美国私立非营利性医疗机构占医院总数的50.3%，床位数占总床位数的58.0%。由于我国政府对医疗卫生事业的财政投入有限，受投入—补偿机制以及内部分配制度变化的影响，大部分的公立医疗机构名义上是非营利性质的事业单位，享受着非营利医疗机构的优惠政策待遇，实际上已是处处以营利为目的，已经从追求公益目标为主，全面走向追求经济效益了。这十分不利于提高医疗卫生服务的普及性、公平性和卫生投入绩效。

(二)医务人员

对于“医务人员”这一概念的界定，在我国法律界、医学界和理论界都没有一个明确的说法。综观我国相关法律及规范文件，只有《执业医师法》第二条中对“医务人员”进行了狭义的界定，即“依法取得执业医师资格或者执业助理医师资格，经注册在医疗、预防、保健机构中执业的专业医务人员”。而从《医疗事故处理办法》到《医疗事故处理条例》再到现在的《侵权责任法》均未对“医务人员”的范围做出明确的规定。刑法理论界一般认为，医务人员即“直接从事诊疗护理事务的人员，包括国家、集体医疗单位的医生、护士、药剂人员，以及经主管部门批准开业的个体行医人员”，主要包括：医疗人员、卫生防疫人员、药剂人员、护理人员、其他技术人员。刑法理论界不主张将医疗单位中行政后勤等其他工作人员纳入刑法中医疗事故罪的主体。通过对一些文献资料的查阅，我们可以发现学术界和理论界对“医务人员”的范围界定存在广义和狭义两种认识。广义的“医务人员”是指所有从事医疗服务行业的人员。狭义的“医务人员”是指通过国家相关资格考试，经卫生行政部门批准和承认，取得相应资格及执业证书的各级各类卫生技术人员。对医疗机构来说，医务人员不仅包括具有执业资格的医生、护士、药剂人员和医技人员，还应包括医疗机构的管理、后勤人员。鉴于医疗机构的行政后勤等人员虽然在医疗机构工作，但是他们并不掌握相应的卫生知识和医疗技术，也不直接接触患者，笔者将本书中“医务人员”范围界定为医疗机构中具有执业资格的各级各类医生、护士、药剂人员和其他卫生技术人员，不包括行政及后勤人员。

二、患方

一般而言，患者本人即为患方。患者来医院就诊，所发生的医疗行为是针对患者的，一旦发生医疗纠纷，医疗纠纷处置的患方主体当然就是患者本人。但在实际生活中，往往存在一些特殊情况：患者为未成年人或精神病人，也就是民法上所称的无民事行为能力人或限制民事行为能力人，须由其父母或其他监护人与医方订立医疗合同，此时，患者不能单独成为医疗纠纷处置的患方主体。其他如患者死亡、丧失意识和表达能力、患精神病等时亦如此。因此，医疗纠纷处置的患方主体应包括两类人：患者及其监护人，即其父母或直系亲属。

第二节 医疗纠纷处置主体的权利

一、医方的权利

（一）医疗机构的权利

医疗机构作为独立的法人组织，与其他民事主体一样，都拥有自己的权利。主要分为以下几个方面。

1. 独立运营的权利

（1）医疗机构在社会中依法活动，受卫生行政部门监督管理，同时，卫生行政部门也要依法管理，如果卫生行政部门有行政违法的现象，如摊派或违法要求履行义务，医疗机构有拒绝的权利，并可申请行政复议或行政诉讼。

（2）医疗机构的财产所有权、知识产权、名称权、名誉权、荣誉权、债权等受法律保护，医疗机构对自己的财产享有占有、使用、收益、处理的权利。

（3）医疗机构拥有对内部员工的奖惩权，如对违反规章制度的员工进行批评教育、警告或处分的权利。

2.医患关系中医疗机构的权利

(1)享有对疾病的紧急救治、诊断、康复、保健、预防等医疗权。

(2)享有医学业务教育、科研和培训医护人员等权利。

(3)医疗过程中医疗意外、并发症等的免责权。《医疗事故处理条例》第四十九条规定,不属于医疗事故的,医疗机构不承担赔偿责任。

(4)特殊情况下享有否定和拒绝治疗权。如在患者不配合治疗或医生人身权利遭受威胁或不法侵害、医生的人格尊严遭受侮辱等情况下。

(5)采取行为控制、适当隐瞒病情的权利。如《医疗事故处理条例》规定,当如实告知病情会对患者产生不利后果时,医务人员可隐瞒病情。

(6)医疗机构有收取医疗费用的权利。

(7)医疗机构有权采取一切合法手段保护自己的医疗秩序。

(8)在特殊情况下,医疗机构有准行政权。如在"非典"时期,医疗机构就拥有留置患者、强制治疗与检查患者的权利。

(二)医务人员的权利

医务人员是医疗活动的主体,也是医疗活动中医方的主要代表人。根据《执业医师法》《护士管理办法》等有关法律、法规规定,医务人员在诊疗护理过程中享有下列权利。

1.医疗诊治权

在注册的执业范围内,医生有权根据患者的情况进行必要的医学诊疗检查,选择恰当的医疗方案、预防措施、保健方法帮助患者恢复健康;有权依据病情、疫情的需要进行疾病调查或流行病学调查,采取预防措施和必要的医学处置;同时,医生有权根据患者的需要和医疗结果出具相应的医学证明。这是医生从事执业活动应当享有的基本权利,具体包括疾病调查权、自主诊断权、医方处方权、强制诊疗权、紧急诊疗权等。但是,医生在履行该项权利时,应当在注册的执业范围内行使,不能超越注册的执业范围给患者开处方。而且,应当按照从业的执业类别,即临床医疗、公共卫生、预防、保健等医学类别,出具相应的医学证明文件,选择合理的医疗方案。

2.医疗设备使用权

医生行业是一个特殊的行业,医生要想圆满地完成本职工作,要想依法治病救人,仅仅靠个人掌握的知识和专业技术是难以实现的。因此,医生在医疗执业活动中应当有权享有使用与执业活动有关的医疗设备的权力,包括诊疗用品、器械等。各级卫生行政部门和医疗、预防、保健机构要依法为医生配备基本的医疗设施,为医生履行职责,开展诊疗活动创造良好条件,提供可靠保障。但是,在实际工作中,由于受国家和区域经济条件及卫生资源状况的限制,卫生行政部门和医疗机构只可能确保基本医疗设备条件的提供，而医生绝不能因为条件的暂时不具备而拒绝对患者的诊治。当条件实在不具备时，医生应当将患者转到具备条件的医疗机构去诊治。

3.科学研究权

医生属于科学技术工作者，享有从事医学科学研究、学术交流的权利，并且享有依法参加科学技术专业学术团体的权利。也就是说，医生在保证完成规定的医疗及其他有关工作的前提下，有权进行科学研究、技术开发、撰写学术论文、著书立说、参加有关的学术交流活动，依法成立或参加学术团体并在其中兼任工作、在学术研究和交流中发表自己的观点等。医生从事这些工作，有利于提高自身素质，发掘自身才能，也有利于医疗水平的提高。因此，医生所在医疗、预防、保健机构应当对医生行使这一权利提供帮助和便利，支持并鼓励医生在完成本职工作的前提下进行学术研究和交流，不得以任何借口阻碍医生行使这一权利。

4.继续教育权

现代社会和科学技术的不断发展，要求医生及时更新知识，调整知识结构，不断提高道德修养和业务水平，这既是医生的权利，也是医生的义务。为保障医生的这一权利，各级卫生行政部门和医疗、预防、保健机构应当采取各种方式，开辟多种渠道，为医生参加培训、进修和各种形式的教育创造条件，提供机会，以切实保障医生对这项权利的行使。同时，对广大医生来说，这一权利的行使，应当从本单位实际情况出发，要服从所在单位医疗工作的安排，因地、因时制宜。医生行使这一权利，必须保证完成本职工作，通过所在的医疗机构有组织、有安排地进行，不能影响正常的医疗工作。

5.人身安全权

医生的执业活动和医疗秩序受法律的保护，医生在执业活动中，人格尊严、人身安全不受侵犯。人格尊严是公民的一项基本权益，我国《宪法》第三十八条规定，中华人民共和国公民人格尊严不受侵犯。医生在执业活动中，有时因为医患纠纷，遭到患者或其家属的侮辱、诽谤、谩骂甚至殴打，这侵犯了医生的人格尊严和人身安全，严重干扰了医生正常的执业活动，影响极为恶劣。中华医院管理学会的一项调查显示，全国有73.33%的医院出现过病人及其家属用暴力殴打、威胁、辱骂医务人员的情况。从2013年10月21日到2015年6月16日，不到两年时间，被媒体曝光、产生较大影响的暴力伤医事件有30多起。从医生权利这个角度来说，医生在执业中，对侵犯自己人格或威胁自己人身安全的言论或行为，有权采取必要措施或要求有关部门予以制止。一切扰乱医疗秩序、谩骂或殴打医生的行为都是违法行为，应当受到社会舆论的谴责和法律的制裁。侵犯医生人格尊严、人身安全，造成损害的，也必须依法承担法律责任。为此，第十二届全国人大常务委员会第十六次会议于2015年8月29日通过的《刑法修正案(九)》，将“医闹”定为刑事犯罪，明确规定，聚众扰乱社会秩序，情节严重，致使工作、生产、营业和教学、科研、医疗无法进行，造成严重损失的，对首要分子，处三年以上七年以下有期徒刑，对其他积极参加的，处三年以下有期徒刑、拘役、管制或剥夺政治权利。这有力地强化了对医务人员人身安全权益的保护。

6. 获得经济待遇权

经济待遇是指社会给予某一职业从业者的物质报酬，包括工资、津贴、福利等。这是医生维持个人和家属生活，保持其工作能力的基本保证。获取工资报酬和津贴等，是指医生有权要求所在单位及其主管部门根据国家有关规定，按时、足额地支付工资报酬。工资报酬通常应当包括国家规定的医生职务基本工资以及加班和夜班报酬、奖金等。津贴包括国家对医生行业所专门规定的特殊补贴和其他各种补贴、政府的政策性补贴等在内的工资性收入。享受国家规定的福利待遇，是指从事特定医疗业务的人员，如放射性医疗业务的医生等，应当享受相应的福利待遇。各级人民政府和卫生行政部门以及医疗、预防、保健机构，应当依法切实保证医生的这项权利得到不折不扣的落实。

7. 民主管理权

医生是医疗卫生队伍的主要力量，在医疗预防保健第一线工作，他们熟悉业务，了解情况，密切联系群众。他们最有权对所在机构的医疗、预防、保健工作和卫生行政部门的工作提出意见和建议，并依法对所在医疗机构的工作进行民主管理。医生对所在医疗机构的医疗、预防、保健工作和卫生行政部门的工作享有批评权和建议权，有利于调动广大医生搞好医疗卫生工作的主动性和积极性，有利于对医疗机构和卫生行政部门的工作进行监督，及时发现问题和改进工作。医生所在机构的工作人员和卫生行政部门的工作人员不得压制医生的批评建议，更不允许对医生进行打击报复。医生依法参与所在机构的民主管理，参与讨论决定所在机构有关医生切身利益的重大事项，将有助于保障医生的民主权利和医生的社会地位，提高医疗机构的管理水平、医学专业技术水平和诊疗质量，促进医疗卫生事业的健康发展。

8. 强制执行权

在特殊情况下医生有限制患者的权利，以达到完成医疗行为的目的。依据行政执法的规定，行政机关和法律法规授权的组织在一些特定法律情形出现时，有依法强制执行的权利。如“非典”时期医生的特殊干涉，即为依据法律所实行的强制执行行为。

二、患者的权利

患者权利是随着权利意识的觉醒才被提出来的。最早的患者权利运动开始于法国大革命时期，这与当时简陋的医疗服务有关。1793 年法国大革命时，国民大会第一次提出了患者的权利。它明确规定：一张病床上只能睡一个患者，两张病床之间的距离至少应有 90 厘米。从此，许多西方国家开始重视患者权利的研究和实践。18 世纪末与 19 世纪初，美国医生实行患者手术治疗应事先取得患者知情同意。20 世纪初，很多国家认可了在不取得患者或当事人在自由意志下的知情同意的前提下，不允许对其进行任何人体医学试验的原则。1946 年通过的《纽伦堡法典》更加强调和确认了患者的权利。近几十年来，一些国家对患者权利开展了越来越多的研究，并采取了一系列的步骤和措施来保证患者权利的实现。世界卫生组织在《病人权利准则》中对病人的定义是："凡接受保健机构服务者，不论有无疾病都是病人。"美国医院协会制定的《病人权利典章》列出了病人的十二种权利，主要有生命健康权、知情同意权、隐私权、自主权、请求赔偿权等内容。概括起来，国外的学者认为，患者权利一般是指患者在接受医疗卫生服务时应享受的基本权利，主要有生命健康权、肖像权、名誉权、隐私权、索赔权、要求惩戒权等。目前，我国尚无专门的患者权利法。根据现行的《民法通则》《执业医师法》《消费者权益保护法》《医疗事故处理条例》及国际组织章程等的规定，我国学者普遍认为，患者的法律权利主要有：基本医疗权、知情同意权、监督医疗权、陪护与被探视权、病案资料复印权、共同委托鉴定权、申请再鉴定权、申请回避权、陈述与答辩权、请求调解和处理权、请求赔偿权（诉权）等权利。笔者认为，患者的权利应该是相对于医务人员的义务而言的，都是在与医务人员达成协议、接受医疗服务的过程中所享有的权利，主要应包括以下几点：

（一）基本医疗权

世界卫生组织（WHO）明确提出："健康是人的基本权利。"任何人都有权享有必要的、合理的、最基本的诊治护理，以保障自身健康。基本医疗权主要包括就医权、获得诊断权、获得治疗权。

1. 就医权

就医权直接源于生命健康权，生命健康权是人的基本权利之一。1948 年联合国通过的《世界人权宣言》中宣称："每个人有权使生活达到一定的水准，保证他自己及其家庭的健康和幸福，包括食物、衣着、住所、医疗和必要的社会服务。"我国《宪法》第二十一条规定："国家发展医疗卫生事业，……保护人民健康。"保护人民健康的最根本途径就是确保公民患病时的就医权，维护患者得到诊治的权利。这些规定都是公民享有就医权利的法律证明。即使对刑事犯罪分子，也不能剥夺其患病就医的权利。我国《刑事诉讼法》第一百五十七条规定："对于判无期徒刑、有期徒刑和拘役的罪犯，如果有严重疾病需要保外就医的，可以暂予监外执行。"这充分体现了我国法律对公民就医权的尊重和保护。

2. 获得诊断权

在临床上，诊断是治疗的前提，没有翔实的、科学的诊断，治疗只能是盲目的治疗，它不仅会影响患者生命与健康，而且还会给患者造成不应有的经济损失及精神负担。每一个患者都有权要求医务人员对自己的疾病进行详细、及时、客观地检查和诊断，以获得正确的治疗。而每一个医务人员都应尊重患者的诊断权，为患者提供尽可能详细、及时、正确的检查和诊断结果，一切敷衍了事、草率应付、无故拖延检查和诊断的行为都是对患者诊断权的践踏和侵犯。

3. 获得治疗权

1948 年联合国《世界人权宣言》中提到，每个人有权使生活达到一定水准，保证自己及家庭的健康和幸福，包括食物、衣着、住所、医疗和必要的社会服务。世界卫生组织的《病人权利准则》中规定，病人有权利接受关怀和被尊重的照护。公民在患有疾病时，有从国家和社会获得物质帮助的权利，国家应当发展为公民享受这些权利所需要的医疗卫生事业。这是我国《宪法》第四十五条第一款所规定的公民权利，也是患者治疗权的法律依据。因此，获得治疗权的含义应该是，凡患者不分性别、国籍、民族、年龄、学历、信仰、社会地位和病情轻重，都有权受到礼貌周到、耐心细致、合理连续的诊治。凡病情需要，有助于改善健康状况的诊断方法、治疗措施、护理条件，患者都有权获得。当然，这种权利不应是无限的，而应是在科学、合理、合法的范围内实现的。

（二）知情同意权

1. 知情同意的内涵

知情同意，是指在临床过程中，医务人员为患者做出诊断和治疗方案后，应当向患者提供包括诊断结论、治疗决策、病情预后以及诊治费用等方面的真实、充分的信息，尤其是诊疗方案的性质、作用、依据、损伤、风险以及不可预测的意外等情况，使患者或其家属经过深思熟虑自主地做出选择，并以相应的方式表达其接受或者拒绝此种诊疗方案的意愿和承诺。在得到患者明确承诺后，方可最终确定和实施拟定的诊治方案。

知情同意权包括知情权和同意权两个方面，单纯的知情或单纯的同意都不能称为知情同意。知情权是指患者有权了解和认识自己所患疾病，包括检查、诊断、治疗、处理及预后等方面的情况，并有权要求医生做出通俗易懂的解释；有权知道所有为其提供医疗服务的医务人员的身份、专业特长、医疗水平等；有权知悉医疗费用，并有权要求医方逐项做出详细的解释；有权查阅医疗记录，知悉病历中的信息，并有权复印病历等。同意权是指患者及其家属有权接受或拒绝某项治疗、检查方案及措施。

2. 法律依据

我国《执业医师法》第二十六条规定:“医师进行实验性临床医疗,应当经医院批准并征得患者本人或者其家属同意。”《医疗机构管理条例》第三十三条规定:“医疗机构施行手术、特殊检查或者特殊治疗时,必须征得患者同意,并应当取得其家属或者关系人同意并签字。”《医疗事故处理条例》第十条第一款明确规定:“患者有权复印或者复制其门诊病历、住院志、体温单、医嘱单、化验单(检验报告)、医学影像检查资料、特殊检查同意书、手术同意书、手术及麻醉记录单、病理资料、护理记录以及国务院卫生行政部门规定的其他病历资料。”同时,为了保证资料的客观性,其第二款还规定:“患者依照前款规定要求复印或者复制病历资料的,医疗机构应当提供复印或者复制服务并在复印或者复制的病历资料上加盖证明印记。复印或者复制病历资料时,应当有患者在场。”在我国《消费者权益保护法》第八条中,也有类似的规定:“消费者享有知悉其购买、使用的商品或者接受的服务的真实情况的权利。消费者有权根据商品或服务的不同情况,要求经营者提供商品的价格、产地、生产者、用途、性能、规格、等级、主要成分、生产日期、有效期限、检验合格证明、使用方法说明书、售后服务,或者服务的内容、规格、费用等有关情况。”为了确保患者这一权利的实现,避免部分医疗单位为了不让患者了解治疗过程的有关真相而推卸自己的责任,阻挠患者获取病情资料等现象的发生,《医疗事故处理条例》第五十六条第二项规定,没有正当理由,拒绝为患者提供复印或者复制病历资料服务的,由卫生行政部门责令改正。情节严重的,对负有责任的主管人员和其他直接责任人员依法给予行政处分或者纪律处分。

美国医院协会制定的《病人权利法》第四条规定:“病人有权在法律的限度内拒绝治疗,并拥有被告知他的拒绝行为对他健康后果的权利。”第九条规定:“病人有权拒绝参与影响他医疗护理的人体实验研究计划。”在安纳斯提出的《病人权利法案》的第十二条规定:“病人有法律权利拒绝为了教学,而不是为了他的直接利益在他身上作的检查或处理。”第十三条规定:“病人有法律权利拒绝任何特定的药物、检查、处理或治疗。”2000 年 10 月修改通过的《世界医学会赫尔辛基宣言》规定:“在关于人的任何研究中,……受试者应被告知有权不参加研究或在任何时候撤销同意,而不会有报复。”这一系列的文件和法律法规,表明了国际社会对患者拒绝权利的认同和肯定。在我国有关的法律文件中,也充分体现了这一精神。《消费者权益保护法》第十条规定:“消费者在购买商品或者接受服务时,有权拒绝经营者的强制交易行为。”《执业医师法》第三十七条第八项规定,未经患者或者其家属同意,对患者进行实验性临床医疗的医生,要承担法律责任。这些法律规定,都直接或间接地强调了患者的知情同意权。

3. 拒绝治疗权

拒绝治疗权是患者同意权的重要组成部分，但是患者的拒绝治疗权是有限的，而不是绝对的。一般说来，患者拒绝治疗权利的履行主要适用于以下几种情况：其一，对自身无益的治疗、治疗性实验或实验性治疗。在医疗实践中，由于疾病的复杂性、医务人员知识水平的局限性及患者个体体质、病情的差异等因素的影响，难免会出现误诊、误治的情况。因此，在一定时期的治疗之后，如果患者感到治疗效果不佳或根本没有效果时，就可以拒绝治疗，向医务人员提出建议，要求修改治疗方案或更换医务人员。而对于治疗性实验或实验性治疗，患者一开始就有知情和拒绝治疗的权利。其二，涉及个人隐私的治疗。如果一项治疗方案，在实施的过程中可能会影响到患者个人的隐私，如某些性病、心理性疾病等，患者有权拒绝治疗，并有权了解拒绝治疗所可能产生的后果。其三，超过患者自身经济承受能力或治疗费用超过国家有关规定的治疗。对于一般的患者来说，掏钱看病，尤其对于较重大的疾病而言，不是一件轻松的事，有些疾病可能会花去一个家庭的全部积蓄甚至因病致贫。因此，当医疗支出超过患者的经济承受能力，患者不愿继续治疗时，有权终止治疗。其四，超越医疗机构治疗范围的治疗。我国《医疗机构管理条例》第二十七条规定："医疗机构必须按照核准登记的诊疗科目开展诊疗活动。"患者在就医过程中，如果发现医疗机构有超越经营范围，对自己进行其他方面治疗的情况，有权拒绝治疗。其五，对医疗机构、医务人员的技术水平或医德水平缺乏信任的治疗。医疗质量的高低，服务态度的好坏直接影响着患者的生命和健康，当患者对医疗机构或医务人员的技术水平或医德水平不够信任，或者发现存在问题时，就有权拒绝治疗，另择医疗机构或医务人员。其六，患者不愿接受，且对他人、社会无广泛或严重影响的其他疾病的治疗。如非传染疾病或患者基于特定原因不愿进行治疗的疾病等。

但是，在患者履行拒绝治疗权利时，应注意两方面的问题。其一，当患者拒绝治疗时，应该让患者在病历中签字，以示对自己的拒绝治疗负责；其二，对于急救患者，患者及其家属应慎用拒绝权。因为医生提出的急救措施往往直接关系到患者的生命安全。患者及其家属由于医疗知识所限，不容易做出准确判断，一旦贸然拒绝就可能给患者的生命和健康带来严重的后果。

4. 其他应当注意的问题

患者知情同意的理想状态是患者或其家属的完全知情并有效同意。完全知情是指患者或其家属获悉有关患者病情所必需的一切医学信息，即通过医方翔实的说明和介绍、对有关询问的回答和解释，全面了解了诊治决策的利与弊，例如诊治的性质、作用、依据、损伤、风险、意外、费用等。医方使患者知情的方式一般是口头的，必要时则辅之书面文字方式。有效同意是指患者或其家属在完全知情后，自主、自愿、理性地做出负责任的承诺。患者或者其家属做出有效同意的必要条件是：具备自主选择的自由，患者或其家属有权随时收回、终止和要求改变其承诺；符合法定的责任年龄和责任能力。关系重大的知情同意还应遵循特定的程序，即签订书面协议，备案待查，必要时还需经过公证。

此外，正确对待代理知情同意问题也是实现知情同意权的重要内容。代理知情同意的合理性和必要性取决于下列条件之一：患者与代理人意见完全一致，代理人受患者委托代行知情同意权；特殊患者（婴幼儿患者、智残患者、精神病患者、休克患者等）或需要实施保护性医疗的患者，因本人不能行使或不宜行使知情同意权，而由其家属或其他适合的代理人代行此权。在我国，知情同意权代理人被选择的先后顺序应为：家属—亲戚—朋友—单位同事—负责医生以外的其他医务人员等。

（三）医疗自主权

患者有权自主决定接受或者不接受某一项医疗服务，有权拒绝接受非医疗性服务；有权转诊及进行一些特殊诊疗的自主决定等。完全行为能力人应以本人意愿为准，当父母、配偶同患者意见不一致时，应尊重患者本人意愿。患者的自主权不得干预医生的独立处置权。但在我国现实中，由于手术等签字制度的存在，导致一些不合理现象的产生。因此，如何对患者的医疗自主权进行规范是卫生医疗法律制定不可忽视的问题，可从以下几个方面考虑：

（1）对于医疗机构选择的自主权。这种自主权体现在患者可以自主选择医疗机构、医务人员及接受或不接受其医疗服务。在某些情况下这种自主权会有所限制，比如危重患者、传染患者、重大卫生事件等特殊情况，以避免损害患者自身利益及公众利益。

（2）对于医疗服务选择的自主权。患者有权在不同的医疗方案间自主选择，或拒绝接受检查、治疗手段、药物等，同时由于患者的这种选择可能会损害其自身的利益，从而导致医患纠纷，在这种情况下医疗服务的提供者应在充分履行告知义务的前提下享有免责权。

（3）对于自己身体的自主权。即患者有权决定手术中切除的器官、组织或自己遗体的处理方式，也有权决定是否参与临床人体试验。

（四）隐私受保护权

隐私权即生活秘密权，包括一切与公共利益无关的个人信息，如公民个人的身体健康状况、生理缺陷、恋爱婚姻家庭状况、个人日记、信札等。因为医生有权接触患者身体和健康方面的任何秘密，所以才需要强调保护患者隐私权，但并不等于只要接触到病人的隐私就是侵犯隐私权。这是因为：医生在诊疗的过程中出于诊疗的需要而进行的上述行为是在履行作为一名医生这一特殊职业的职责，他的目的是有效地治疗患者的疾病，根据我国《侵权责任法》的有关规定，医生在主观上并不具有侵犯患者隐私权的过错。公民对于个人隐私有权按照自己的意愿进行支配，即公民对自己的隐私享有支配权，可以公开部分隐私，准许他人对个人的活动和个人领域进行察知，也可以准许他人利用自己的隐私。如患者在医院诊疗的过程中，允许医生检查身体的隐秘部位、了解个人的经历、生活习性等，实际上是患者为了使自己早日康复，自愿地让渡了部分隐私权，这也是患者行使隐私支配权的一种形式。

对于患者的隐私权，目前在我国尚无明确规定，笔者认为，患者有关医疗卫生的隐私权应包括以下内容：

（1）患者在其个人的治疗计划上，有权利要求对隐私方面的关注。病例讨论、会诊、检查和治疗，都应是机密的且应该审慎地加以处理。与患者治疗无直接关系者，必须取得患者同意才可以在场。对异性进行隐私检查时需有与患者同性别的医护人员在场。

（2）患者有权利要求有关其治疗的所有内容及记录，以机密方式处理。但是，如果患者的“隐私”涉及他人或社会的利益，对他人或社会具有一定的危害性，如传染病，则医务人员有疫情报告的义务，应当如实上报。

（五）请求赔偿权

在医疗活动中，因医疗机构及其医务人员违反卫生医疗管理法律、法规、规章和诊疗护理规范、常规，造成患者人身损害或财产损害时，患者及其家属有权依法提出经济赔偿要求，并追究有关人员或单位的法律责任。

请求赔偿权包括请求鉴定权、请求调解权和诉权等，即在发生医疗纠纷以后，患者有权要求对医疗过程进行医疗事故技术鉴定，在患者权利受到侵害时可要求医疗服务的提供方进行赔偿。如医患双方不能达成一致，则可向人民调解机构或卫生行政部门申请调解，调解不成可向人民法院提起民事诉讼。在《侵权责任法》当中，对如何认定医疗损害责任做出了专章规定，主要体现在以下几点：

（1）医务人员的说明义务及患者的同意权受到侵害的情况。患者有权从医务人员那里得知自己的病情及医生所要采取的救治方案。若需要采取特殊的检查、治疗方法及实施手术，医生还要向患者说明风险、备选方案，并取得患者的同意。这体现了医务人员谨慎的说明义务。如果医务人员违背上述义务，便要承担相应的后果。但是，违背义务并不必然承担责任，而是“造成患者损害的”，必然承担责任。所以，并不能随意以医务人员违背上述义务而诉至法院，而是要因其有违背义务的存在并导致了损害，且二者之间有因果关系才可以请求医疗机构承担责任。

（2）违反尽力诊疗义务也要承担赔偿责任。《侵权责任法》规定，如果在诊疗活动中，医务人员未尽到“与当时的医疗水平相应”的诊疗义务，造成患者损害的，医疗机构亦应承担损害赔偿责任。这里“当时的医疗水平”的理解与适用，应当限于患者所就医机构当时所具有的最高水平，医务人员应在此水平的基础上尽最大的努力来救治患者。患者就医是对医疗机构的信任，如果医务人员不尽最大努力救治，或者医疗机构不具备“当时的医疗水平”而去救治一个需要“当时的医疗水平”才能救治的患者，便涉嫌欺诈或变相强迫医疗。所以，这时，医疗机构应当建议患者转院就医。否则，便是对本条义务的违反，应当承担责任。

（3）因药品、消毒药剂、医疗器械的缺陷或输入不合格的血液等造成患者损害的赔偿责任。因药品、消毒药剂、医疗器械的缺陷或输入不合格的血液等所致医患纠纷，患者可以向生产者或血液提供者请求赔偿，也可以请求医疗机构赔偿，医疗机构先行赔偿后有权向缺陷产品的生产者或血液提供者追偿。这里的选择权是单一的，选择了生产者或血液提供者，便不能选择医疗机构，反之亦然。

（六）医疗监督权

在就医过程中，患者及其家属有权对医疗活动的合法性、合理性、公正性等进行监督，有权检举、控告侵害患者权益的医疗机构及其工作人员的违法失职行为，有权对保护患者权益方面的工作提出咨询、批评和建议。

第三节　医疗纠纷处置主体的义务

一、医方的义务

（一）医疗机构的义务

作为医疗纠纷处置的主体之一，医疗机构的义务主要由三个方面构成，即社会义务、内部管理义务与医患关系中医疗机构的义务。

1.社会义务

在与卫生行政部门的关系中，医疗机构是行政管理对象，应履行法律法规规定的义务：

（1）接受卫生行政部门对其执业活动进行检查指导的义务。

（2）承担相应的预防保健工作，承担县级以上人民政府卫生行政部门委托的指导基层医疗卫生工作等义务。

（3）发生重大疫情或灾难事件时，服从政府及卫生行政部门的调集，具体落实参加疫情、灾情控制的人员与参加活动的义务。

（4）上报医疗事故的义务。《医疗事故处理条例》中规定，在发生医疗事故时，医疗机构应当按照规定向所在地卫生行政部门报告。

(5)守法经营的义务。

2. 内部管理义务

《医疗事故处理条例》对医疗机构的内部管理义务主要做了以下规定：

(1)医疗机构应当对其医务人员进行医疗卫生管理法律、法规、规章和诊疗护理规范、常规的培训和医疗服务职业道德教育。

(2)医疗机构应当设置医疗服务质量监控部门或者配备专(兼)职人员，具体负责监督本医疗机构的医务人员的医疗服务工作，检查医务人员执业情况，接受患者对医疗服务的投诉，向其提供咨询服务。

(3)医疗机构应当制定防范、处理医疗事故的预案，预防医疗事故的发生，减轻医疗事故的损害。

(4)发生或者发现医疗过失行为，医疗机构及其医务人员应当立即采取有效措施，避免或者减轻对患者身体健康的损害，防止损害扩大。

3. 医患关系中医疗机构的义务

在医患关系中，医疗机构与患者的实际权利和义务并不对等，为了保证法律的实施，常常要求医疗机构有较多的义务。医疗机构的义务主要有主给付义务、从给付义务和附随义务。基于医疗服务合同，医疗机构的主给付义务是诊疗义务，从给付义务是保存病历义务，为取得有效承诺的说明义务、转诊义务、填写及提供各种检查报告的义务等。附随义务有保护义务、疗养指导之说明义务、保密义务等。

(1)尽力诊疗义务。该义务是医疗机构根据患者的要约，运用医学知识和技术，正确地诊断患者所患疾病，并尽到以适当的、“与当时的医疗水平相应”的诊疗义务。这是医疗机构的主给付义务，首先该义务是手段债务并非结果债务，这是由患者病情的不确定性所决定的，即医疗机构不能保证将患者的疾病治愈；其次是不确定的债务，债务一般由医疗机构确定，患者无决定权。

(2)制作保存病历的义务。首先是医疗机构的医务人员有对患者病历内容的记载应当清晰、翔实、准确、完整、规范的义务；其次是按规定妥善保存病历的义务；再次，应患者要求及时向患者提供病历的义务。

(3)为取得有效承诺的说明义务。这通常指医务人员为取得患者对其将对患者实施医疗行为的有效同意，而对该医疗行为有关事项进行说明的义务。说明的对象是医疗过程中对患者具有严重侵袭后果的行为，说明的内容是对该医疗行为可能带来的危及生命、损害身体机能及使身体外观发生重大变化等后果，以及该医疗行为的侵袭范围、程度及发生危险的可能性等。说明的程度应该是充分、全面的，应当是针对一般非专业人员的说明，而非针对专业人员的说明，该说明能为一般人员所理解。专业性的医疗知识要求医生应当以浅显易懂的语言介绍，使得患者能够准确理解自己的病情、可供选择的检查、治疗方案及其成功率和治疗效果、价格等，从而克服信息的不对称。说明应以书面说明和口头表达结合的方式告知患者，以方便患者理解。除法定情形外，说明的时间必须是事先说明，说明的医务人员应当是准备实施该医疗行为的医务人员，并且亲自对患者本人说明，除非患者意识不能自主或确实有碍患者治疗，在征得患者近亲属同意后，方可对患者的近亲属给予说明。

(4)紧急救护义务。人的生命高于一切，医疗机构对危重患者应当立即抢救。对限于设备或者技术条件不能诊治的患者，应当及时转诊。

(5)转诊义务。医疗机构对自己没有能力医治的疾病，应当及时告知患者，及时转诊。

(6)保密义务。即医生对患者的个人隐私有保密义务，与患者的隐私权相对应。

(7)医疗注意义务。分为一般的注意义务和特殊注意义务。一般注意义务即对患者的安全保障义务。特殊注意义务即医务人员对每一环节的医疗行为所具有的危险性加以注意的具体要求。

(8)疗养指导的说明义务。即关于服药之方法、饮食之禁忌、病情及预后等应详细告知患者，使患者有所了解，有所遵循。

(二)医务人员的义务

医疗机构中，具体做出医疗诊治行为的是医生，他们是医疗服务合同中医疗机构主给付义务的实际提供者，其行为往往作为判断医疗机构是否构成违约的依据，故有专门讨论医生义务的必要。医生是严格按照《执业医师法》取得执业医师资格证后从事医疗诊治行为的专业技术人员，医生在医疗机构中所从事的行为为职务行为，属履行职责的行为，由此产生的法律后果由医疗机构承担，医生本人不直接对患者承担责任。

根据《执业医师法》《医疗事故处理条例》及《医疗机构管理条例》等法律法规的规定，在医患关系中医务人员主要有以下法律义务。

1.遵守法律法规及技术操作规范的义务

医务人员作为公民在应当遵守国家宪法和法律的同时，还必须遵守有关的医疗卫生管理法律、法规、规章和诊疗护理规范、常规。这是医生在诊疗服务中的最主要义务，同时也是医生作为行政相对人应向医疗机构履行的最基本职责。因为遵守卫生法律法规及各项规章制度、规程是避免医疗过错和医疗事故的第一道防线，也是判定医务人员的行为是否构成医疗事故的重要依据。

宪法和法律是国家机关、政党、社会组织和公民一切活动的基本行为准则，任何组织和公民都必须遵守宪法和法律。医务人员模范地遵守宪法和法律，同时严格遵守技术操作规范，对于依法从事执业活动，保障对患者的诊断与治疗，做好医疗卫生工作，具有重要的意义。每个行业都有其专业特点和特殊性，对从业人员都有相应的技术操作规范要求。医务人员在执业过程中自觉遵守技术操作规范，是医疗工作这一特殊活动对医务人员的起码要求。医疗活动中的技术操作规范一般包括国务院卫生行政部门以及医疗、预防、保健机构根据行业、本机构的特点而制定的一系列规章、条例、制度、规范以及有关的要求，如：岗位责任制度、医疗工作制度、急症抢救制度、手术管理制度、技术常规等。医疗技术操作规范是医疗工作客观规律的反映，其中不少是属于工作内容、工作程序和工作方法的条理化、定型化、制度化，是医疗、预防、保健机构科学管理的基础。

2. 如实记载和妥善保管病历的义务

病历不仅是记载患者病史资料，进行医学观察、研究或提供医学证明的重要依据，也是解决医疗纠纷时认定责任的最直接、最有力的证据。因此，许多国家都将如实记载病历规定为医生的义务，一旦记载失实被查证属实，医生将承担相应的法律责任。《医疗事故处理条例》第八条规定："医疗机构应当按照国务院卫生行政部门规定的要求，书写并妥善保管病历资料；因抢救急危患者，未能及时书写病历的，有关医务人员应当在抢救结束后6小时内据实补记，并加以注明。"《医疗机构管理条例实施细则》第五十三条规定："医疗机构的门诊病历的保存期不得少于十五年；住院病历的保存期不得少于三十年。"

3. 如实告知和说明的义务

《执业医师法》第二十六条规定："医师应当如实向患者或者其家属介绍病情，但应注意避免对患者产生不利后果。"《医疗事故处理条例》第十一条规定："在医疗活动中，医疗机构及其医务人员应当将患者的病情、医疗措施、医疗风险等如实告知患者，及时解答其咨询。"《医疗机构管理条例实施细则》第六十二条规定："在实施手术、特殊检查、特殊治疗时，应当向患者作必要的解释。因实施保护性医疗措施不宜向患者说明情况的，应当将有关情况通知患者家属。"这些规定，都充分体现了医疗机构及其医务人员所承担的告知说明义务。

在医疗活动中，医疗机构及其医务人员应当履行的告知义务主要有：就诊医疗机构和医务人员基本情况和医学专长等；医院规章制度中与患者利益有关的内容；医疗机构及其医务人员的诊断手段、诊断措施；所采用的治疗仪器和药品等的疗效、副作用等问题；手术的成功率、目的、方法、预期效果、手术过程中可能要承受的不适和麻烦以及手术不成功可能预见到的后果、潜在危险等；患者的病情；患者所患疾病的治疗措施；患者大约需要支付的费用。

4. 抢救及转诊的义务

《执业医师法》第二十四条规定："对急危患者，医师应当采取紧急措施进行诊治；不得拒绝急救处置。”《医疗机构管理条例》第三十一条规定：“医疗机构对危重病人应当立即抢救。对限于设备或者技术条件不能诊治的病人，应当及时转诊。”抢救急危患者，是医务人员执业时经常会遇到的情况，如果处理不好，可能会加重患者的病情，引发严重后果及医疗纠纷。1986 年 9 月 18 日卫生部发布的《关于进一步加强急诊抢救工作的补充规定》中要求，凡急诊抢救病人不受划区医疗限制，抢救急、危、重病人在其病情稳定以前不许转院，因首诊医院病床、设备和技术条件所限需要转院而病情又允许转院的，必须由首诊医院同有关方面联系获允，对病情记录、途中注意事项、护送等都要做好交代，妥善安排。对需要紧急抢救的病人，不能因为强调挂号、缴费等手续延误抢救时机，有紧急手术抢救指征的急诊抢救病人应立即直接送手术室。

5.保护患者隐私的义务

《执业医师法》第二十二条规定：在执业活动中，医师应“关心、爱护、尊重患者，保护患者隐私”。《医务人员医德规范及实施办法》第三条规定：“医务人员应为病人保守医密，实行保护性医疗，不泄露病人隐私与秘密。”在医疗活动中，医务人员应当发扬人道主义精神，关心、爱护、尊重患者，不但要医治患者躯体上的病痛，而且还应慰藉患者的心灵。同时，由于医疗活动的特点，患者主动或被动地向医务人员介绍自己的病史、症状、体征、家庭史以及个人的习惯、嗜好等隐私和秘密，这些个人的隐私和秘密应当受到保护。而且越来越多的人认为患者的病情、治疗方案也属于当事人的隐私，也应当受到保护。患者找医务人员就医，对医务人员是高度信任的，甚至把自己的性命都交给了医务人员，因此，医务人员有义务保护患者的隐私。

二、患者的义务

和谐医患关系的维系不仅需要医方履行自己的义务，正确行使自己的权利，也需要患者履行自身的义务。在医疗过程中，如果只是过多地要求医方尽职尽责，而忽视了患者的理解、配合与支持，同样不利于医患关系的维系与和谐。

关于患者义务的论述版本较多，如中华医学会医学伦理学分会 1998 年公布的患者的义务包括五项内容：(1)有提供与疾病有关真实情况的义务。(2)有遵从医嘱，配合诊断和治疗的义务。(3)有爱护个人身体，积极恢复健康的义务。(4)有遵守医院规章制度，维护医院秩序，尊重爱护支持医务人员的义务。(5)有交纳医疗费用的义务。国际上有关患者的义务也有以法律条文加以规定的，如新西兰 1978 年通过的《病人权利与守则》中就规定了九条义务，即：(1)不能如约就诊必须事先通知有关医务人员。(2)遵守医院各项规章制度。(3)坦率真诚地回答医务人员的提问。(4)讲清和进一步解释任何未清楚的问题。(5)对自己同意的治疗要真诚合作。(6)尊重其他病人隐私,对所了解的情况保守秘密。(7)尊重其他病人的宗教信仰、文化。(8)关心其他病人,注意音响、灯光、吸烟及探视接待。(9)向有关领导提出意见和建议。

对以上这些义务加以归纳,患者的义务可以分为五个方面。

(一)配合医方诊疗的义务

在医患关系中,双方当事人必须密切配合。具体体现在患者方面,患者应如实陈述病史、病情、按医嘱进行各项检查并按医生的指示接受治疗。如果由于患者的错误陈述或不与医方配合导致诊疗失误,医方不承担民事责任。《医疗事故处理条例》第三十三条第五项规定,"因患方原因延误诊疗导致不良后果的",不属于医疗事故。这是由于造成这类医疗事件的过错在患者,医方不存在过失。该条例做出这样的规定,并不是为了推卸医方的责任,而是为了更好地保护患者的合法权益。因为要想取得对疾病治疗的满意效果,医生正确的诊断和治疗固然重要,但患者及其家属的密切配合也必不可少。

(二)遵守医疗机构的规章制度,尊重医务人员及其劳动的义务

为发挥医疗机构的职能,提高医疗质量和工作效率,保障正常工作秩序,患者必须自觉遵守医疗卫生机构各种规章制度,尊重医务人员的辛勤劳动,尊重医务人员的人格尊严。如住院患者不能随意离开医疗机构,患者不得擅自修改医嘱等。《执业医师法》第四十条规定:"阻碍医师依法执业,侮辱、诽谤、威胁、殴打医师或者侵犯医师人身自由、干扰医师正常工作、生活的,依照治安管理处罚条例的规定处罚;构成犯罪的,依法追究刑事责任。"《医疗事故处理条例》第五十九条规定:"以医疗事故为由,寻衅滋事,抢夺病历资料,扰乱医疗机构正常医疗秩序和医疗事故技术鉴定工作,依照刑法关于扰乱社会秩序罪的规定,依法追究刑事责任;尚不够刑事处罚的,依法给予治安管理处罚。"这些规定表明,患者在行使自己就医权利的同时,也必须履行遵守医疗机构的规章制度,尊重医务人员及其劳动的义务。

(三)给付医疗费用的义务

医疗费用是诊疗、处方、检验、药品、手术、处置、住院等各种费用的总和。从某种意义上说,医疗服务是一种特殊的商品,它并不以治疗是否有效或是否成功作为收取费用的前提,哪怕是治疗失败,只要医生付出了劳动,就应当得到报酬,患者不能以治疗失败为理由拒付医疗费。这是因为人的生命和疾病是复杂的,个体之间又有很大的差异,生命科学还有许多疑难问题需要探讨,许多因素都可能影响治疗效果。而且临床医学目前仍处于经验科学阶段,许多临床治疗仍是试验性的。另一方面,医生并不能承诺疗效和保证治愈,医生在与患者签订的医疗契约(如手术签字)中通常已说明治疗有可能失败,而且医生在实施治疗时一

般都让患者及其家属知情并且取得他们的同意。因此，只要医生按医疗原则诊治患者，没有医疗过失或虽有过失但未造成不良后果，患者都应按规定缴纳医疗费。医生有强制诊疗义务时（如对未交纳医疗费用的急危重症患者），不得主张患者未付报酬而拒绝治疗。然而，由于强制诊疗义务的履行，也使我国目前的医疗实践陷入两难的境地，不少医疗机构都为医疗欠费所困扰。因此，有关人士呼吁尽快建立社会医疗救助基金，解决医疗欠费问题，消除医疗机构的后顾之忧。

（四）接受强制性治疗的义务

强制性治疗是针对就医者患有医疗法律法规规定的特殊疾病，必须对患者的人身自由加以限制，进行专门性隔离治疗的一种特殊行为，如急危疾病、戒毒、精神病及SARS、鼠疫、霍乱等烈性传染病患者。

（五）防止疾病扩散的义务

《传染病防治法》第七条规定，在中华人民共和国领域内的一切单位和个人，必须接受医疗保健机构、卫生防疫机构有关传染病的查询、检验、调查取证以及预防、控制措施，并有权检举、控告违反本法的行为。该法第二十四条还规定："医疗保健机构、卫生防疫机构发现传染病时，应当及时采取隔离治疗、在指定场所进行医学观察等控制措施。对于拒绝隔离的，可以由公安部门协助治疗单位采取强制隔离治疗措施。"因此，患者如果知道自己患有传染病或被诊断为传染病之后，在接受治疗的同时，还应当尽可能了解传播的途径和可能，采取行动防止进一步传播和扩散。目前全国大中城市均有专门收治传染病的医院，患者要按规定及时就医或及时转到传染病医院治疗。

第三章　医疗纠纷处置客体论

“一般认为，民事法律关系的客体，是指民事法律关系的主体所享有的民事权利和所负有的民事义务所指向的对象。”[①]可以作为民事法律关系的客体的有物、行为、权利、智力成果等。学界有人认为患者的身体是医疗纠纷法律关系的客体，笔者认为这种认识是不正确的，没有看到事物的本质，没有找到纠纷的根源。患者的身体只是医疗行为的对象，医疗行为才是医疗纠纷法律关系的客体。这一点与运输合同有些类似，运输合同的客体或者说标的是运输行为，而不是运输的货物或运送的旅客。

第一节　医疗行为的概念

一、当前学界对医疗行为概念的界定与评析

目前，我国法律还没有对医疗行为的概念作出明确的解释。台湾学者李圣隆先生将医疗行为定义为：“凡以治疗、矫正或预防人体疾病、伤害残缺或保健为直接目的所为之诊察、诊断及治疗或基于诊察、诊断结果，以治疗为目的的所为之处方或用药等行为之一部或全部之总称，为医疗行为。”[②]柳经纬、李茂年先生认为医疗行为是指医务人员对患者疾病的诊断、治疗、预后判断及疗养指导等具有综合性内容的行为。他们将医疗行为依目的不同分为诊疗目的性医疗行为和非诊疗目的性医疗行为，而非诊疗目的性医疗行为可分为实验性医疗行为和非纯粹实验性而兼有治疗目的的医疗行为。在进一步分析了非诊疗目的性医疗行为后，他们认为“只有以诊疗为目的的医疗行为和非纯粹实验性而兼有治疗目的性的医疗行为才能够称为医疗行为”[③]。不难看出上述两种观点都把以治疗疾病为目的作为医疗行为概念的必要要素。换而言之，由医生实施的非以治疗疾病为目的的行为被排除在医疗行为之外。因为是将医疗行为的目的仅局限于治疗疾病，为此又称为狭义医疗行为。

---

① 魏振瀛：《民法学》，北京大学出版社 2000 年版，第 33 页。

② 李圣隆：《医护法规概论》，华杏出版股份有限公司 1993 年版，第 54 页。

③ 柳经纬、李茂年：《医患关系法论》，中信出版社 2002 年版，第 14—27 页。

但是不得不指出，随着时代的进步、科学的发展，大量的新技术、新方法被应用于医疗领域，这客观上带来了医疗技术的提高和医疗领域的拓展；另一方面人们对医学的需要已经不仅仅限于治疗疾病的范围，一些运用新的技术进行非治疗疾病为目的的行为，如整容整形、变性手术、抽脂减肥等也如雨后春笋般出现。这些项目的开展一方面满足了一部分社会需求，取得了一定的经济效益和社会效益，另一方面也引发了许多的医疗纠纷和事故，这方面的报道屡见不鲜，如若继续将此类行为排除在医疗行为之外，十分不利于对患者权利的保护。为此台湾学者蔡振修先生提出了广义医疗行为的概念。他根据医疗行为的不同目的，将医疗行为分为四种类型：临床性医疗行为、实验性医疗行为、诊疗目的性医疗行为和非诊疗目的性医疗行为。广义的医疗行为概念是将目前存在的各种医疗行为加以归纳概括和包容，符合社会实际，也适应了医疗实践的需要。但是简单地将医疗行为的外在特征的概括作为医疗行为的定义，虽然周全，但是并没有正确揭示出医疗行为的本质。因此，又有学者对日本“医行为”的概念加以引用，试图从医疗行为的内在本质来界定医疗行为。日本学者将医疗行为分为“医疗行为”和“医行为”两种。医疗行为专指以疾病治疗为目的的行为，而“医行为”则是对医疗行为从精密度和准确度两点进行考虑的基础上所做的定义。龚赛红博士从“医行为”的角度给出了医疗行为的定义，即医疗行为是若欠缺医师的医学判断及其技术，则对人体会有危害的行为。① 据此观点，医生的医学判断及其技术应当是医疗行为的内在本质，凡缺乏医生的医学判断及其技术而对人体实施的行为，不是医疗行为，因而可推导出只要具备医生的判断和技术的行为就是医疗行为，不管这个行为是否由医护人员所为，也不管这项行为的目的。“医行为”的定义虽然涵盖了某些与医疗有关的行为，但将医生的主观判断作为医疗行为确定的依据，有主观主义的色彩。医学判断及医学技术，不同的医生有不同的标准和水平，在实践中也难以界定这种判断的科学性以及其客观依据。

二、医疗行为界定的要素分析

医疗行为是一种专业性非常强的行为，其外延十分广泛。准确地界定医疗行为应考虑以下三个要素：

第一，医疗行为的主体和实施对象是特定的。

特定的主体是指医疗机构及其医务人员。我国《医疗事故处理条例》第二条规定，医疗事故是指医疗机构及其医务人员在医疗活动中违反医疗卫生法律、法规、规章和诊疗护理规范、常规，过失造成患者人身损害的事故。这说明医方包

① 龚赛红：《医疗损害赔偿立法研究》，法律出版社 2001 年版，第 5—7 页。

括医疗机构和医务人员。我国《执业医师法》对医师的条件作了明确规定:“医师是指依法取得执业医师资格或者执业助理医师资格,经注册在医疗、预防、保健机构中执业的专业医务人员。”《护士管理办法》规定,护士是指取得中华人民共和国护士执业证书,并经过注册的护理专业技术人员。我国《医疗机构管理条例》第二条规定,医疗机构包括从事疾病诊断、治疗活动的医院、卫生院、疗养院、门诊部、诊所、卫生所(室)以及急救站等。只有符合以上条件的医生和护理人员以及医疗机构才能从事医疗行为,这一点已成为学者的共识。

医疗行为的特定对象是患者。这里有两点需要说明:一是患者不仅仅指患有疾病的人,还包括非因疾病而到医疗机构寻求医疗的人,如上文提到的需要整容整形、变性手术、抽脂减肥的人。二是有学者认为医疗行为的对象是所谓患者方,即不仅包括患者,还包括患者的亲属。笔者认为这种观点是错误的,因为医疗行为的对象只能是接受医疗行为的具体的个人,患者亲属可能在其治疗期间代理患者与医疗机构或其医务人员发生联系,但这并不能想当然地认为患者的亲属也是医疗行为的对象。

第二,医疗行为是专业行为,即医务人员应用医学专业知识和技术的行为。医疗行为的专业性和技术性是医疗行为的主要特征。国家规定了医疗执业人员执业应具备的专业知识和技能要求,并颁布了各种医疗技术规范和常规,作为医护人员在医疗工作中必须遵循的准则,充分说明具有较高专业知识和医疗技能在医疗行为中的作用和地位。医方针对患方的行为很多,如给病人喂饭的行为,不是所有喂饭的行为都是医疗行为,只有医方根据患方的具体情况,应用其医学专业知识的判断而确需给患者喂饭的行为才是医疗行为。此时,喂饭行为成了医疗行为的一部分,而具有了医疗行为的性质。

第三,医疗行为的目的不限于治疗疾病,其目的应界定为创造人的健康价值。也即是说不能仅将以治疗疾病为目的的行为归于医疗行为之列,应该与时俱进,适应实践的迫切需要,将其他能够创造人的健康价值的行为包纳在医疗行为的概念之内。这已逐渐被学界接受、成为学界共识。因为健康价值的创造是医疗行为的共同本质,是所有各种类型的医疗行为的共同价值取向。有学者指出“医疗服务……从根本上说则是医生个体或群体对于健康价值的充满人道主义及主动精神的创造,是医生本质力量的生动体现。”①“健康”的概念不仅包括生理躯体健康,还包括心理精神的健康、社会适应良好。之所以将创造健康价值视为医疗行为的目的和本质,是因为世界卫生组织(WHO)在其章程中对健康下了定义:健康——不仅是指没有疾病和身体不适,而且还要有生理、心理和社会

① 张振杰:《浅易医疗服务的商品性及特殊性》,《北方经贸》2001年第7期。

的完全安适状态。美国著名心理学家马斯洛在其《人类动机的理论》一书中提出了需要层次论。他认为人的需要可分为五个层次：①生理需要，是个人生存的基本需要，如饮食、健康、住处等。②安全需要，包括心理上与物质上的安全保障。③社交需要，即需要友谊和群体的归属感。④尊重需要，包括要求受到别人的尊重和自己具有内在的自尊心。⑤自我实现需要，指通过自己的努力，实现自己对生活的期望，从而在生活和工作上真正感到很有意义。人的这些需要按重要性和层次性排成一定的次序，最基本的处于第一层次的需要是生理需要，即饮食、健康的需要，只有第一层次的需要得到满足后，人才会产生其他层次需要的内在动力。人们在俗话中常说"身体是革命的本钱""没有健康就没有一切"，这也表明健康对人的极端重要性。在通常情形下人们可以通过合理膳食、适当运动、心理平衡、戒烟限酒等方式保持和促进健康，但当健康出现问题后，就需要借助专业人员的帮助。所以可以说，医疗行为的本质目的就是创造人的健康价值。

综合以上论述，本书认为，医疗行为应当是指医疗机构及其医务人员运用医学专业知识和技术为就医人进行健康价值创造的各种行为。

第二节　医疗行为的分类

实践中，医患双方因不同的医疗行为可以产生不同的权利和义务。因而医疗行为的分类关系到医患双方权利义务的确定，目前学界一般将医疗行为根据不同的标准作如下分类：

第一，根据患者不同的健康需求，医疗行为可分为疾病医疗行为和非疾病医疗行为。疾病医疗行为是指以治疗疾病为中心而追求健康的医疗行为，它是医方对患方围绕疾病而进行的诊断、治疗、预后判断以及疗养康复等综合性行为。疾病医疗行为范围十分广泛，对疾病的检查、诊断、治疗、手术、麻醉、注射、给药、处方、病历记录、术后疗养，以及中医的望、闻、问、切、针灸、推拿等都是疾病医疗行为。非疾病医疗行为是指针对无疾病的患方实施的医疗行为。非疾病医疗行为的范围非常广泛，包括疾病预防行为，如给人体注射疫苗、预防接种，无疾病的美容整容行为、变性手术、体格检查、无痛分娩、人工授精、妊娠中止等。

第二，根据对疾病治疗的相对确定性可以将疾病医疗行为分为一般临床医疗行为和实验性临床医疗行为。一般临床医疗行为是指目前医学上公认、合乎医学水准，有确定治疗效果的医疗行为。目前能够确诊并具有确定的治疗手段和相应稳定疗效的疾病医疗都是一般临床医疗行为。实验性医疗行为是针对目前医学水平无法确诊或尚未有确定的治疗方案和稳定疗效的疾病而实施的医疗行为。这种医疗行为作为对医学科学的探索，可能会对人体具有较大的侵害性，因为其无法确定治疗的效果，其风险性也较大，如对“非典”、艾滋病等的治疗行为。

第三，根据医疗行为是否符合法律规定，医疗行为可分为合法医疗行为和违法医疗行为。合法医疗行为是指医方针对患方采取的医疗行为是符合国家法律法规的各项规定并符合医疗技术规范和常规的行为。违法医疗行为是指医方违反法律、法规、规章和诊疗护理规范、常规等的规定的行为。违法医疗行为又可分为故意违法和过失违法两种。故意违法医疗行为由刑法或有关行政法规调整。过失违法医疗行为是实践中常见的违法医疗行为，其造成了人身损害，可构成医疗过失或医疗事故。

第四，根据医疗行为的产生依据，医疗行为可分为契约医疗行为和非契约医疗行为。契约医疗行为就是合同医疗行为，是基于医患双方就医疗行为意思表示一致而进行的医疗行为，一般表现为患者前往医疗机构接受医疗。通过患者挂号，医疗机构接受患者就诊，因此确立合同关系。非契约医疗行为不以医患双方的合意而成立，它包括无因管理医疗行为和强制医疗行为。无因管理医疗行为是医方在无双方约定又无法律规定义务的情况下为患方进行的医疗行为；强制医疗行为是指医方直接根据法律规定的义务而为患方进行的医疗行为。

第三节 医疗行为的特点

医疗行为本质上是民事法律行为，具有民事法律行为的一般性质，即以意思表示为要素、能产生行为人预期的法律后果、合法性。但是医疗行为的对象是人，医疗行为能否实现其治病目的不仅取决于医学发展的水平和医护人员的业务素质，还取决于患者的具体情形。人与人之间存在个体差异，每个人的禀赋都有区别。因此，医疗行为又有不同于一般民事法律行为的特点。

1. 高度专业性

医疗行为是直接以人的身体及其生理、心理、精神活动为对象，运用医学科学理论和技术对疾病作出诊断治疗，恢复人体健康，提高生活质量的高技术、高风险职业行为。医学科学的专门性、复杂性、综合性，要求从业者必须经过专门的教育培训，经过资格考试取得从业资格。疾病的表现与正常生理活动交织在一起，这就要求医生具有借助各种检查检验手段准确了解和判读各种疾病的专门知识和良好的判断力。疾病的治疗需要借助于药物或手术方法，而这些方法在治疗疾病的同时也损害正常人体机能，对其适应性、副作用、并发症、后遗症的了解和做出抉择，需要专门的知识，选择不当就会造成严重的后果。因此，医生是一项具有高度专业性的职业，国家在医学教育的课程设置、医生培养上的要求也远高于其他职业。国家对此制定了严格的任职考试批准制度，凡不具备相应的专业知识而擅自从事医疗活动的均是违法行为，情节严重的构成非法行医罪，将受到《刑法》的制裁。我国《执业医师法》第八条规定，国家实行医师资格考试制度。第九条又专门规定了参加医师资格考试的条件：(1)具有高等学校医学专业本科以上学历，在执业医师指导下，在医疗、预防、保健机构中试用期满一年的。(2)取得执业助理医师执业证书后，具有高等学校医学专科学历，在医疗、预防、保健机构中工作满二年的。(3)具有中等专业学校医学专业学历，在医疗、预防、保健机构中工作满五年的。由此不难看出从事医疗行业的门槛之高，医疗行为的专业性之高。

2. 高风险性

风险即可能发生的危险。医疗行为的风险性即是指医疗行为过程和结果可能发生的危险性或不确定性。医疗行为的高风险性是有目共睹的。其一，医学是一门经验科学，它受益于医学科学发展的同时又受限于自然科学技术的发展水平。随着医疗诊断治疗技术的提高，医学界克服并治愈了很多过去被认为是不治之症的疾病，但是人类对自身的认识，医学界对疾病的认识还远远没有到尽头，也不会有尽头。医学科学还有很多的未知领域，医疗服务行为比其他服务行业的行为有更多的不确定因素，每一项不确定因素都可能成为医疗风险的一个成因。对复杂多变充满奥妙的人体自身实施的每一项医疗行为，无论事先经过多么充分细心的论证，都存在着失败的可能。其二，医疗行为的效果具有双重性，在达到治疗效果的同时，也会对正常的组织器官产生不同程度的损害。比如手术治疗不可避免会对正常组织产生损害，药物治疗会对肝脏、肾脏等器官产生损害。因此，世界上很难找到绝对安全的治疗措施，医疗行为在救死扶伤、渡人困厄的同时，无时无刻不伴随着高度的风险。

3. 社会福利性

医疗行为的服务对象是人，目的是维护人的生命和健康，关系到每一个人、每一个家庭的幸福康宁。更进一步说，一个国家、民族的健康水平同其教育水平一样关乎国家民族的生存与可持续发展，因而医疗应该具有社会福利性。我国古代医家就有“医乃仁术”及从医“半是积德半理财”之说，即医术是实施人道主义的技术，不能纯粹以营利为目的。中共中央、国务院1997年下发的《关于卫生改革与发展的决定》中明确指出，“我国卫生事业是政府实行一定福利政策的社会公益事业”。这些都说明医疗行为是具有社会福利性的行为。

4. 评价技术标准的相对性

标准是对重复性事物和概念所作的统一规定，它以科学、技术和实践经验的综合结果为基础，经有关方面的协商一致，由主管机构批准，以特定形式发布，作为共同遵守的准则和依据。

建立医疗行为评价技术标准的目的是获得最好的医疗秩序和健康效益，以保障医疗服务的技术品质。医疗技术标准由基础标准、原则标准、操作标准、安全标准、卫生标准、环境保护标准等组成。这些标准多为定性的判断，而非精确的定量标准，并且很多情况下有例外事由。以外科病例评价为例，它的具体质量要求有：是否有并发症发生，这种并发症是否可以预防，诊断是否恰当，临床诊断是否与病理诊断一致，手术是否把不该切除的正常组织切除了。这些判断均具有一定的模糊性，就是运用最新的专门评估医学技术有效性与安全性的循证医学的后评估方法得出的证据作为判断标准，但由于其占有资料的相对性和医学自身的局限性，其结论也只能是相对的。

由此可知，医疗行为评价的技术标准均是相对的。同时，这种标准还受地域的限制（如边远和相对落后地区的技术标准会低于经济发达地区）及人员素质的影响。

医疗活动是一种高度专门性的职业活动，医疗行为的专业性和技术性既包括可编撰的知识，也包括“只能意会，不可编撰的知识”。[1] 这决定了医疗行为的专业性和技术性只能达到一种公认的相对状态，或最基本的标准状态，难以设定最周密最完善的标准。

5.侵权性

医疗行为虽然是以拯救患者生命、恢复患者健康、提高生活质量为目的，但是在医疗过程中所采用的大多医学诊疗手段与治疗方法以及使用的药物，对机体来说难免会具有侵入性和损害性。比如医学检查可能会接触患者的肌体，注射药物会刺破患者的肌肤使其感到疼痛，麻醉会使患者陷入昏迷，至于手术行为则更要用手术刀切开患者的身体。而且医疗行为还会对患者的机体器官造成一定的损害，如对于急性阑尾炎患者常常要切除阑尾，虽然从医学上讲阑尾对人并不起什么作用，但毕竟是每个人神圣不可侵犯的身体的一部分；对于癌症患者进行抗癌的放射性治疗和化学性治疗时所使用的放射线、化学药品等也会对机体正常的组织器官造成损伤。而根据一般侵权行为的构成要件，医疗行为从形式上已经具备了侵权行为的基本特征。

首先，医疗行为是对他人人身权利造成损害的致害行为。前已论及，即使医疗行为以恢复健康为最终目的，在实施过程中难免对机体及器官组织存在侵入性和损害性行为，甚至若没有如此的侵害性行为，救死扶伤的目的将难以实现。其次，有损害事实存在。注射使患者疼痛，放射线会杀死健康的组织细胞，麻醉

---

① 何颂跃：《医疗纠纷与损害赔偿新解释》，人民法院出版社 2002 年版，第 23—25 页。

会使人陷入昏迷，截肢使患者失去肢体的一部分，人体在医疗行为过程中被损害的事实非常明显。同时医疗行为具有高度的风险性，本身就潜藏着对人体结构和机能的致害因素，来自医患双方、周围环境条件等任何一方面的微小波动，都会促使和加重这种损害的发生。医疗行为本身就是一把双刃剑，存在着“获益”和“致害”两面性，无论医生的医术多么高超，无论医学技术如何发展，医生都无法避免医疗行为对患者身体造成侵害的一面。再次，医疗行为与损害事实之间存在因果关系。虽然疾病本身就使人身体受到损害，但上述的疼痛、昏迷、失去肢体显然是由医疗行为直接造成的。最后，医生主观上对医疗行为将产生的上述损害是明知的。作为接受过专业医学教育获得相应执业资格的人，医生自然很清楚自己所加诸患者身上的医疗行为将产生的损害后果，甚至对医疗行为一些不确定的风险比常人有着更为详细的了解。尽管医生最终以消除病痛恢复健康为目的，但这并不能改变其在医疗过程中的所持的明知自己行为将给患者造成损害而为之的心理状态。因此，医疗行为不但从形式上符合了一般侵权行为的要件，其本身具有的侵权性也不可否认。

如上所述，医疗行为从本质上具有侵权性，如果认为侵权行为是违法行为应受到法律的禁止，就此推出医疗行为应被禁止，这是人们难以接受的。事实上，法律不但没有禁止医疗行为，相反，还将防病治病、救死扶伤作为医生的神圣职责写入法律。这说明医疗行为虽在本质上有侵权性，但没有违法性。那么是什么阻却了医疗行为的违法性呢？关于医疗行为的违法阻却事由，主要有以下几种论点：

(1)依法执行职务。“依法执行职务是指根据法律规定或授权行使权力或履行法定义务的行为”①。这种行为从形式上看会给他人造成人身或者财产的损害，但由于具有法律上的依据，故有阻却该行为违法性的效力，典型的如公安机关的执法行为，比如对嫌疑人实施的逮捕、搜查等。医生实施医疗行为也有法律的授权和规定。《执业医师法》第三条规定：“医师应当具备良好的职业道德和医疗执业水平，发扬人道主义精神，履行防病治病、救死扶伤、保护人民健康的神圣职责。全社会应当尊重医师。医师依法履行职责，受法律保护。”该条将防病治病、救死扶伤规定为医生的职责，并指出医生履行上述职责的行为，受到法律的保护，无疑是对医生实施医疗行为的法律授权。由于有了法律的规定和认可，医疗行为虽在表面上对患者具有侵袭性，但其违法性因其是依法履行职务而被阻却。然而法律的授权并非行为人任意妄为的保护伞，如果执行职务的程序或方法不当，从而造成损害的，仍应承担侵权责任。所以医疗行为若要阻却违法，还

---

① 江平：《民法学》，中国政法大学出版社2003年版，第782页。

须遵守医疗卫生管理法律、法规、规章和诊疗护理规范、常规。

(2)患者的同意。美国有一句古老的格言:自愿不成立侵害。各国立法和司法中都曾有将受害人同意,即受害人事前以明示的方式作出自愿承担某种损害结果的意思表示,作为侵权行为抗辩事由的情形。有鉴于此,在医疗行为中作为医疗风险和损害后果的承受者的患者,其主动到医院就诊的行为,术前签署手术同意书的行为,为检查或药物付费的行为,皆可视为对医疗行为的承诺,从而阻却医疗行为的违法性。但是,以受害人的同意作为侵权行为的抗辩,本身存在着一定的法律和道德风险,它可能使一些难以为人们接受的伤害行为合法化,如债务人为清偿债务而同意债主砍掉自己的一只手。所以正如江平教授所言:“美国法院已经变得越来越不愿意承认受害人自愿承担风险作为抗辩事由了。”我国颁布的《侵权责任法》“不承担责任和减轻责任的情形”一章中,亦没有将受害人的同意列入其中,因此,患者的同意能否作为医疗行为的违法阻却事由,值得商榷。江平教授认为:“对受害人同意的法律效力应分不同情况处理:对于纯粹的财产性的侵害,受害人的同意可以作为抗辩事由。而被害人对其人身侵害的事先同意,由于往往难于被社会道德和法律接受,一般不得作为抗辩事由。但是对于医疗行为,由于该侵害是为了被害人的利益,可以作为抗辩事由。”①笔者赞同江平教授的观点,既然医疗行为以救死扶伤为目的,自然该行为不应当为社会道德所谴责,相反,医生的执业行为一直被认为是高尚和神圣的,既然不存在道德和法律的风险,患者的同意作为医疗行为的违法阻却事由便不成问题了。

6.自主性

由于医学知识和技术高度专业性、技术标准的相对性、工作场所的排他性和医疗专家个人经验的差异性,在客观上造成医疗行为主体在技术措施的选择和实施上具有一定程度的自主性。而使医疗服务接受者基于对医疗服务提供者的信赖而将固有的自决权让渡给医疗服务提供者,从而使医疗服务提供者的自主性具有得当性和合理性,进而需要法律确认,使之成为一项有限定条件权利,以利于医疗服务提供者积极、主动展开医疗业务,其目的是使医疗服务接受者的健康利益达到最大化。

7.协同性和系统性

随着现代科技高速进步与现代医学不断深入发展,医学的专业分化程度越来越高,分科越来越细。如介入性诊断和治疗大大改变了传统内外科的分科标准,肿瘤治疗方法的发展也使肿瘤化疗越来越专业化,而医疗服务的对象的情况需要是多方面的和综合性的,需要各专业的协同服务。所以加强各专业的协作,

① 江平:《民法学》,中国政法大学出版社2003年版,第784页。

使医疗机构工作（尤其是病种质量管理）系统化，就变得日益重要。但现实中，由于各专业有各自的工作标准，有各自日常工作安排，往往容易从本专业考虑，不情愿把方便让给其他专业，这是病人住不上院、手术延期、检查报告出不来、不能合理用药和合理检查的原因之一，也是现实中发生医疗过错和医疗纠纷的重要原因之一。

第四章　医疗行为中的权利

第一节　医疗行为中的权利构成

一、患者权利的构成

（一）医疗权

生命健康权为人的基本权利，为维护生命健康利益，则必须赋予个人医疗权。有病治病是人类社会早有的传统，享有医疗保障是社会文明的重要标志。《世界人权宣言》中认为："每个人有权使生活达到一定的水准，保证自己及其家庭的健康和幸福，包括食物、衣着、住所、医疗和必要的社会服务。"美国医学会宣称："享有适宜的医疗保健是每个公民的基本权利。"我国《宪法》第二十一条第一款规定："国家发展医疗卫生事业，发展现代医药和我国传统医药，鼓励和支持农村集体经济组织、国家企业事业组织和街道组织举办各种医疗卫生设施，开展群众性的卫生活动，保护人民健康。"其第四十五条第一款规定："中华人民共和国公民在年老、疾病或者丧失劳动能力的情况下，有从国家和社会获得物质帮助的权利。国家发展为公民享受这些权利所需要的社会保险、社会救济和医疗卫生事业。"《民法通则》第九十八条规定："公民享有生命健康权。"《医疗机构管理条例》第三条规定："医疗机构以救死扶伤，防病治病，为公民的健康服务为宗旨。"医疗权，是指患者为维护自身的生命健康利益而有从医疗机构获得合适医疗服务的权利。医疗服务一般包括检查、诊断、治疗、康复、防疫、分娩、治疗性和预防性的服务等与特定患者有关的处理。患者在遇有疾病的危险或危害时，不但有权从医疗机构处得到医疗服务和照顾，且此种服务必须体现合理和医方对患者的照顾。医疗权的具体内容包括：有权得到人道的、受尊重的治疗和服务，不得因种族、宗教信仰、性别、年龄、贫富状况、受教育程度、医疗费用的来源等因素的不同而受到不公正、不平等的对待；有权得到及时有效的治疗；有权获得符合医疗常规的、与医疗机构和医师水平相一致的正确诊断和治疗；有权获得有关病情的诊断、治疗、发病、康复等的全部信息；非病情所必须，不得进行对身体伤害大的和不必要的检查检验；有权获得费用节省的医疗服务；先到者有权在先接受服务，但危急患者有优先权，应得到优先诊治；危重症患者有获得紧急救治和转诊、会诊的权利。

（二）知情同意权

知情同意权是指医方应对患方的疾病状况、治疗手段、效果、副作用、风险及并发症、治疗周期、费用等情况予以如实告知，由患方在理解的基础上自主决定是否接受治疗及如何治疗的权利。其意义在于人即使是在患病的情况下，也应当遵循人的基本人权、人生目标和价值追求，保证自主决定自己的身体。知情同意权的法理在于对患者处置自身身体、生命的决定权的尊重。众所周知，医疗行为是一种利用物理、化学、生物等方法对人的身体产生一定危险的侵袭性行为，从原始意义上讲，该行为应构成侵权。但目前医疗行为得到世界各国的普遍许可，源于医疗行为的正当性，即患者享有决定如何处置其身体、生命的权利。患者知情同意权如此重要，以至于即使医师进行的医疗行为从医学上讲是有效的，但如果医疗行为是在医师未尊重患者决定权的情况下实施的，其仍应承担责任。

1. 知情权

知情权是指在医疗服务开始或继续之前患者有权知悉医疗服务的内容和效果。我国《医疗事故处理条例》第十一条规定："在医疗活动中，医疗机构及其医务人员应当将患者的病情、医疗措施、医疗风险等如实告知患者，及时解答其咨询，但是应当避免对患者产生不利的后果。"知情权的具体内容包括：

（1）有权知道如何就诊，所有为其提供医疗服务的医护人员的姓名、职业身份、专业技术职称以及他们之间的职业状态（包括能够反映出医生医疗水平和职业道德水准的资料）、职业关系，医疗机构的规章制度。

（2）本人或家属有权知道患者的健康状况，疾病的检查和诊治结果，治病方案的选择及其风险和副作用、并发症等情况，药品的使用方法、痛苦程度，预防、康复的可能性，放弃治疗的后果等，并且这一权利应贯彻在疾病治疗过程中的各阶段。

（3）有权知道并复制处方、检查报告单、住院病历、手术记录、处置单、医疗费用详单等直接与患者利益相关的医疗记录和医疗证明，并可要求医疗机构对各项信息作出易于理解的说明。

（4）有权在医疗费用不足或可以出院时得到提前通知。

（5）医方的说明告知可以是口头、书面或公示方式，并应以达到一个正常的有理性的人能够依其作出决定为标准，对特定病人有重要意义的医疗方案尤应谨慎（如对未生育者施以子宫切除术）。有关信息应当根据病人的年龄、身体及心理成熟程度、生活经历等在适当的场合、通过适当的方式传达给患者。

2.同意权

同意权是指患者有权在对医方提供的充足的信息予以理解的基础上自主决定是否接受、认可医方所提供的医疗服务。我国《医疗机构管理条例》第三十三条规定:“医疗机构施行手术、特殊检查和特殊治疗时,必须征得患者同意,并应当取得其家属或者关系人同意并签字;无法取得患者意见时,应当取得家属或者关系人同意并签字;无法取得患者意见又无家属或者关系人在场,或者遇到其他特殊情况时,治疗医师应当提出医疗处置方案,在取得医疗机构负责人或者被授权负责人的批准后实施。”

同意权的主要内容包括:

(1)患者须具有行为能力,能够对医方所作的说明、告知予以充分理解,并能够自主斟酌决定是否接受该治疗行为。当患者本人不具有同意能力时,须经由患者的法定代理人或患者在有同意能力时所指定的代理人同意。但如果医方认为患者的代理人滥用同意权,有违“病患之最大利益”的考量标准,在方式上明显不利于患者的,在有法定资格的国家医疗机构同意的前提下,可以进行治疗。

(2)如缺乏行为能力的患者在自愿和充分理解的基础上对涉及自己医疗方案的同意(尤其是涉及风险较高、创伤较大或费用较高的情况),有权不接受诊疗处理。医方应用书面形式向患者征求意见或在病历中记录以取得患者或其代理人的签字以表示得到同意。

(3)同意权还包括实行实验性医疗措施以及与患者利益无直接关系的调查研究须经患者同意。

(4)特定情形下,可以推定患者同意而开始或继续治疗。如对人体有轻微伤害的医疗行为;为了患者能够生存、增大生存机会而采取的紧急医疗处置行为;为避免造成急迫危险或改善治疗效果而按医疗常规施予的治疗行为;医方行使强制治疗权时;等等。

(三)自我决定权

自我决定权是自二战后通过纽伦堡判决所确立的,美国、丹麦等很多国家通过立法予以确认。自我决定权是指患者在与医疗机构接触时得对自身身体和医疗行为作出最终的自己负责的决定。其意义在于使患者改变被动地位,与医师一道共同参与医疗,以维护和保有自身的生命健康利益。

1.自我决定权的主要内容

患者有权自主决定选择医疗机构、主治医师,有权自主决定接受或者不接受特定的医疗服务项目,如药物、检查方式、治疗方案或医疗机构提供的与治疗和疾病康复无关的服务等。患者有权自主决定在不违反强行法的前提下出院或转院治疗;有权在遵守医疗机构管理规范的前提下接待来访和保持同外界的联系;

有权自行邀请专家会诊等。

2.对拒绝医疗权的特别分析

(1)拒绝医疗的理由。

①基于保护身体完整的需要,现代的法律条文和刑法中的普通法权利均有规定避免侵犯未经同意的身体完整。权利人不受未经其同意的对身体的侵犯,包括在医疗时可以拒绝未经其同意的医疗行为。此时,未经其同意而施以医疗的构成专断治疗,为侵权行为。

②基于宗教信仰自由。为保证信仰自由,法律一般维护宗教信徒基于宗教信仰依靠精神疗法而拒绝医师医疗的权利,如对基督派信徒因回避血而拒绝输血治疗的认可。

(2)拒绝医疗的限制。

①在疾病可以治愈而生命危急时,不得拒绝医疗。因此时关涉国家利益和医疗机构的道德完善。但绝症患者例外。如丹麦病人权利法规定患绝症的病人可以拒绝仅仅是为了延长生命的治疗。

②对病情危急的未成年人或其他无行为能力人,其代理人不得拒绝为其医疗。对上述人群来说,生命应是其最大利益,代理人不得基于自身的价值判断、宗教信仰或经济状况等拒绝为其治疗。

③患者处于非理性状态而有生命危险时不得拒绝治疗。拒绝医疗应是在患者具有完全意思能力时享有的,而在处于非理性状态时自当拒绝其行使。

④涉及公共卫生或公共利益时不得拒绝治疗。如对传染性疾病、严重精神障碍、影响生育质量的疾病等情形亦不得拒绝治疗。

(3)拒绝医疗的法律效力。

①对患者来说,拒绝医疗的后果应由其自己承担。

②对医方来说,患者拒绝医疗可以使自己公法或私法义务的免除成立。而当患者不得拒绝医疗时,医方的治疗行为不得认为构成侵权。

(四)隐私权

1.隐私权的一般理论

隐私权的概念和理论最早产生于美国。后来,联合国在《世界人权宣言》第十二条规定:“任何人的私生活、家庭、住宅和通信不得任意干涉,其荣誉和名誉不得加以攻击。人人有权享受法律保护,以免受这种干涉或攻击。”1965 年美国开始适用《人权法案》,使隐私权成为一种一般性的宪法权利。各国亦通过不同方式直接或间接地对隐私权予以法律保护。2001 年我国《最高人民法院关于确定民事侵权精神赔偿责任若干问题的解释》规定:“违反社会公共利益、社会公德侵害他人隐私或者其他人格利益,受害人以侵权为由向人民法院起诉请求赔偿精神损害的，人民法院应当依法予以受理。”从而将隐私利益纳入直接的法律保护。

2.患者隐私权的含义

隐私权一般是指自然人享有的对其个人的、与公共利益无关的个人信息、私人活动和私有领域进行支配的一种人格权。患者隐私权是指患者在医疗活动中对自己的隐私利益享有的利用和保密的权利。美国纽约州患者的权利法案中规定：“在医院期间，你的隐私和病案中有关治疗的秘密信息受到保护。”我国的《执业医师法》第二十二条规定了医师在执业活动中应履行的义务包括“关心、爱护、尊重患者，保护患者的隐私”。

3.患者隐私权的保护

(1)对固有的非因医疗而产生的隐私的利用权。

其一，患者暴露于医师面前的隐私范围、方式应以治疗疾病需要为限，与疾病治疗无关的其他个人资讯和身体应免受刺探和窥视。其二，掌握患者隐私的人员应以与疾病治疗直接相关的医务人员(包括医师、护士、医方管理人员等)为限。未经患者本人许可，不得允许实习医生等与患者疾病治疗无直接关系的人员参与检查或治疗(明示的教学医疗机构除外)。其三，对于医方在为患者诊治过程中所获知的隐私资料，不得擅自公布或非法利用。前者如未经许可将所掌握的患者资料提供给商业单位或人士等；后者如利用患者隐私为医院、医师或药品作宣传和广告等。

(2)对在治疗过程中产生的隐私的保密权。

①患者有权要求医疗机构对患者在诊疗过程中产生的治疗信息等隐私资料予以保密。治疗信息可能包括患者的病因、病情、疾病史及治疗情况、身体缺陷、身体的敏感部位及其生理病理状态、血液、组织和器官状况、医疗费用的来源、医疗记录等。保密除不得对外提供外，还包括对医疗机构内部的与治疗和管理无关的人不得参加会诊、讨论案情或翻阅患者病历资料。

②患者隐私保密权应受合理限制，特定情形下应允许医方将隐私资料提供给其他医疗机构、医疗管理机构或其他利害关系人。其一，对患者的治疗和患者的利益是必需的，如为确诊而将患者资料提供给其他医疗机构或医师；其二，对明显的公共利益的保护是必需的。如为档案管理或疾病控制需要而向医疗管理机构提供传染病患者的资料；其三，对患者或其他人的重要利益的保护是必需的。如在不违背死者的生前意愿且不损害人们对死者的感情或其他的私人利益情况下，医疗机构可以将死者的患病情况、死亡的原因、方式告知死者的近亲属(以上参见丹麦《病人权利法》)；对可能在夫妻之间传染的疾病如实向患者配偶告知。

二、医生权利的构成

当今社会、民众舆论、学术界日益将关注的重点放在维护弱势群体的患者的权益上，而医生的权利往往被忽视。但医疗服务的顺利开展，得益于患者与医方的配合，因此，必须赋予医生一定权利，保障医生顺利实施医疗救治，最终保证患者权益的实现。相对于患者，医生的权利主要体现在以下几个方面：

（一）治疗权

治疗权是指医生利用专业知识和技能，为患者恢复健康或维护健康提供诊断和治疗行为的权利。治疗权是医生的一项基本权利。依法取得执业医生资格或者执业助理医生资格，经注册在医疗、预防、保健机构中执业的专业医生，是行使治疗权必备的主体资格。本质上，治疗权的产生有两种依据：一是来源于法律的规定。如《执业医师法》第二十一条规定，执业医生享有出具相应的医学证明文件，选择合理的医疗、预防、保健方案的权利。二是来源于医生与患者订立的医疗合同，通过患者的同意或授权而产生。医生的治疗权不受他人或组织、宗教、党派、个人或团体的干涉或指使，完全是自主的。治疗权的内涵包括：

(1)疾病调查权。疾病调查权是指在提供医疗服务活动中，医生有权向患者询问与疾病相关的所有情况、进行身体检查等，也可以对与患者生活密切相关的人员进行调查与检查。疾病调查权是治疗权的首要内容。没有对患者病情、身体情况的基本了解，医生权利的行使就无从谈起。此处的调查权仅限于与疾病相关的内容，并且是否接受调查，以及是否陈述真实情况，取决于患者本人，医生不得强迫患者。当然，因拒绝调查而导致的不利后果应当由患者自行承担。

(2)自主诊断权。经过临床医学调查和其他必要的检查后，医生有权对患者的健康状况或疾病状况做出诊断。任何人或部门不得指使、妨碍医生的自主诊断权。因诊断失误导致患者的生命健康权、名誉权、隐私权受到损害的，医生需承担法律责任。

(3)医疗处置权。医疗处置权也称医学处方权。医疗处置权是指经过调查和诊断后，医生拥有对患者采取医疗处置方案的权利。医疗处置权必须由经治医生本人实施，该权利不得由其他未参与诊治的医生或非执业医生实施。医疗处置方案包括对疾病进行治疗的一切医学方法和手段，如药物治疗、物理治疗、手术治疗、行为限制等。医生在制定处置方案时，必须坚持合理性、有效性、合法性、经济性的原则，并负有向患者说明的义务。除法律规定的特殊情况外，未征得患者同意，医生不能有跨过患者而自行实施处置的权利，否则就是医疗处置权的滥用。

（二）强制医疗权

通常医疗权的行使应在患者自愿的前提下，经过订立医疗合同才可以启动。

但特殊情形下，医疗机构对某些患者可以采取强制治疗措施。这种强制性治疗是维护国家社会治安的需要，是维护社会公共利益的需要，也是一种行政性医疗权力。这种治疗措施不需要在患者的知情同意下进行，但必须在法律授权范围内实施。根据我国目前法律法规的规定，医疗机构基于公共利益实施的强制治疗行为包括：

(1)传染病患者须接受强制治疗。《传染病防治法》和《传染病防治法实施办法》都赋予各级各类医疗保健机构对传染病防治行使强制医疗权。

(2)严重精神障碍者须接受强制治疗。由于严重精神障碍者可能出现危及自身、他人及社会的行为，因此，各个国家和地区立法均规定可对其进行强制治疗。此时不仅不需征得严重精神障碍者本人的意见，也不需征得其法定代理人的意见。

(3)吸毒人员须接受强制治疗。根据我国《禁毒法》规定，经批准开办戒毒治疗业务的医疗机构，对吸食、注射毒品成瘾人员实行强制性治疗时，无须征得吸毒成瘾人员的同意。

(三)医学研究权

医学研究权是指医务人员在临床医学实践中，对疾病的治疗与预防进行研究的权利。医务人员的医学研究权并非一项绝对的权利，必须坚持以下原则：

(1)患者生命健康原则。任何医学研究都必须将患者的生命健康放在首位，不得以损害患者的生命健康为代价。进行药物试验、医学检测基础数据收集试验、手术实验等医学研究时，必须向参与者充分说明试验的内容、目的、方法、危险性等，并且参与者应当签署志愿参与试验同意书。

(2)社会公益原则。医学研究的目的是推动人类健康水平的发展。对人类社会安全、人文伦理造成威胁，甚至起到破坏作用的医学研究是遭到国际社会一致反对的。例如世界各国立法一致禁止将克隆技术应用于人类繁殖。因此，医生在行使医学研究权时，应当严格遵守职业道德，遵从法律规定以及人文伦理。

(四)人格尊严权

医务人员的人格尊严应受到保护和尊重。《执业医师法》第二十一条规定："医生在执业活动中，享有人格尊严、人身安全不受侵犯的权利。"当医疗纠纷发生时，患者及其家属应与医务人员充分沟通和交流。即使在协商不成的情况下，也应通过法律途径处理，绝不允许辱骂、殴打医务人员，破坏医疗机构的工作秩序、财物。《侵权责任法》第六十四条也规定："医疗机构及其医务人员的合法权益受法律保护。干扰医疗秩序，妨害医务人员工作、生活的，应当依法承担法律责任。"本条旨在强调对医疗机构和医务人员合法权益的保护，目的在于维护医疗秩序，构建和谐医患关系。如果医务人员在行医过程中确有违反医德、医风的行为，患者及其他知情人应向医疗机构纪检监察部门或卫生行政管理部门举报，而不得随意散播不利于纠纷解决的言论，更不得诉诸暴力。

第二节　医疗行为中权利的保护

一、患者权利的保护

（一）患者权利立法的完善

我国当前的立法体系是一个整体性的建构。这一整体包括宪法，宪法居于国家的根本大法地位，各部门法、单行法均须符合宪法的原则性规定（违宪无效），从而形成一个完整的系统。当前立法在宪法对保护公民人格权尊严的原则指导下，通过《民法通则》和单行法形式对人格权益的保护规定，相互补充，成为一个统一完整的保护体系。在这样一个宏观的立法框架构想下，鉴于医患关系及医疗实践的复杂性，为切实保护患者权利，我国应该制定单行的《患者权利法》，以法律形式作出明确、统一的规定，规范医患行为，保障医患双方的权利和义务，公正合理地处理医疗纠纷。对于患者权利的立法拟定可以从以下几个方面进行考虑：(1)明确界定患者权利的内涵、外延、权利主体及保护范围等具体内容，这部分应当作为立法的核心内容。(2)进一步明确规定医患关系中侵犯患者所拥有的各种权利时侵权行为人所应承担的法律责任的种类，详细列明承担责任的方式、内容及其行使。(3)进一步明确对受害人的具体司法救济措施，肯定患者可以获得精神损害赔偿，并对精神损害赔偿的数额做出限定。只有通过立法，才能让医疗纠纷的解决做到有法可依、有章可循。同时，制定统一的单行法对患者隐私权的保护也是非常必要的。当然，我们也应该注意，虽然保护患者权利的立法在医疗领域亟待加强，但立法者必须对此采取审慎的态度，以免过犹不及。因为，当前随着公众权利意识的迅速增强，社会大众和媒体对患者权利及其保护领域给予了极大的关注，甚至产生了偏袒的心态，致使极少数的患者借此向医疗机构提出畸高的要求，索要高额赔偿。公众的这些强烈要求和态度可能会影响到立法者。因此，立法者应当保有清醒的认识，既要切实保护患者的权利，又要顾及患者权利与其他权利之间冲突的平衡，如对医疗机构和医务人员合法权益的保护。

（二）加强医疗机构建设及其医务人员的管理

加强医疗机构的硬件设施和管理体系的建设。医疗机构硬件设施的好坏，决定着医疗服务水平的高低，为了能够提供更优质的诊疗技术和更人性化的服务，医疗机构应当加大对硬件设施的投入和建设。如在涉及患者隐私权时，应设立单独的会诊室,实行“一医一患”,为医生和患者提供一个单独的空间,使患者在接诊时不用担心自己的隐私泄露;而先进的仪器设备也有助于更好更及时地了解患者的病情,使其作出正确的治疗选择。总之,国家及医疗机构应当增强以人为本的意识,在硬件设施上最大限度地满足患者需要,为患者治疗及其权利的保护提供良好的环境,提供更多的人性化服务。这样既为患者创造了一个安心的就医环境,有助于疾病的治疗和身体的恢复,同时又可以避免发生医患纠纷。另一方面,完善的管理体系是医疗机构进行正常医疗活动的前提,也是医疗机构发展的内在因素,它从宏观上指导着医疗机构的整体运作,又从微观上监督着医疗机构的细节操作。所以,医疗机构应当建立起科学严谨的医疗管理体系,提高医疗机构管理者的素质,实现医疗机构管理的系统化、制度化、规范化、科学化和现代化。

增强医务人员的素质培养,使其树立高尚职业道德。加强医务人员的法律普及和实践应用,进一步增强医务人员的法律意识。让医务人员能够更深刻地理解患者权利的内容,以及对患者权利进行保护的重要性,并将其贯穿于工作之中,培养良好规范的职业行为,树立依法执业的思想观念。法律特别是卫生法律法规是我国医疗卫生工作的基本保障和行为规范,是调整医患关系的重要法律依据,它规定了医务人员的权利和义务,明确了保护患者权利的重要内容,熟悉这些法律有助于医务人员更好地和患者进行交流协作。为此,医疗机构必须提高医务人员的法律素质,培养医务人员知法、懂法、守法、执法的法律意识,并使医务人员将其转化为自觉依法行使权利和履行义务的法律行为。在医疗实践中真正做到尊重患者权利,保护患者权利,也是医疗机构加强管理的重要内容。

(三)患者权利的法律救济

1.患者权利的民事救济

所谓民事救济就是通过民事责任的承担来达到救济的手段。《民法通则》对民事责任的承担也有相关规定。当公民或者法人违反合同的相关规定,或者不作为,对因此造成的后果应当承担民事责任。公民、法人由于其主观过错导致损害国家、集体或者他人财产、人身的,也应当承担民事责任。在医疗活动中,医疗机构及其医务人员因为违反诊疗护理常规,过失造成患者人身损害的,应对患者承担相应的民事责任。

2.患者权利的行政救济

医患双方对于医患纠纷民事责任争议不愿意协商或者协商不成的,可以向卫生行政部门提出调解申请,通过发挥卫生行政部门的行政职能来解决纠纷。卫生行政部门是追究医疗纠纷行政责任的主要机关,其处理的主要内容包括:建立调查小组对医疗纠纷进行调查;初步判断是否属于医疗事故;对难以作出明确判断的纠纷，则交由负责医疗事故技术鉴定的组织进行医疗事故鉴定；同时责令医疗机构调查核实后如实上报有关情况；最后为医患双方进行行政调解。行政调解应当遵循当事人双方自愿原则，并应当依据《医疗事故处理条例》的有关规定对赔偿数额进行确定。此外，医疗机构也有权对造成医疗纠纷的责任人给予机构内部的行政处分，并追究其相应的民事责任。如果患者对行政机关作出的关于医疗纠纷的定性定级问题不服，可以向上级医疗事故鉴定机构申请重新鉴定，由上一级卫生行政部门根据新的鉴定结论予以重新确定；如果患者对行政机关所调解的赔偿数额不满意，则卫生行政部门将不予再调解，患者只可以向当地人民法院起诉，由人民法院根据《民事诉讼法》的相关规定，按民事案件受理。

3.患者权利的司法救济

司法救济是保障患者法定权利向现实权利过渡的重要环节。司法机关按照法定的权限和程序，通过对具体案件的当事人之间权利义务的判断来对受损害者的权利进行补救。司法救济是社会所有救济体系和方式中最终、最有权威、最能反映社会公正和实现社会公正的权利救济的体制和方式。对于保护患者权利来说，法院就具体案件所给予患者的救济应该充分地满足救济的目的并在最大程度上体现司法的公正性。为使司法救济更具可行性还应该注意：

(1)司法推理中的保护患者原则。现代社会的法律推理以保护公民权利为目的，又可称之为权利推理。司法中的法律推理，尤其是辩证推理，当法律没有明文规定或法律的规定相互矛盾时要做出有利于患者的推理，即有利于患者的权利保护。这是基于患者是社会弱势群体这一特点决定的。虽然在司法过程中医患双方是平等主体，但由于我国现行的医疗体制，导致了医患双方的信息不对称，致使患者举证困难。患者的知情同意权、隐私权、自主决定权、查阅医疗病历资料权、申请医学技术鉴定权等往往不能得到很好保障，行使这些权利时也困难重重，这就导致了实质上的不平等。因此，在司法实践中应对患者进行有利的推理。

(2)完善法律援助制度和司法救助制度。获得法律援助和司法救助是患者(包括患者的法定代理人)的一项权利，即获得司法救济的权利。许多患者往往因为经济困难打不起官司，无力维护自己的权益。为了保障患者与其他公民享有同等的法律救济权，应加强对患者的法律援助。由于医疗纠纷专业性很强，因而法律援助不仅仅包含经济方面的援助，还要包括医学技术方面的支持。这就需要在我国的各级法律援助机构里多一些医学专家，他们能够从科学技术方面为患者权利的司法救济提供更加有力的援助。对于经济确实困难的患者，司法救助须将费用的减、免、缓措施覆盖至鉴定、执行等领域。

(3)建立患者权利维护的监督机构。患者的权利属于民事权利，而民事诉讼采取的是不告不理的原则。许多患者由于治病花费了大量的人力、物力、财力，迫于知识、经济状况或者某些外部的压力，对受到的侵害采取了无奈沉默的态度。为此应建立患者权利维护的监督机构，以帮助患者维护自身的权利，这既可以促进医疗机构强化医疗保健服务，也能使患者的权利得到更好的保障。

（四）完善患者权利的监督管理体制

相关的监督管理机构应当对医疗机构及其医务人员进行常态化考核。如随机组成督查小组，定期调查收集分析患者对医疗机构的意见，将调查结果和整改建议及时反馈给具体的管理部门和负责人，在医患之间架起相互沟通的桥梁；通过监督机制的约束，增强医务人员的医疗服务意识。同时，将医疗纠纷中的突出问题的解决途径制度化，对可能妨害患者权利实现的潜在因素制定防范预案；完善投诉处理制度，设置专门受理投诉的部门，加强对患者投诉的管理，及时排除医患之间沟通障碍，积极化解医患矛盾，防范医疗纠纷的产生，避免因医患关系紧张而导致矛盾激化。

（五）建立完善的医疗责任保险制度

医疗保险是我国社会保障制度的一项重要内容，有利于保障公民的健康权、生存权，维护社会和谐，促进经济发展，对建立和谐的医患关系、保护患者权利，医疗责任保险制度具有不可或缺的重要作用。最优化的模式是由政府、医疗机构、医务人员三方共同投保构成的社会医疗责任保险机制。即政府从税收中拿出一定比例作为医疗责任保险基金投入，补偿医疗机构医疗投保与赔偿之间的差距，确保政府投入的医疗机构正常运转。同时采用强制性投保，由医疗机构拿出相应比例，作为医疗机构和医生的风险保障。但是在临床实践中，有许多医疗损害产生于诸如医疗意外、特殊疾病、患者体质差异等因素。遇到这些特殊情况，医务人员与患者自己都应承担相应的责任。因此患者为了更好地保护自己的权利，也应该本着自愿的原则参保，一旦发生医疗事故或医疗损害事件，患者就可以得到保险公司部分或全部的补偿。医疗责任保险制度建立实施后，就能够依靠现代化的风险分担机制更有效地维护医患双方的利益，有利于和谐医患关系的构建。

二、医生权利的保护

研究医生权利的保护有着十分重要的意义。首先，探讨医生权利能够把医生和医疗机构的关系厘清。其次，医生权利作为一种职业性强的社会存在，通过对它的观察，能够实证分析权利的社会作用。医生的权利的实现在很大程度上要受到医疗机构的影响，并且会影响到国家相应的政策和法律的制定。医生在维护自己的权利时，可能的途径和障碍是如何把字面上的权利转变为实践中的权利必须面对的问题。实践中有如下的主体或方法可以保护医生权利。

（一）医疗机构

多数医生的执业生涯依托于医疗机构，医疗机构在实现医生大多数的权利方面负有不可推卸的责任。从当前的医疗改革的情况看，短期内医生仍然会依赖于医疗机构，如何从制度设计上既维护医生的权利又使得医生不被挟持，是必须考量的。

（二）卫生行政部门

卫生行政部门的职能之一是管理医疗机构。这本身就涉及对医生的利益的干涉，变相地调整着医生的权利。

（三）医师协会

我国已经建立了比较系统化的医生职业组织——医师协会。医师协会作为医生的专业性组织，拥有更多维护医生权利的职责和能力。它可以代表医生群体向党、政府和人大反映意见、提出议案参与或影响相关的立法，也可以通过监督执法来保护医生权利。在司法上它也可以给医生维权提供帮助。当然，从目前的情况看，医师协会尚未很好地发挥应有作用。

（四）法院

无救济即无权利。医生权利的确认的重要一点就是要求在司法活动中予以维护。具体讲，法院可能从两个方面维护医生的权利。首先，在医生与医院的劳工纠纷中，法院应注意医生的相对弱势。其次，在医疗纠纷中，法院合法合理地在医生与医疗机构之间分配最终责任。

另外需要特别注意的是，医生是医疗改革的主要执行主体，也是医疗改革成功与否的关键所在。只有充分保护医生的权利，才能充分调动医生群体的积极性，推进医疗改革的进一步深化。保护医生权利，需要体制的健全，法制的完善，也需要管理的配套及进一步规范化，当然，最重要的是社会的整体进步。

第一，加快医疗改革步伐，实现医疗资源的合理配置，彻底解决“看病难、看病贵”的现状。其一，实现医疗机构的公益性，建立健全覆盖面广泛的医疗保险制度，消除患者对医生和医疗机构在收费上的疑虑与质疑，重建患者对医生的信任。其二，加大财政投入，改善基层医疗机构医生的收入，实现医生的人力资源均衡配置，从根本上改变基层医疗机构资源短缺的现状，将大中城市医疗机构的患者合理分流到有能力的基层医疗机构，既解决了基层患者看病难的现状，也缓解了城市医疗机构人满为患的困境，减轻了这些医疗机构医生的工作压力。当患者的需求被满足之后，就会从根本上消除患者对于医疗机构及医生的“敌意”，降低医疗纠纷发生的可能性，使医生免受极个别患者的暴力侵权和其他伤害。

第二，加强法制建设，进一步完善医疗卫生行业的法律法规，从制度上明确和保障医生的合法权益。其一，针对医疗卫生行业高风险的职业特性，推行医生执业风险保险制度。医生是人而不是神，是人就一定会犯错，由医生个人承担其执行职务的所有医疗风险是不公平的，也会给医生的诊疗过程带来很大的心理负担。为此很多国家实行了医生执业风险保险制度，以保障医生的权利，免除医生诊治过程中的后顾之忧，使其尽心尽力地救治患者。其二，修改完善现有劳动法律、法规、规章、政策，切实保护医生的经济权利。如限定医生每天、每周的工作时间、最长连续工作时间、最短夜班间隔，保障倒班休班、法定节假日和年休假等，减少不规律的工作时间给医生带来的压力。必须加班时，规定合理的加班费补助。其三，建立顺畅、高效的医患权利救济途径，使“医闹”无利可图。2015 年 8 月 29 日全国人大常委会通过的《刑法修正案(九)》，将《刑法》第二百九十条第一款修改为“聚众扰乱社会秩序，情节严重，致使工作、生产、营业和教学、科研、医疗无法进行，造成严重损失的，对首要分子，处三年以上七年以下有期徒刑；对其他积极参加的，处三年以下有期徒刑、拘役、管制或者剥夺政治权利”。这意味着“医闹”已被列为刑事犯罪。

第三，建立健全医疗纠纷化解和医生保障机制。对于医疗纠纷的预防与化解，有一些国家已经建立了比较完善的制度，值得我们学习和借鉴。在加拿大，主要通过分流患者，减少与患者接触的医生数量来减少医疗纠纷发生。加拿大医疗体系分为家庭医生、专科医生、专门医疗机构三大环节。患者生病时，首先由家庭医生出诊，由家庭医生决定患者是否应该去找专科医生或是专门医疗机构就诊。而加拿大的医生是自由职业者，很少固定在一家医疗机构工作，而且非手术轮候时间一般不在医疗机构坐班。患者能直接接触的家庭医生不负治疗责任，负有治疗责任的专科医生、医疗机构又减少了与患者接触，这样也就有效地减少了医疗纠纷发生。而且在加拿大，医疗机构和医生只负责诊治、开处方，不负责药物销售，从而减少了医生与患者之间直接的金钱关系，有效地减少了医疗纠纷发生的可能性。我国目前虽然尚不具备建立相似体制的条件，但是已在大力推行的医生多点执业政策，也可以减少医疗纠纷发生的可能性。而在日本，良好的沟通与服务是减少医疗纠纷的主要方法。一方面，日本实行医疗预约制度，合理安排患者就诊时间，使医疗机构始终维持适度宽松的环境。另一方面，日本医疗机构大多设立了专门部门，收集患者投诉、烦恼、意见，并及时化解。日本医疗机构的人文关怀还包括定期举办一些讲座和小型音乐会，缓解患者心理压力。这些措施都有效地减少了日本医疗纠纷发生的可能性，值得我们借鉴。如果说加拿大和日本都是以减少纠纷的产生作为处理医疗纠纷、保护医生权利的主要方法，那么同样深受医疗纠纷之苦的美国则是采取了进一步完善医生保护体制，对医生权利进行保护。2004 年美国职业安全卫生管理局(OSHA)颁布了《医疗和社会服务工作者防止工作场所暴力指南》。其中规定了一系列的方法和措施，要求医疗机构对医生人身安全加以保护。这些措施包括：医疗机构大门必须安装金属探测器，避免凶器被带进医疗机构；医疗机构必须装备 24 小时监控系统及报警系统；医疗机构必须保证医疗区有医务人员专用的紧急出口，并设立员工紧急避险的安全房间；同时医疗机构须建立暴力记录患者“限制访客”名单，一旦发现有攻击性行为的患者立刻记录在案。与美国相比，我国医疗机构对医生人身安全的保护措施远远不够完善。这些国外的先进经验，值得我们借鉴。结合我国的国情，建立相应制度对医疗纠纷进行及时化解和处理，同时也从源头上减少医疗纠纷发生的可能性。

第四，加强医德建设，建立统一、权威的医生评价、监督体系，将医术、医德的评估与监督制度化、系统化。古语云：医者仁心。然而，在市场经济冲击下，这份仁心在经济利益冲击下逐渐淡化，甚至异化。医生工作关系着患者的健康和生命，这既是压力，更是一种义务、一种责任。只有始终保有医者仁心，才能重塑患者对医生的信任。当然，将医德建设仅仅停留在道德层面和精神层面效果并不明显。因此，很有必要建立完善的医生评价、监督体系，对医生执业进行持续的评估和记录。对医德高尚的医生通过记录加以肯定，作为职称评定、晋升、提薪、奖励等的主要依据；对医德有所欠缺的医生进行及时有效的纠正和警示，如果限时内没有改进，则予以相应处罚。同时，评估和记录主体应该不局限于医疗机构和医疗系统内部，还须建立医疗机构之外的社会评价系统，增加医生职业透明度；建立合理、完善的奖惩机制，将医德与权利挂钩，既能加强医德建设，也更有利于医生权利的保护。

第五，对医生的社会角色与职业地位进行客观定位与认知。患者对医生的误解与质疑，有相当一部分是缘于对这一职业的不客观认知。救死扶伤是医生的天职，但我们在对医生这一职业的认知中，常常忽略非常重要的一点——不管现代医学再怎么昌明，发展再怎么迅速，仍然存在医学力所不治的疾病。美国医生特鲁多的墓志铭上写着这样一段话：“有时是治愈，常常是帮助，总是去安慰。”短短一行字，尽诉了医生的仁心与无奈。客观地认识医学的局限性，客观地认识医生能力的有限性，才能理智地处理医疗过程中可能产生的医疗纠纷。在医疗改革过程中，我们重视了医德的建设，却忽略了“患德”建设及相应的宣传、教育。与患者建立良好沟通，让患者对医生这一职业树立理性、客观的认识。此时，建立良好的医患关系，不仅是医疗机构、医生的责任，同时也是新闻传媒乃至社会舆论和全社会的责任。

第五章　医疗行为中的义务

第一节　医疗行为中的义务构成

一、患者义务的构成

目前，关于患者义务的论述较多，如中华医学会医学伦理学分会1998年公布的患者的义务包括五项内容：(1)有提供与疾病有关真实情况的义务。(2)有遵从医嘱，配合诊断和治疗的义务。(3)有爱护个人身体，积极恢复健康的义务。(4)有遵守医院规章制度，维护医院秩序，尊重爱护支持医务人员的义务。(5)有交纳医疗费用的义务。其它国家有关患者的义务也有法律加以规定的。如新西兰1978年通过的病人权利与守则中就列出了九条义务，即：(1)不能如约就诊必须事先通知有关医务人员。(2)遵守医院各项规章制度；(3)坦率真诚地回答医务人员的提问。(4)讲清和进一步解释任何未清楚的问题。(5)对自己同意的治疗要真诚合作。(6)尊重其他病人隐私，对所了解的情况保守秘密。(7)尊重其他病人的宗教信仰、文化和伦理道德实践。(8)关心其他病人，注意音响、灯光、吸烟及探视接待。(9)向有关领导提出意见和建议。

笔者认为患者义务可以分为五个方面。

(一)管理方面的义务

医疗机构是救死扶伤的特殊场所，必然就会有特殊的规定，如就诊、住院制度、探视制度、陪护制度、手术制度、交费制度、出院制度等，对于患者来说遵守这些规定，既是自身治疗恢复健康的需要，又是必须履行的义务。一般来说，患者去医院就诊或住院，绝大多数均能认真履行自己的义务，按医疗机构的规章制度办事，很好地配合医务人员的工作，受到广大医务人员的尊敬。但是，也有少数患者不按医疗机构规章制度办事，影响了治疗，有的还发生了严重后果，使其本人及家庭蒙受不幸。某医院一名急性心肌梗死临床治愈患者，即将出院，心情激动，回家心切，在既未向医院请假也未与家人联系的情况下便擅自跨出医院大门，不幸猝死在回家的路上。《民法通则》第六条规定："民事活动必须遵守法律，遵守社会公德。"医疗机构依据法律制定的各项规章制度是维护患者利益和医疗机构工作秩序的可靠保障，患者理应遵照执行。

（二）社会方面的义务

人具有社会性，患者是社会的一分子，除了承担公民通常的社会义务外，还必须承担一些特殊的社会义务：

(1)及时就医。2003 年，卫生部组织开展的第三次国家卫生服务调查结果显示，人们有病时，48.9%的患者应就诊而不去就诊（其中 35.7%的患者进行自我医疗；未采取任何治疗措施的占 13.2%），有 29.6%的患者应住院而不住院。这组令人伤感的数字，直接原因是看病难、看病贵。但从另一方面看来，患者自己既未享受健康权，也没履行及时就医的义务，不仅自己更痛苦，降低了身体素质，而且也给家庭成员带来身心压力。

(2)避免成为病人。病人(patient)的原来意义是“接受某一行动的人”。病人在概念上与动因(agent)相对，动因是对他的行动负有责任的人。病人不是一个负有责任的动因，而是他人行动的对象，这是医学家长主义的基础，也是现代病人观的失误。在现代社会，病人有义务改变自己不安全的、不健康的、危险的行为（例如吸烟、贪食、不锻炼、无保护的性行为等），使自己不再成为病人，尤其是不成为“不治之症”的病人。

(3)防止疾病扩散。《传染病防治法》第七条规定，在中华人民共和国领域内的一切单位和个人，必须接受医疗保健机构、卫生防疫机构有关传染病的查询、检验、调查取证以及预防、控制措施，并有权检举、控告违反本法的行为。该法第二十四条还规定，医疗保健机构、卫生防疫机构发现传染病时，应当及时采取隔离治疗、在指定场所进行医学观察等控制措施。对于拒绝隔离的，可以由公安部门协助治疗单位采取强制隔离治疗措施。因此，患者如果知道自己患有传染病或被诊断为传染病之后，就应当尽可能了解所患传染病的传播途径和可能，采取行动防止其进一步传播。目前，全国大中城市均有专门收治传染病的医院，患者要按规定及时就医或及时转到传染病医院治疗。当年为控制“非典”疫情蔓延，一些地方政府采取了强制隔离等措施。对此绝大多数公民积极配合，也有极少数公民错误地认为这是“干涉了人身自由”，是“侵犯人权”，而不予配合，甚至逃避隔离。

（三）伦理方面的义务

医患关系从成立伊始，便应当建立在相互信任、相互尊重的基础之上，医务人员应尽其所能维护好患者的权益，同理，患者应对医务人员的劳动和无私奉献精神予以尊重、尊敬和支持、配合。

(1)如实说出就医目的和病史。患者来医院就诊，绝大多数需要医务人员的帮助，因此要尽可能地提供病史资料，告诉医生治疗后的情况（包括药物的副作用),不说谎话,不隐瞒有关信息,否则会影响对疾病的治疗,不利于自身健康恢复,也不利于医务人员履行职责。现实生活中许多患者不习惯保存病历资料和检查结果,殊不知,这些都是健康的宝贵财富,对下次诊治有重要的参考价值。此外,现实中也还有极少数患者,为了个人的目的,故意隐瞒、缩小或夸大病情,要求医务人员出示相应的疾病证明,这是不可取,也是不合法的,医生是不能开具假的医学证明的。

(2)与医务人员密切配合。在疾病性质明确以后,患者就有义务在医生指导下对疾病治疗作出负责任的决定,有义务积极关心疾病对自己以及其他人的影响,有义务在与医务人员共同同意的目标上进行合作。如高血压患者治疗中必须合理饮食才能有利于控制血压,那么患者就有义务以适当方式改变自己的饮食习惯。患者在同意某种治疗方案后还有义务遵循医嘱,不能遵医嘱应该有合理的理由。

(3)尊重医务人员及其劳动。疾病是患者和医务人员的共同敌人,医务人员和患者有着战胜疾病的共同目标。医务人员以自己掌握的诊治疾病、护理患者的专业知识治病救人,为了解除他人病痛,辛勤劳动,不惜牺牲自己的利益。为此,患者及其家属应当尊重医务人员及其劳动。

(四)经济方面的义务

患者在经济方面的义务主要表现为应及时交纳医疗费用,这一方面主要由以下几个因素决定:

按照《消费者权益保护法》规定,消费者享有公平交易的权利。患者作为特殊消费者,享有公平的医疗权。“公平”有两层意思:一是作为消费群体中的每一个人,消费的权利是平等的;二是患者与医生的权利是平等的,是需要者和提供者之间的平等交换关系。因此,患者购买医疗服务交费,既是患者的权利,也是患者的义务。患者看病付费是我国医疗制度决定的。

自觉按规定交费是保证患者正常治疗的基本需要。目前,我国绝大部分公立医疗机构的经济运行特点是国家只给予少量的拨款(往往不足医疗机构正常运转的1/3,而且都是专项标准经费,专款专用)。医疗机构购买药品、设备、卫生材料等的流动资金,绝大部分来自患者的预交押金,如果没有这个作后盾,就无法正常运转。

(五)法制方面的义务

前面所述的义务,大多是依据法律法规确定的。患者除履行这些义务外,还必须履行法制方面的义务。如在发生医疗纠纷时,患者及其家属要保持冷静,按正常程序与医疗机构协商解决,切不可寻衅滋事,伤害医务人员,打砸医疗机构,破坏医疗机构公物。《民法通则》第七条规定,民事活动应遵守社会公德,不得损害公共利益,扰乱社会经济秩序。卫生部、公安部于1996年、2011年、2012年三次联合发布的《关于维护医院秩序的联合通告》中，均明文规定，医疗机构是一个救死扶伤、实行人道主义、具有特殊功能的公共场所，禁止任何人以任何理由扰乱医院的医疗秩序。通告还规定：对寻衅滋事、打砸医疗机构、殴打和污辱医务人员的人，情节轻微的由公安机关按照治安管理处罚条例的有关规定予以治安处罚；情节严重、触犯刑律的，依法追究刑事责任。2015 年 8 月 29 日全国人大常委会通过的《刑法修正案（九）》，将《刑法》第二百九十条第一款修改为“聚众扰乱社会秩序，情节严重，致使工作、生产、营业和教学、科研、医疗无法进行，造成严重损失的，对首要分子，处三年以上七年以下有期徒刑；对其他积极参加的，处三年以下有期徒刑、拘役、管制或者剥夺政治权利”。这说明“医闹”已被明确为刑事犯罪行为。因此，患者应当理性地对待医患纠纷，依法维权，在保护自身权益、寻求说法、追偿损失的时候，不要从受害人转换成侵害人角色，使自己“雪上加霜”，有理变成无理，甚至犯罪。

二、医方义务的构成

根据《执业医师法》《医疗事故处理条例》《医疗机构管理条例》等法律法规的规定，在医患关系中医方的法律义务主要有：

（一）遵守法律法规及技术操作规范的义务

医务人员作为公民既有遵守国家宪法和法律的义务，同时还必须遵守有关的医疗卫生管理法律、行政法规、部门规章和诊疗护理规范、常规。这是医生在诊疗服务中的最主要义务，同时也是医生作为行政相对人应向医疗机构履行的最基本职责。因为遵守卫生法律法规及各项规章制度、规程是避免医疗过错和医疗事故的第一道防线，也是判定医务人员行为是否造成医疗事故的重要依据。

宪法和法律是国家机关、政党、社会组织和公民一切活动的基本行为准则，任何组织和公民都必须遵守宪法和法律。医务人员在遵守宪法和法律的同时，严格遵守技术操作规范，对于依法从事执业活动，保障对患者的正确诊断与治疗，做好医疗卫生工作，具有重要的意义。每个行业都有其专业特点和特殊性，都有对从业人员相应的技术操作规范。医务人员在执业过程中自觉遵守技术操作规范，是医疗工作这一特殊活动对医务人员的起码要求。医疗活动中的技术操作规范一般包括国务院卫生行政部门以及医疗、预防、保健机构根据本行业、本机构的特点而制定的一系列规章、条例、制度、要求以及有关的通知，如岗位责任制度、医疗工作制度、急症抢救制度、手术管理制度、技术常规等。医疗技术操作规范是医疗工作客观规律的反映，其中不少是属于工作内容、工作程序和工作方法的条理化、定型化、制度化，是医疗、预防、保健机构科学管理的基础。

（二）如实记载和妥善保管病历的义务

病历不仅是解决医疗纠纷时认定责任的最直接、最有力的佐证，也是记载患者病史资料，进行医学观察、研究或提供医学证明的重要依据。因此，许多国家都将如实记载病历规定为医生的义务，一旦记载失实被查证属实，医生将承担相应的法律责任。《医疗事故处理条例》第八条规定："医疗机构应当按照国务院卫生行政部门规定的要求，书写并妥善保管病历资料；因抢救急危患者，未能及时书写病历的，有关医务人员应当在抢救结束后6小时内据实补记，并加以注明。"《医疗机构管理条例实施细则》第五十三条规定："医疗机构的门诊病历的保存期不得少于十五年；住院病历的保存期不得少于三十年。"

（三）如实告知和说明的义务

《执业医师法》第二十六条规定："医师应当如实向患者或者其家属介绍病情，但应当注意避免对患者产生不利后果。"《医疗事故处理条例》第十一条规定："在医疗活动中，医疗机构及其医务人员应当将患者的病情、医疗措施、医疗风险等如实告知患者，及时解答其咨询。"《医疗机构管理条例实施细则》第六十二条规定："在实施手术、特殊检查、特殊治疗时，应当向患者作必要的解释。因实施保护性医疗措施不宜向患者说明情况的，应当将有关情况通知家属。"这些规定，都充分体现了医疗机构及其医务人员所承担的告知说明义务。

在医疗活动中，医疗机构及其医务人员应当履行的告知义务主要有：就诊医疗机构和医务人员的基本情况和医学专长等；医疗机构规章制度中与其利益有关的内容；医疗机构及其医务人员的诊断手段、诊断措施；所采用的治疗仪器和药品等的疗效、副作用等问题；手术的成功率、目的、方法、预期效果、手术过程中可能要承受的不适和麻烦以及手术不成功可能预见到的后果、潜在的危险等；患者的病情；患者所患疾病的治疗措施；患者大约需要支付的费用等。

（四）抢救及转诊的义务

《执业医师法》第二十四条规定："对急危患者，医师应当采取紧急措施进行诊治；不得拒绝急救处置。"《医疗机构管理条例》第三十一条规定："医疗机构对危重人员应当立即抢救。对限于设备或者技术条件不能诊治的病人，应当及时转诊。"抢救急危患者，是医务人员执业时经常会遇到的情况，如果处理不好，可能会造成医疗纠纷或者严重后果，产生不良的影响。1986年9月18日卫生部发布的《关于进一步加强急诊抢救工作的补充规定》要求，凡急诊抢救病人不受划区医疗限制，抢救急、危、重病人在病情稳定以前不许转院，因首诊医院病床、设备和技术条件所限制需要转院而病情又允许转院的，必须由首诊医院同有关方面联系获允，对病情记录、途中注意事项、护送等都要做好交代，妥善安排。对需要紧急抢救的病人，不能因为强调挂号、缴费等手续延误抢救时机，有紧急手术抢救指征的急诊抢救病人应立即直接送手术室。

（五）保护患者隐私的义务

《执业医师法》第二十二条规定：在执业活动中，医师应"关心、爱护、尊重患者，保护患者隐私”。《医务人员医德规范及实施办法》第三条规定：“医务人员应为病人保守医密，实行保护性医疗，不泄露病人隐私与秘密。”在医疗活动中，医务人员应当发扬人道主义精神，关心、爱护、尊重患者，不但应医治患者躯体上的病痛，而且应慰藉、感动患者的心灵。同时，由于医疗活动的特点，病人主动或被动地向医务人员介绍自己的病史、症状、体征、家庭史以及个人的习惯、嗜好等隐私和秘密，这些个人的隐私和秘密应当受到保护。目前越来越多的人认为患者的病情、治疗方案也属于当事人的隐私，也应当受到保护。患者找医务人员就医，对医务人员是高度信任的，甚至把自己的性命都交给了医务人员，因此，医务人员有义务保护患者的隐私。

第二节　医疗行为中义务的履行

一、患者义务的履行

患者义务的履行主要是要求患者要文明就医。一般情况下，人们一旦进入患者的角色就会发生就医行为，寻求医疗帮助。绝大多数患者及其家属都能文明就医，但由于受个人素质、经济条件、宗教信仰、文化程度、心理情绪等因素的影响，部分患者会出现以下一些不文明的就医现象：

(1)无病求医。一般地说，求医都是为了看病，但现实生活中却有个别人求医的动机并非如此。如有的人为了取得休假证明、工伤待遇、改变工种、免除自己不愿承担的某种社会职责；或者利用享受公费医疗待遇，企图通过求医取得滋补药和贵重药品、搭车药；或者为了索取赔偿，要求开假证明等。由于这种不正常的求医行为是无病装病，目的不在于治病，因此，此类患者在求医过程中，往往采取欺瞒、强行索要等方式，稍不如意就发牢骚，讲怪话，甚至辱骂殴打医务人员，侵犯医务人员的合法权益。

(2)不遵医嘱。求医行为的效果离不开遵循医嘱的行为，而事实上，患者求医后不遵医嘱的现象时有发生。有资料表明，重、急症病患者，器质性病变患者，住院患者，对医嘱不遵从的较少，遵医率较高；而轻、慢症病患者，神经官能症患者，门诊患者，不遵医嘱的较多，遵医率较低。不遵医嘱，不仅影响诊治效果，也会引起医疗纠纷。

(3)主诉不实。患者在患病过程中，往往会表现出依赖性增强、自我中心突出，甚至有些患者出于自我保护或为引起医护人员的重视，往往夸大病情症状；还有些患者为了多开药，虚报病情；一些患者出于个人隐私，或出于某种考虑，隐瞒病史，缩小病情。这实际上是对医方不信任、对自己不负责任的表现，一旦出现误诊、漏诊又往往迁怒于医方，引起医疗纠纷。

(4)越权干预。患者家属是医患关系的重要参与者，也是患者的保护者和支持者。如果他们能爱护患者，尊重、理解医务人员，积极主动地配合医务人员诊治，这对患者是有益的。但越权干预或因对医务人员不理解和对病情的曲解而提出过分、不切实际的要求，都会导致医疗纠纷的发生。

(5)擅离医院。原卫生部颁布的《全国医院工作条例》中医院工作制度一章对病房管理制度有明确规定："住院病人应遵守住院规则，与医务人员密切合作，服从治疗与护理。住院病人不得随意外出、在院外住宿。"然而现实中，个别住院患者常以种种理由随意私自出院，甚至擅自在院外过夜。

患者履行义务、文明就医应做到以下几点：

(1)做好必要的准备。除非急诊，否则患者来医疗机构前，可尽量了解医疗机构的一些基本情况，如对症医生就诊时间等，到医院后情绪要力求镇定，不要过分紧张，要从行动上积极配合诊疗。如是早上到医院看病，最好不进餐不饮水，这样，需要抽空腹血化验，做空腹B超、钡餐和胃镜等检查时，可当即进行，不必再来一次。做各种检查时，应严格按有关要求做好准备，以免影响检查效果。准备工作做得好，可以保证检查结果的准确性并节约看病的时间，避免往返奔波，也履行了文明患者应尽的义务。

(2)遵守诊疗秩序。正常的门诊程序有很多环节，都应耐心等待。候诊或等候检查时，不能高声喧哗、吵闹，也不要拥挤在医生的身边，以免影响医生的诊疗。但也可以灵活机动，避开在患者多的科室长时间的等候，而先到患者少的科室诊疗检查。如果需要做两种以上检查，而检查的地方都等候了很多患者时，可同时分别将单子交相关检查室排队，哪边先轮到，就先到哪边去检查。

(3)简明扼要、准确地陈述病史。如果陈述病史没有重点，杂乱无章，会影响看病的质量。另外，当医生给您开了检查单去检查室进行检查时，一定要问清取检查报告的时间和地点。在复诊时，将检查结果交给医生，医生方能根据结果作出诊断，提出具体治疗意见。

(4)注意防止交叉感染。到医院看病的人很多，要注意自我保护。呼吸道传染病患者到医院看病应戴口罩，这是一种文明道德的表现。看完病一定要先洗手再进食进水，以防医疗机构的设备设施和化验、检查报告单上的病菌污染双手，感染疾病。

(5)依法反映问题和投诉。在诊疗过程中，若遇到不如意或受到不公正对待时应心平气和地进行交流、商量或找科室负责人、医务处提出意见、投诉，以求得解决问题，维护自己的合法权益。绝不能在诊疗现场吵闹甚至辱骂殴打医务人员、损毁公私财物、暴力维权。

二、医方义务的履行

医方的义务来源于社会对医学的需要，决定于人类健康的需要，因此，医方的义务是社会分配的结果，是社会角色所致。对于医疗机构及其医务人员，他们的义务主要表现为两个方面，即“医学科学上的义务”和“医学伦理上的义务”。医学科学上的义务是医疗机构和医务人员的主要义务，也是他们的主要权利，这种义务是以诊疗活动为主要内容的，包括对疾病的诊断、治疗等全过程，如体格检查、生化检查、X线检查、麻醉、手术、输血、包扎固定、注射、出具医疗文书等客观过程，也包含对疾病的诊断、选择合理的治疗方案、对预后及转归的判断等主观过程。医学伦理上的义务以前被忽视，现在则普遍得到认可并加以强调。如，医学伦理义务的三原则，即尊重原则、最小伤害原则和公平公正原则。尊重原则表现在对患者人格尊严和自主权的尊重，医生首先要尊重患者的人格，不分贫富贵贱地将患者作为独立主体给予尊重；其次，医生要尊重患者本人对涉及自己的医疗事项做出最终决定的决定权，医生应当充分告知，使患者对自己的疾病有充分的认识并自主做出决定；再次，医生在用药、治疗、检查中都要平等地对待患者，保证对待患者的平等性与医疗资源使用的公平性。具体来讲：

（一）遵守法律法规及技术操作规范义务的履行

社会法制建设的全面推进使人们的法律意识不断增强，人民大众的维权观念也逐渐形成。同时，经济水平的发展使得人们对医疗服务质量、安全的要求越来越高，这就要求医方必须严格履行遵守法律法规及技术操作规范的义务。首先，医务人员必须不断强化法律意识，自觉学习相关的法律知识并在实践中运用；不断提高自己的职业道德修养，牢固树立高尚的职业道德。把加强工作责任心、严格执行操作规范提高到法律的高度来认识，把法律规定作为医疗行为准则严格遵守；必须在思想上真正重视患者的权利，并在医疗过程中尊重患者的人格和权力。其次，医疗机构还应定期组织医务人员学习、培训，重点学习相关法律法规、规章制度以及技术操作规范，尤其是最新颁布的涉及医疗纠纷预防与处置的内容。知法、懂法是守法、用法的前提，只有加强了法律法规的学习与宣传，明确医患双方的权利和义务，重点提高医、护、管人员的法律意识，才能使他们在工作中依法行医、依法办事。同时，医疗机构还要重视行业作风建设，加强医务人员职业道德的培训、教育，增强服务意识，严厉惩处收要红包、回扣等行为。“打铁还须自身硬”，医学又是最典型的发展型、探索型科学，因此，还要高度重视医务人员的知识更新，切实做好医务人员的业务学习技能培训，从而使之更好地掌握治病救人的本领。只有这样才能打造出良好的医疗环境，构建起良好的医患关系，才能从源头上预防和减少医疗纠纷的发生，做好医疗纠纷的处置工作。

（二）如实记载和妥善保管病历义务的履行

病历，既是临床实践工作历程的记录、总结，又是探索疾病规律、创新诊治方法的基本素材，更是处理医疗纠纷的事实依据，对医疗、预防、教学、科研、医院管理等都有着十分重要的作用。病历一旦记载失实或保管不妥将会导致治疗行为无据可依、疾病变化及死亡原因难以客观判断，不但影响工作而且极易引发纠纷。为此，国家高度重视对病历书写的规范、管理，卫生部（2013 年 3 月后改名为国家卫生计生委）、国家中医药管理局曾于 2002 年 8 月 16 日颁布了《病历书写基本规范（试行）》，8 月 23 日又颁布了《医疗机构病历管理规定》。随后，在总结吸取实施经验的基础上，经修订完善，于 2010 年 1 月 22 日正式颁布了《病历书写基本规范》，2010 年 2 月 22 日颁布了《电子病历基本规范（试行）》，2013 年 11 月 20 日颁布了《医疗机构病历管理规定（2013 年版）》。每一次修订均对医疗机构的病历书写、管理做了进一步更为具体的规范，以提高病历质量，保障医疗质量和安全。其中，对医患双方易发生误解、争议的环节，提出了更为明确的要求，强调医护人员在记载病历时务必做到“客观、真实、准确、及时、完整、规范”，从而从源头上制度上强化了病历书写的质量和管理，避免或减少了医疗纠纷的发生。

（三）抢救及按规定转诊义务的履行

生命健康权是人权中最重要的部分，我国《宪法》第四十五条规定：“中华人民共和国公民在年老、疾病或者丧失劳动能力的情况下，有从国家和社会获得物质帮助的权利。国家发展为公民享受这些权利所需要的社会保险、社会救济和医疗卫生事业。”《宪法》的这一规定是医方履行抢救义务的《宪法》基础。尽管医方在履行紧急救治义务时，可能合同尚未成立，向谁收费的问题尚未解决，但法律规定的义务使医方不能去考虑成本和经济效益，而是必须不计成本、尽最大的能力先行救治。在实践中，紧急救治措施是否得力、是否尽力，是判断医方履行义务的标杆之一，也是医方是否承担民事责任的界限之一。

转诊义务必须依据卫生行政部门的规定，依据医疗机构分级治疗、逐级转诊的原则履行。“转诊”的内涵常以医院的等级进行划分，除在同等级综合医院间进行转诊外，还可以将转诊分为纵向转诊和横向转诊。纵向转诊包括正向转诊和逆向转诊，正向转诊指由下级医院向上级医院逐级转诊，逆向转诊是指由上级医院向下级医院转诊。横向转诊则指向同级别专科、专长医院转诊。转诊活动是一个过程行为，从而转诊义务也应该是一个过程义务，它包括转诊指示的说明义务和其后的转诊运送义务。

医方的转诊说明义务是其后转送行为的先决条件，是指医方对自己治疗范围之外的患者或超出自己医疗技术、设备设施功能的患者根据其病情而作出建议转诊的说明义务。转诊义务是医方的法定义务，但是对于医方转诊建议的接受与否是患方的权利，只有经过患者的同意，医方转送行为才能实施。因此，医方的转诊说明义务是整个转诊过程中的首要义务，只有医方履行了转诊说明义务，并且患方知晓了转诊利弊后做出同意转诊的真实意思表示，医方才可以实施转送，整个转诊行为才有可能完成。

医方履行转诊转送义务时，应将患者及其相关病例资料同时安全、及时地转运到有条件予以治疗的医疗机构。医方的转诊说明义务与转诊转送义务是相互关联、相互依存的，是整个转诊行为启动、完成和义务履行的重要保障。

（四）保护患者隐私义务的履行

履行保护患者隐私的义务，必须要从硬件、软件两方面进一步加强医院管理。一是要对医务人员进行常态化的继续教育，不断强化其职业道德，规范其诊疗行为，提高其自律水平，引导其牢固树立尊重患者隐私权的法律和伦理意识，将这一要求纳入医疗机构管理中，并贯穿于医疗活动的全过程。二是从硬件上来说，要努力改善医疗机构诊疗环境。大多数患者特别是孕产妇希望住院期间有自己的独立空间，以保护隐私。医疗机构可以根据现有条件，尽可能设立单人病室；非单人病房、诊室或检查室，应当采用屏风遮挡、床位间活动隔离帘等来改善；由患者选择相应性别的医务工作者；门诊应科学地设立候诊区域，按挂号顺序让患者单独进入诊室。

在软件方面，还要通过制度强化医疗机构对患者隐私权的保护。医疗机构可以通过制定具体规范的管理制度，要求各个部门科室以及所属人员严格遵守规章制度，在病历管理、医务人员诊疗程序、实习管理等方面明确对患者隐私的保护。监督管理人员应当通过巡查、抽查、走访患者等多种方式明察暗访，了解医务人员隐私保护义务的履行情况并记入诚信档案，作为医务人员信用品质的动态记录，强化履行义务的自觉性。

（五）告知义务的履行

医方的告知义务即依照法律的规定或与患者的约定，医方应当将拟对患者采用的特定的医疗服务信息告知患方的责任。告知义务是尊重患者人格权、生命健康权、知情权、自主决定权的体现，医方的告知义务包括医生告知义务和护理告知义务两部分。严格来说，护理告知义务只是医生告知义务的附属部分，要求与医生保持一致，没有独立的意义。医方的告知义务主要由医生行使，法律责任由医疗机构承担。医患双方权利义务关系中，医方的告知义务是双方权利义务的核心部分之一。违反告知义务通常有两种情况：一种是告知不实，即误告或错告，包括隐瞒、遗漏等；一种是未予告知，即应当告知而未告知，包括主观上不予告知和客观上忘记告知。许多医疗纠纷常常是因为医方告知义务未充分履行或者患者认为未充分履行而引发的。

医方告知义务的履行标准如下：

（1）特殊检查的告知义务标准。对于特殊检查来说，需要采取签署特殊检查同意书的方式，个别告知。医疗机构要根据本单位的实际情况和检查人员的技术水平划定特殊检查的范围。在特殊检查的范围内，各检查科室应当根据本科室实施检查的客观情况，结合本医疗机构和即将接受检查的患者的具体情况，制作特殊检查知情同意书，将有关情况告知患者及其家属。告知的内容必须包括以下三方面：①特殊检查可能给患者带来的损害和可能产生或难以避免的并发症。②特殊检查的医学效果评价。③患者的特殊身体状况、可能产生的问题和应当注意的问题。

（2）特殊治疗告知义务具体标准。①危险性和可能产生的不良后果。②患者体质特殊或者病情严重，可能对患者产生的不良后果和危险。③临床实验性治疗。④可能对患者产生的较大的经济负担的收费。

（3）手术的告知义务标准。手术的告知具体化细化标准主要体现于外科手术知情同意书，它是整个诊疗过程中最重要的知情同意文件。手术的知情同意书就是医方将患者即将接受手术治疗的方案、手术及其相关风险等问题制作成的法律文件，向患者或其家属告知，在患方充分知情的情况下自主作出选择，同意授权医生实施手术的文字记录。首先，表明医方应当为此承担相关危险结果的注意义务，这种注意应当是尽善、最佳的注意，即手术医生应当充分预料可能出现的不良情况，如果手术同意书上没有提及的并发症或者其他不良情况发生了，这种情况又不属于医疗意外，那么患者和第三方都有理由认为手术医生没有尽到其注意义务。其次，手术医生应当在术前、术中和术后承担危险结果的回避义务，不良结果一旦发生，能够立即采取措施，尽最大努力化解风险，这就是危险结果回避义务。

（4）实验性临床治疗告知标准。实验性临床治疗有两种含义，广义的包括真正意义上的实验性治疗（也称临床研究）和在现有科学技术条件治疗无望情况下的探索性治疗。狭义上的是指新器材、新药物、新技术、新方法、新发现、新认识等在未得到有关部门正式批准或未得到普遍认可的情况下在临床进行的人体试用。本书取狭义含义。实验性临床治疗的告知标准主要有：①明确告知患者新技术简介以及背景，拟使用的新技术属于哪类新技术，是引进国外的还是自主开发的新技术，是属于限制使用的新技术还是一般诊疗技术等。同时要告知患者有关部门对该新技术的评估情况以及有无卫生及有关行政部门的批准使用证明文件等。②拟使用新技术的理由要结合患者所患疾病，告知其传统治疗与使用新技术治疗的利与弊，为患者提供最佳治疗方案供其自主选择。③技术保障情况。临床开展新技术要具备周密的保障方案，要将有关情况完整地告知患者。④风险。医疗新技术往往是伴随着高科技的发展而诞生的，在一定程度上高科技意味着高风险，临床使用新技术充分告知其风险，无疑是非常重要的。⑤患者自愿并履行签字手续。患者应当详细阅读了解内容，并且完全自愿，等等，并由患者或其合法代理人签字同意。

（5）器官移植的告知标准。我国原卫生部颁布的《人体器官移植条例》（2007年5月1日施行）有专门规定。其条件是：首先，由捐献者写出志愿书；其次，患者签署知情同意书。对于活体器官供体，医疗机构和医生应当告知捐献者手术性质、对身体影响和可能的风险；捐献者本人应当对此表示清晰认知，自主明示同意。最后，通过公证机关予以公证。

（6）整形美容的告知标准。整形美容是患者纯粹从生活需要出发，追求美的效果，通过外科手术等方法改变身体某一部分的形态、颜色等，从而达到其心理和精神上的满足。卫生部于2002年2月22日颁布的《医疗美容服务管理办法》，就比较详细地规定了医疗美容机构的设置，执业人员资格，执业规则和监督管理等几个方面。整形美容告知的特殊要求：①告知进行外科手术所存在的风险。包括麻醉风险，外科感染，切口延期愈合等。②告知患者判定手术效果的标准具有不确定性。首先，应当告知其用于术后判断手术效果的通常标准，但由于不同的人可能有不同的认识，且与患者的个体特征密切相关，所以判断手术效果的标准具有不确定性。③术前效果约定非常重要，通过制作效果草图与患者协商确定手术方案，并对所有手术患者建立术前术后拍片照相制度，照片应保存在病历中。④重点告知美容手术的特殊风险。如手术失败达不到美容预定要求甚至相反，人工替代物的风险及其他难以预料的并发症等。

（7）护理的告知标准。护理告知是指从患者入院到出院或者死亡的整个护理过程中，护士向患者及其家属介绍、说明及讲解护理程序、护理操作等的具体注意事项，以及对患者在入院期间遇到或希望了解的某些问题的解答。护理告知的一般标准是包含生活护理、治疗护理和留取检验标本三方面的基本内容。护理告知的特殊要求主要有：①处理好护理告知和医疗告知的关系。对同一事件，护士的告知应与院方、医生的说法一致。②实施心理护理。使患者在医疗过程中保持最佳的心理状态。

第六章　医疗纠纷中的责任概述

第一节　医疗纠纷的民事责任

一、医患民事关系的争论

对于医患关系，学者们从没有放弃质疑。一种观点认为从医患双方的主体关系看，医方不属于公共当局或国家机关，医患之间不是管理与被管理，指令与服从之间的关系，而是平等的主体关系。他们之间的关系是由私人自愿行为所形成，而不是依据公共职权的强制而形成，而且这种关系涉及的法律规范是根据他们之间的相互协议而可更改的规范，而不是强制的不可更改的规范，也不是依据职权才生效的规范，因此，他们之间主要构成民事法律关系。另一种观点认为，在就医过程中，医生处于主导地位，病人处于配合地位；医生不可以选择病人，病人对医生的选择也有限；医疗收费未按成本收费等，因而不具备平等主体的特征，因此，构成行政上的隶属关系。而大多数学者指出，尽管医患之间在医疗服务和管理过程中存在管理与被管理的关系，但医疗行业是属于特殊性的技术服务行业，需要患者的积极合作，且患者在达到恢复健康目的的治疗过程中明显存在对医务人员的依赖性，使得双方权利与义务并不完全对应，但不能作为否定医患关系在法律上的平等性的理由。我们认为公民的权利与义务是对等的，没有无权利的义务，也没有无义务的权利。患者在选择医疗机构的过程中享有充分的自由权，因此在接受医疗机构的行为过程中应该积极配合医生，履行自己的义务，形成医患双方在地位上的原则性平等。患者在医疗技术方面依赖于医生，同时医生在清楚掌握疾病方面也要依赖于患者，没有患者的积极配合，再好的医生也无能为力。

二、当前医疗纠纷处置中民事责任存在的问题

（一）患方不能通过合法途径解决纠纷

医疗纠纷发生后，有些患者及家属因受到精神和心理上的创伤而把目光转向医疗机构，因为在行医过程中，由医生全权负责患者的健康，如果发生坏的结

果，首先被质疑的对象便是医生。而医疗机构作为医生所在单位的法人代表，自然要承担相应的义务。找医疗机构理论这是人之常情，和解、行政调解、人民调解、仲裁以及诉诸司法诉讼这些方式都可以解决医疗纠纷，然而有些不理智的患者及家属却不愿采取合法的方式解决纠纷，如今越演越烈的“医闹”就是其一。所谓“医闹”是指受雇于医疗纠纷患方的有关人员，与患者及其家属一起，采取各种方式，以严重妨碍医疗秩序、扩大事态、给医疗机构造成负面影响的形式向医疗机构施加压力从中牟利的行为。“医闹”常常采用的方式有在医院设灵堂、摆花圈、拉横幅、打砸财物、设置障碍阻挡患者就医，或者辱骂殴打医务人员、跟踪医务人员，或者在诊室、病房、医师办公室、领导办公室内滞留，等等。针对这些行为，2012 年 4 月 30 日，卫生部、公安部联合发出的《关于维护医疗机构秩序的通告》以及 2015 年 8 月 29 日全国人大常委会通过的《刑法修正案（九）》均明确指出，警方将依据《治安管理处罚法》对“医闹”等予以处罚，乃至追究刑事责任。患者本可以通过合法的途径维护在就医过程中所受到的各种损害，然而“医闹”的方式使患者变成被告，成为社会所指责批判的对象。因此，在医疗纠纷的民事责任承担中，患方需承担的责任就是在受到损害后，选取合理合法的方式去维护自己的正当利益，这是患方的权利，也是义务。

（二）医疗机构不能积极配合纠纷的解决

《侵权责任法》第五十四条规定，患者在诊疗活动中受到损害，医疗机构及其医务人员有过错的，由医疗机构承担赔偿责任。因此患方要想获得赔偿，最重要的是提供有力的证据证明医疗机构的诊疗行为存在过错，而最重要的证据就是患者的就诊病历及相关物证。所以作为医疗纠纷中受损害的患者，在发生医疗纠纷后，首要工作就是按医疗管理相关规定，经过医疗机构病历管理部门对病历进行封存和复印，如有必要也要对相关物证进行封存，如输液器、患者所用药品、辅助检查的电子数据、手术器械等等。然而有的医院为了避免高额赔偿，通常想尽各种办法掩盖事实真相，突出做法是伪造病历或修改病历。这样一来，医患之间的关系便更加激化，容易造成不可预测的后果。医患双方在纠纷发生后应该致力于纠纷的解决，而不能为了一方的利益去损害另一方的利益。掩盖事实的行为轻则会使矛盾激化升级，重则会构成犯罪。另一种情形是医疗机构在医疗纠纷发生后，不能积极应对纠纷，而是对患者采取冷漠无视，甚至打压的态度，期望患者知难而退，自动放弃维权，这样的处理方式也是错误的。医疗纠纷的产生可能医患双方均有责任，或单纯是某一方的责任，但不能否定或无视矛盾的存在，而应该积极致力于纠纷解决，消除矛盾。所以医疗机构应该承担的民事责任就是，无论在病历以及物证的调取上，还是在接受来访的服务态度上都应该积极配合患者，做到尊重事实、坦然应对。

三、优化医疗纠纷民事责任承担的途径

（一）患者通过正当途径维护权益

（1）“医闹”不可取。2012 年 4 月，卫生部、公安部发布《关于维护医疗机构秩序的通告》，以严厉打击“医闹”行为。2014 年 3 月，公安部发布了打击“医闹”的六条措施规定，情节较轻的依法予以治安管理处罚，构成犯罪的要依法追究刑事责任。2014 年 4 月 28 日，最高人民法院会同最高人民检察院、公安部、司法部、国家卫计委联合向社会发布《关于依法惩处涉医违法犯罪维护正常医疗秩序的意见》，明确了六类涉医违法犯罪行为的定罪量刑。2015 年 8 月 29 日全国人大常委会通过的《刑法修正案（九）》也明确规定，警方将依据《治安管理处罚法》，对“医闹”等行为予以处罚，乃至追究刑事责任。国家对“医闹”形成高压态势，因此“医闹”不但不能维护自己的合法权益，反而可能让自己犯罪，受到法律的制裁。因此，发生医疗损害的患方，绝不可以“医闹”的方式来维权索赔，置自己于受法律制裁的风险之中。

（2）注意固定证据。维权靠的是证据，口说无凭。因此证据的收集异常重要，患者应注意保留自己的病历以及其他相关物证。如果患者死亡，也可以通过尸检获得有效的证据，以促进纠纷的合理解决。

（3）选择人民调解解决纠纷。人民调解作为一种便捷的医疗纠纷解决方式，一种免费的医疗纠纷救助行为，是国家大力提倡的。由于它不仅拥有熟悉医学法学的调解员队伍，而且调解成功率高、耗时短、花费少，所以对于患者来说是一种极好的维权途径。

（二）积极提高医疗机构的服务质量和行医水平

（1）全面实施住院医师规范化培训，落实医护人员的培训任务，提高医生护士的职业素质和专业水平。

（2）推动医务人员薪酬制度改革，改善医务人员待遇，提高医务人员的工作积极性，以防止和减少推诿现象。

（3）加强医德医风建设，深入开展“三好一满意”、义诊、改善医疗服务等活动，增强群众的满意度和认同感，从源头上减少医疗纠纷的发生。

（4）医疗机构要设立或指定部门承担投诉管理工作，有条件的医疗机构可以设立网络投诉平台，做到投诉必管、投诉必复，力争把医疗纠纷化解在萌芽状态。

第二节 医疗纠纷的行政责任

一、行政责任概述

行政责任指的是经济法主体违反经济法律法规，依法应承担的行政法律后果。而医患关系中医方的行政责任主要指医疗事故的行政责任，即医务人员因在诊疗护理工作中不遵守规章制度和操作规程，违反行政法律规范，造成患者严重不良后果而应承担的法律责任。行政处理医疗事故包括两方面的内容：一是在医疗事故发生后，卫生行政部门对发生医疗事故的医疗机构及其医务人员的行政处理；二是应当事人请求，对医疗事故争议的处理。对医患双方采取自行协商解决的，《医疗事故处理条例》也将其作为一种解决途径进行了规定。对医疗事故争议的处理，《医疗事故处理条例》规定了医疗事故鉴定途径、协商调解途径和诉讼途径。其他医疗卫生法律法规也对医疗机构和医务人员的违法违规行为作了明确规定，如《执业医师法》第五章法律责任、《医疗机构管理条例》第六章罚则、《医疗机构管理条例实施细则》第七章处罚和《护士管理办法》第五章罚则、《医疗事故处理条例》第六章罚则等。

二、医疗行政责任的承担途径

行政机关对违法违规的医疗机构和医务人员作出行政处理的决定，包括行政处罚和行政处分。行政处罚是由行政机关对实施违法行为的直接责任者所作的具有惩戒性的行政行为。行政处罚的对象是违反行政管理法律法规的公民、法人或者其他组织。而行政处分则是由直接责任者所在的单位或上级行政机关根据有关行政法规和单位内部的规章制度、行政命令对其作出的处理措施，行政处分的对象则是上级机关所属下级机关及其工作人员。与民事责任不同，行政责任要件更注重违法行为而不特别强调损害后果，有时只要违法行为特别恶劣，如违反规章制度，没有损害后果也要承担行政责任。需要注意的是，对个体开业医生不适用行政处分。追究患方行政法律责任往往是由于患方违反了《治安管理处罚法》。有的病人或家属借口医疗单位发生医疗事故而寻衅滋事，扰乱医院正常工作秩序，侵犯医疗机构的财产权利和医务人员的人身权利，其中尚不构成犯罪的，要受到行政处罚。2001 年 8 月、2012 年 4 月、2014 年 3 月、2014 年 4 月，最高人民法院、最高人民检察院、国家卫计委(2013 年 3 月之前为卫生部)、公安部、司法部等多次发布了加强医疗机构治安管理的通告，其中规定，买卖医疗机构挂号凭证，在医疗机构内寻衅滋事，在医疗机构内故意损坏公私财物，利用封建迷信扰乱医疗机构秩序，损害他人身体健康或者骗取财物，偷窃医疗机构、医务人员以及患者财物，以及其他扰乱医疗机构正常诊疗秩序的行为，由公安机关依据《治安管理处罚法》予以处罚。

第三节 医疗纠纷的刑事责任

2015 年 4 月 24 日，最高人民法院、最高人民检察院、公安部、司法部、国家卫计委联合公布了《关于依法惩处涉医违法犯罪维护正常医疗秩序的意见》(以下简称《意见》)，《意见》规定，要重点打击在医疗机构私设灵堂扰乱工作秩序等六类涉医违法犯罪行为。据最高人民法院发言人孙军工介绍，《意见》明确了“严格执法”的方针——对于医疗机构及其医务人员在治疗过程中并无过错，被告人无端猜疑，蓄意报复，犯意坚决，采取残忍手段杀害、伤害医务人员，人身危害性大、社会危害性大的，坚决依法从严惩处，应当判处死刑的，绝不手软，依法判处。2015 年 8 月 29 日，全国人大常委会通过的《刑法修正案(九)》也明确规定，“医闹”造成严重损害的要受刑事处罚。从现今医疗纠纷中残忍伤医的行为看，医疗纠纷的刑事处罚是十分必要的手段。

一、医疗纠纷刑事责任的概述

刑事责任，是依据国家刑事法律规定，对犯罪分子依照刑事法律的规定追究的法律责任。刑事责任与行政责任的不同之处：一是追究的违法行为不同。要追究行政责任的是一般违法行为，要追究刑事责任的是犯罪行为。二是追究责任的机关不同。追究行政责任由国家特定的行政机关依照有关法律的规定决定，追究刑事责任只能由司法机关依照《刑法》的规定决定。三是承担法律责任的后果不同。追究刑事责任是最严厉的制裁，最高可以判处死刑，比追究行政责任严厉得多。刑事责任包括两类问题：一是犯罪；二是刑罚。医疗纠纷中刑事责任主要针对医疗事故犯罪行为，其主体是实施犯罪行为并承担刑事责任的人，由于医疗行为的特殊性，医疗纠纷刑事责任的承担主体必须是医务人员。由于医患关系日益紧张，各地频频出现的“医闹”、伤医现象给社会安定造成了严重的影响，2015 年 4 月 24 日五部门联合发布了《关于依法惩处涉医违法犯罪维护正常医疗秩序的意见》，《意见》规定下列六类涉医违法行为造成严重后果的将依法承担刑事责任。这六类行为包括：在医疗机构内殴打医务人员或者故意杀害医务人员、伤害医务人员身体、故意损毁公私财物的行为；在医疗机构及其公共开放区域采取违规停放尸体、私设灵堂、摆放花圈、焚烧纸钱、悬挂横幅、堵塞大门等方式扰乱医疗秩序或者其他公共秩序的行为；非法限制医务人员人身自由的行为；公然侮辱、恐吓医务人员的行为；非法携带枪支、弹药、管制器具或者爆炸性、放射性、毒害性、腐蚀性等物品进入医疗机构的行为；故意扩大事态、教唆他人实施涉医违法犯罪的行为，或者以受他人委托处理医疗纠纷为名实施敲诈勒索、寻衅滋事等的行为。因此医疗纠纷刑事责任承担的主体不仅包括医务人员，而且还包括患者及其家属。

二、医患方承担刑事责任的法律依据

1997 年，新《刑法》第六章妨害社会管理秩序罪中第五节危害公共安全罪第三百三十五条规定了医疗责任事故罪：医务人员由于严重不负责任，造成就诊人死亡或者严重损害就诊人身体健康的，处三年以下有期徒刑或者拘役。这是我国《刑法》首次将医疗责任事故犯罪规定为一种独立的犯罪。该罪有三个特点：一是主观方面有重大过失；二是客观方面严重违反医疗卫生管理法律、法规、规章和诊疗技术操作规范、常规；三是造成极其严重后果。其犯罪客体是侵犯了社会管理关系中的公共卫生关系，包括患者的生命健康权和医疗卫生管理秩序。在新《刑法》颁布前，有研究者对各地医疗事故作为刑事处理的案件进行统计，发现不同罪名竟有九种之多。不同的地方对情节、后果基本一致的医疗事故，在对责任人的量刑上却相差悬殊。还有学者提出对医务人员实行刑事豁免。新《刑法》颁布后，统一了罪名，限定了量刑幅度，考虑医疗服务的特殊性，在处罚上从轻，使这些问题一一得到解决。

在医患关系中，患方也可能被追究刑事责任。2015 年 8 月 29 日，《刑法修正案（九）》明确将患方因医疗纠纷严重扰乱医疗秩序的行为归为扰乱社会秩序罪，追究其刑事责任。对患方损害医务人员身体健康的行为，可按《刑法》追究故意伤害罪。由于近年来医疗纠纷引发扰乱正常医疗秩序和伤害医务人员的事件时有发生，国家和地方都加强了对医疗机构的立法保护。如 2001 年 8 月原卫生部、公安部发布的加强医疗机构治安管理通告第一条规定，医疗机构是履行救死扶伤、保障人民生命健康的重要社会公共场所。禁止任何单位和个人以任何理由、手段扰乱医疗机构正常诊疗秩序，侵害就诊者合法权益，危害医务人员人身安全、损坏医疗机构财产。构成犯罪的，依法追究刑事责任。2002 年，上海市出台《医疗机构治安防范暂行规定》，旨在维护医院的正常秩序，保障医务人员的人身安全，对构成犯罪的，依法追究刑事责任。

三、医疗纠纷刑事责任的处理程序

对医疗事故行为人追究刑事责任，应当严格依《刑事诉讼法》的规定办理。依该法，引起刑事诉讼的情况有三种：一是由公安机关移送提请起诉，人民检察院认为犯罪事实已经查清，证据确实、充分，依法应当追究刑事责任的，向有管辖权的人民法院提起公诉。这是通常情况。二是人民检察院依法自行侦查的案件，符合前述起诉条件的，直接向有管辖权的人民法院提起公诉。这类案件主要是国家公务员职务犯罪和某些侵犯公民权益的犯罪。如诬告陷害案、玩忽职守案、重大责任事故案等二十余种。三是由人民法院直接受理的自诉案，包括明显的轻伤害案、不需侦查的侮辱诽谤案、抗拒执行判决裁定案、重婚案、虐待案、遗弃案等。

医疗事故犯罪案件是否需要经公安机关侦查？是否属于自诉案？《刑事诉讼法》对此没有明确规定，但根据该法有关条文的精神和以往的司法实践，追究医疗事故行为人刑事责任的案件一般由人民检察院公诉，不属于自诉案件。也就是说人民法院不能依受害人的自诉而直接受理案件。此类案件一般由人民检察院自行侦查，直接起诉，不通过公安机关侦查再移送检察院起诉。但实践中，公安机关介入医疗事故案件的情况也曾发生。

追究医疗事故行为人刑事责任案的来源有两个渠道：一是卫生行政部门在处理医疗事故过程中，认为行为人符合《医疗事故处理办法》第二十四条规定的情况，可能构成犯罪，因此与所在区域的基层（县、区级）人民检察院联系，移送有关案件材料，供人民检察院审查。二是医疗事故受害人及其家属、社会团体等，认为医疗事故已构成犯罪，直接向有管辖权的人民检察院举报，人民检察院认为已构成犯罪的，无论卫生行政部门和受害方是否已经处理，也不管卫生行政部门和受害方是否同意，都可以直接受理此案，自行侦查。如某医生因极端不负责任而导致一名患儿死亡，经医疗事故技术鉴定委员会鉴定，被认定为“一级医疗责任事故”。由于情节恶劣，该医生怕患儿父母追究其刑事责任，遂悄悄给了患儿父母 5 万元钱。患儿父母虽然痛苦万分，但也深知其子不能复活，遂收下了这 5 万元钱，并答应不追究其刑事责任。但检察机关闻听此医疗事故后，认为其情节恶劣，并通过立案侦查，认定该医生作为医疗事故的主要责任者已构成犯罪，遂提起公诉。死者父母闻讯前来阻止，医生所在单位也竭力为其说情，但均被检察机关拒绝。通过法院审理，该医生被判处有期徒刑 1 年，缓刑 1 年。

在追究行为人刑事责任时，有两个问题应当注意：(1)受追究的人应当是医疗事故的直接责任人，而不是医疗机构的法定代表人。虽然医务人员履行职责是受医疗机构的委托代表医疗机构执行公务，但是，主观上严重不负责任，违反规章制度超出一般违法程度的是当事的医务人员，而不是医疗机构的法定代表人，依责任自负、不得株连无辜的原则，追究刑事责任只能针对直接责任人员。医疗机构虽然也是责任主体，但只承担造成损害的民事赔偿责任，理论上称其为法人替代责任。当然，如果医疗事故是由于医疗机构管理者严重不负责任造成的，那就根据情节追究管理者的责任，此时如果只追究当事医务人员的责任反倒是不合理、不合适的了。(2)人民检察院在审查案件时一般应通过医疗事故技术鉴定委员会，因为医疗事故毕竟是专业性、技术性比较强的问题。当然，对于鉴定结论，办案人员也应当严格审查，尤其要审查鉴定结论是否根据原始材料作出、原始材料是否足以支持该结论等非技术性问题。必要时可以请法医人员并同审查，以判明其科学性和准确性。

第七章　医疗纠纷的和解

目前，我国有关医疗纠纷解决机制的现状是以诉讼为主，辅之非诉讼纠纷解决机制。我国的非诉讼纠纷解决机制主要包括五种方式：一是医疗纠纷当事人自行协商；二是卫生行政部门的行政调解；三是人民调解组织调解；四是仲裁调解；五是通过法院调解。这五种医疗纠纷解决机制在实践运用中都各有优缺点，后续几章将分别论述这几种解决机制。

第一节　医疗纠纷和解的条件

一、医疗纠纷的处理方式之一：和解

(一)和解和调解的区别

和解，顾名思义，即和平解决。用法律术语来解释，即在纠纷、矛盾发生后，双方当事人在平等的基础上自愿协商，互谅互让，进而达成和解协议，是没有第三方参与的一种解决纠纷方式。和解一般发生在法律诉讼前，是一种民事法律行为，也是当事人依法自主处分自己民事实体权利的表现。和解由于是主、客体双方自愿进行的一种行为，因此不受时空限制，在纠纷发生后，处理矛盾的各种途径过程中，当事人在每个环节都可以要求进行和解。这既充分尊重了双方的意愿，又节省了成本，同时还保持了双方一种和谐的关系。因此，和解在解决纠纷过程中是第一选择，对于和解的内容、范围我们还需要进行明确的定义。此处我们先从当事人的和解意愿来规范和解的范围：双方当事人在纠纷处理过程中的任何时间、任何场合，有和解意愿时均可进行和解，达成和解协议。

和解和调解的区别：

(1)两者的法律地位不同。调解是《民事诉讼法》的基本原则之一，是民事诉讼主体参与的活动；而和解为当事人在没有人民法院或其他第三方的参与下自主解决纠纷的一种行为，从我国《民事诉讼法》的规定看，其不具有民事诉讼主体的法律地位。

(2)两者的法律效力不同。调解协议或调解笔录，是由行政调解、人民调解组织或仲裁机构或人民法院在双方当事人自愿和合法的条件下，依法制作的法

律文书,该法律文书一经当事人签收,即具有与判决书同等的法律效力。而和解协议作为双方当事人之间自行达成的协议,不具有与判决、调解书同等的法律效力。

(3)两种行为的内容不同。调解是在卫生行政部门、人民调解委员会、仲裁机构或人民法院的主持下,遵循相应的程序,在查明事实、分清是非的基础上,根据自愿原则进行的。而和解由当事人自行启动,不受其他组织或司法程序、法官职权的约束和支配,纯属当事人之间基于诚信、情感和谅解的契约性自治行为。

(4)适用的范围不同。调解只能适用于审判程序中,而和解不仅可以适用于审判程序中,而且可以适用于执行程序中。

当事人双方达成和解的意愿应签订一份和解协议。和解协议的制定意味着双方当事人在遵照自我意愿的基础上达成了共识,并共同遵守协议的规定、履行协议的相应义务。人具有主观性,思想意识瞬息万变,前一秒钟约定的事后一秒钟就可能反悔,因此需要有契约加以约束。

(二)和解的特点

1. 自治性

同诉讼、仲裁及调解相比,和解最大的特点在于解决纠纷无须借助第三方并且具有最高的自治性。和解是一种旨在相互说服的交流与对话过程,这种过程实质上是纠纷当事方之间的一种交易活动。和解并不是一种特定的制度,在纠纷解决过程中,它是促使当事双方面对面的相互协商并达成协议的一种途径。

2. 灵活性

形式和程序上的随意性使得和解具有极大的灵活性,正由于此,和解往往可以和其他纠纷解决方式同时使用,并在其中发挥重要作用。

(三)医疗纠纷的和解

在医疗纠纷发生后,首要诉诸行为的是双方协商即和解。协商是指为了取得一致意见而共同商量。医疗纠纷协商指,在没有第三方介入的情况下,纠纷双方当事人之间就医疗纠纷进行谈判、商量,以取得一致意见,消除争议,建立新的权利义务关系,达到医疗纠纷的和平解决。和解应以医患双方自愿为前提,如果任何一方表示不愿意协商,或者在协商中达不成一致意见,双方均可选择其他解决途径。医患双方通过协商和平解决纠纷,体现了医疗机构和患者双方作为民事法律关系主体依法处分民事权利、承担民事义务的权利。在必要时,医疗机构和患者均可委托他人代理协商事务。

(四)医疗纠纷和解坚持的原则

1. 自愿原则

医疗纠纷和解制度最重要的是医患双方自愿协商和解,双方当事人均有主动选择权，因此，发生医疗纠纷后，双方当事人自愿将纠纷以协商和解的方式解决，这是医疗纠纷和解机制能够成功运行的前提条件。当事人双方自愿原则的内容是广泛的，首先，医疗纠纷协商和解程序的启动完全是建立在当事人意思自治的基础之上，必须是双方当事人达成和解的合意，若一方当事人不愿意运用协商和解的方式解决医疗纠纷，则和解程序无法启动；其次，在和解过程中，若一方当事人不愿再继续和解，则应当尊重该当事人对自身权利的处置而停止和解程序。

2. 依法和解原则

依法和解是指协商和解制度的案件范围要合法，协商的程序要合法，和解达成的赔偿金额要合法，不能是“大闹大赔，小闹小赔，不闹不赔”，此原则要注意两点：(1)若一方当事人不愿再进行和解，应充分尊重当事人的程序选择权，让当事人自行决定是否另行申请行政调解、人民调解、仲裁或起诉，坚决反对不顾当事人的意思自治权，坚决反对“医闹”。(2)坚决反对协商的赔偿数额与法院同类案件判决的赔偿数额严重不符，甚至出现大大低于或者高于法院同类案件判定的赔偿数额的情况。

(五)医疗纠纷和解的主客体条件

在协商中，医疗机构和患者双方作为民事法律关系主体，地位完全平等，任何一方不得以任何理由用任何方式向另一方施加压力，如医方不能利用自己的种种优势地位限制患方正当权益的实现，医患双方应在地位完全平等的基础上进行协商，可以共同委托负责组织医疗事故技术鉴定工作的医学会进行鉴定或申请司法鉴定，然后在鉴定结论的基础上就赔偿问题进行协商。经过协商，医患双方达成一致的纠纷解决方案。协商要达到的结果就是医疗纠纷的和解。要实现和解，协商双方应当具备若干条件。

1. 患方主体应具备的条件

(1)参加和解的患方应具备完全民事行为能力。根据《民法通则》的规定，18周岁以上的公民是成年人，具有完全民事行为能力，可以独立进行民事活动，是完全民事行为能力人。16 周岁以上不满 18 周岁的公民，以自己的劳动收入为主要生活来源的，视为完全民事行为能力人。因此，与医疗机构和解者一般需年满 18 岁。

(2)参加和解的患方应具备主体资格。参加和解的患方在法律上必须享有民事权利，能够依法承担民事义务。因此患方必须直接与医疗机构发生利害关系，如具备完全民事行为能力的患者本人。若医疗纠纷中涉及的患者不具备完全民事行为能力，如未成年患者、精神病患者、昏迷患者等，此时与医疗机构和解的患方只能是患者的监护人。法律上对监护人有明确的规定，如《民法通则》规定未成年人的法定监护人是父母,指定监护人可以是祖父母,外祖父母,兄长,姐姐,关系密切的其他亲属、朋友,未成年人的父母的所在单位或者未成年人住所地的居民委员会、村民委员会或者民政部门等。医疗纠纷中涉及的患者死亡的,则其继承人具有与医疗机构和解的资格,此时参加和解的患方必须是按顺序的第一顺序的所有继承人。《继承法》规定继承开始后,由第一顺序继承人继承,第二顺序继承人不继承。没有第一顺序继承人继承的,由第二顺序继承人继承。第一顺序继承人是:配偶、子女、父母。具备主体资格的患方既可亲自参加和解也可委托代理人参加和解或与代理人一起参加和解。虽然委托代理可以用书面形式,也可以用口头形式,但为了避免日后可能的纷争,委托代理应当采用书面形式。在授权委托书上应有患方和代理人的签字,应当写明代理人的姓名、代理事项、权限和期间。

2.医方主体要具备的条件

在医疗事故纠纷中,往往存在着多种责任的竞合,当事人有可能利用和解来规避行政责任与刑事责任,逃避法律制裁。因此,应当限定适用协商的医疗纠纷的范围,应明确:凡涉及行政机关行政权和检察机关监督权的医疗纠纷不适用协商和解,但其中的民事赔偿部分仍可进行和解。由于医疗纠纷的发生主要基于医方的行为所引起的患方的疑惑、指责及不满,因此,医方的行为成为确立处理机制的重要依据,确定医方行为的范围成为和解解决医疗纠纷的重要一环。医疗纠纷根据不同情况,所涉及的责任也是不同的,必须明确医疗纠纷的协商范围仅限于承担民事领域责任的问题。对于行政责任和刑事责任,不适用协商的,应该厘清关系,依法通过行政或司法途径解决处理。这样,可以避免医方通过信息优势隐瞒不当的医疗行为,特别是重大医疗事故,借机逃避卫生行政部门的行政处罚和司法机关的刑事责任追究。协商不是"和稀泥""息事宁人",协商是在医患双方对医疗纠纷的性质、医方责任过错、患者的实际损害都有明确认定情况下的平等谈判。协商应该以事实清楚、责任明确为前提,这样也可以避免在协商中为患者提出的不合理赔偿要求提供温床。

(1)医方主体可以实行和解的条件:①经医学会技术鉴定属于医疗事故,由医患双方同意和解的医疗纠纷。②经医学会技术鉴定不属于医疗事故,但认定医疗机构在诊疗或护理中存在过失、过错,由医患双方同意和解的医疗纠纷。③未经医学会技术鉴定,但事实证明医疗机构在诊疗或护理中存在过失、过错,由医患双方共同申请和解的医疗纠纷。④其他可以用和解方式处理的医疗纠纷。

(2)医方主体不可以实行的和解:①涉及刑事处理的医疗纠纷。②行政调解已经协议结案的医疗纠纷。③其他不能以和解方式处理的医疗纠纷。

医疗机构的调解参与人员应当是其法定代表人(即院长、董事长)或其委托人，委托人参加的，应有授权委托书，并有明确的授权范围。

第二节 医疗纠纷和解的一般过程

一、和解的一般过程

第一，出现医疗纠纷且经科内解释患方不能接受的，应告知患方到投诉接待办反映情况，投诉接待办负责接待来访者，耐心听取患方意见，详细记录纠纷经过。

第二，事实经过明确，医方行为未有违法或违反医院规章制度及诊疗常规的，相关工作人员予以解释；事实经过不清及医患双方存有争议的，向相关科室发放医疗纠纷调查表。

第三，相关科室接到医疗纠纷调查表后必须认真调查分析，将结果反馈投诉接待办。

调查分析的程序：

(1)医疗纠纷发生后，患者及家属向医疗机构或其主管部门投诉，提出查处要求。

(2)医疗机构或其主管部门接到投诉后应立即指派专人妥善保管原始资料，封存病历等有关医疗物品，严禁涂改、伪造、隐匿、销毁，如患者死亡应主动提出尸体解剖。

(3)组织医疗机构的行政管理等相关部门组成纠纷处置组展开调查，并形成调查报告，必要时报告上级卫生行政部门。个体开业的医务人员、乡村医生发生的医疗纠纷由批准开业的卫生行政部门组织调查、处理。

(4)调查内容：

①纠纷发生的准确时间。

②当事人的姓名、职称、职务。

③主要经过。

④重点情节。

⑤核实患方提出的问题。

(5)初步认定医疗纠纷的性质和依据：

①有无医疗缺陷、差错或事故的倾向。

②各种并发症引起的纠纷。

③服务态度问题。

④费用。

⑤患方对政策、规定的误解。

⑥患方无理取闹。

(6)材料的收集整理：

①双方的材料。

②原始病历或复印件。

第四，熟悉有关法律法规和制度。

第五，处理医疗纠纷时，如出现患者及其亲友殴打医务人员，扰乱医疗工作秩序，应及时报告保卫部门和公安部门，请求协助处理。

第六，如系一般医疗纠纷，在调查后，则可由医务部（处、科）与患者协商解决。如患者或家属不接受，则将调查结果报医疗纠纷处理领导小组或医疗机构领导。

第七，医疗纠纷处理领导小组或医疗机构根据调查结果进行具体研究，查找问题，吸取教训，得出处理意见。纠纷处置组向医患双方调查取证，医患双方均应配合其工作，医疗机构应及时向纠纷处置小组提供该患者的病历、实物等资料，不得私自涂改。同时纠纷处置小组应从医学和法学两个角度对案件进行梳理。首先应确定纠纷是否属于医疗纠纷协商和解的范围，对于那些比较复杂、分歧较大、可能涉及到行政责任和刑事责任的案件，纠纷处置小组应告知患方寻求卫生行政部门的行政调解、人民调解、仲裁或提起诉讼。

第八，医疗纠纷处置领导小组或医疗机构结合处理意见与患者或家属商谈，争取协商解决。如确属医疗机构责任，必要时予以经济补偿或赔偿。医疗纠纷的发生和处理情况应报卫生行政部门。

第九，如纠纷仍未能解决，则可建议患者或家属诉诸调解、仲裁或者诉讼。

第三节　医疗纠纷的和解协议

一、医疗纠纷和解协议的制作

双方当事人协商解决医患纠纷的，最后应当制作协议书。协议书应当载明双方当事人的基本情况和医疗纠纷的原因，双方当事人共同协商确定的赔款数额等，并由双方当事人在协议书上签字。若属于医疗事故纠纷而由双方当事人自行协商解决的，医疗机构应当自协商解决之日起七日内向所在地卫生行政部门作出书面报告，并附具协议书。

医患双方的和解协议是双方达成的契约，除了《民法通则》第五十八条规定的七种无效民事行为和《合同法》第五十二条规定的五种无效合同没有法律效力外，和解协议均具有民事合同效力。

和解协商本身也是一种民事法律行为，只要不违法就受法律保护，协商达成的协议，与其它契约一样，具有《合同法》上的效力，因协议履行发生的争议相对于医疗纠纷具有独立性。合法的协商协议虽不具备强制执行的效力，但依法受到保护。

二、医疗纠纷和解协议的效力

医患双方达成的和解协议仅具有民事合同效力，如果双方当事人任意一方反悔，另一方再次提起诉讼，法院均应受理。因此，实践中经常出现医患双方反复纠缠甚至二次赔偿的情形，不利于纠纷快速、有效地解决。

三、医疗纠纷和解协议的要式条件

（一）采用要式和解协议，提高协商的法律效力

和解协议本质上属于契约，因此应鼓励当事人采用要式方式订立和解协议，协议内容也应当清楚明确，避免含糊其辞、规避责任。对于赔偿数额较大，有潜在变故的纠纷，签订过程中可以考虑纳入公证程序，以增强和解协议的法律效力。对于医患双方达成和解协议后，一方当事人反悔并提起诉讼的医疗纠纷案件，人民法院应当依法受理，但在审理过程中应当将协议书视为一项重要证据。

（二）限定医疗纠纷的赔偿数额

医疗纠纷发生后，医患之间的主要争议之一是赔偿数额。赔偿数额的限定可以避免医方因过高的赔偿诉求而不堪重负，也可以避免患方因对赔偿数额的不满而采取极端做法，防止双方滥用权利。法律限定医疗纠纷赔偿数额，国外早有先例。美国加利福尼亚州 1975 年通过的医疗损伤补偿法案（Medical Injury Compensation Reform Act，MICRA）将患方非经济损害赔偿的额度限定在 25 万美元。我国也可以参考借鉴美国这一经验，根据国情实际，对不同程度不同类型的医疗纠纷作一定划分，出台相应的法律制度，限定医疗纠纷的赔偿数额，遏制医患协商过程中“漫天要价”现象的发生。

（三）协议书的内容、范围应合法

协议书的内容和范围必须合法，不违反强制性、禁止性的法律规范，不违反公序良俗，主体明确，避免出现效力瑕疵或无效的情形。

（四）协议书的表述应清楚、准确、规范

协议书的表述不能模棱两可，以免为日后的再诉和反悔提供条件。有学者建议协商协议采用格式合同形式，由省一级的卫生行政部门结合本区域实际情况统一制定，并在卫生行政部门备案；对协议书的效力不足问题，在双方充分认

可和同意的前提下，可以采用公证的形式来予以确认，也可以约定担保，以防止协议签署后双方怠于履行的情形。

总之，对于完善解决医疗纠纷的协商机制，应当充分尊重协商机制自身特点，不可过于强求。所以，提高其流程的正规性，见证其形式的恰当性，保证其内容的合法性，是建立完善的医疗纠纷协商机制的重中之重。

四、签署和解协议应注意的问题

第一，关于协议的名称的规定。协议的名称可以为“和解协议书”，也可称为“协议书”。

第二，关于签署协议的医患双方资格身份的规定。对于患方的名称及签字者的认定，主要涉及主体的主张权利问题。法律有明确规定，我们应依法进行。如果患者健在，则签署人为患者本人；如果患者死亡，则签署人为其法定继承人。根据《继承法》的规定，配偶、子女、父母为第一顺序继承人；兄弟姐妹、祖父母、外祖父母为第二顺序继承人。最高人民法院《关于确定民事侵权精神损害赔偿责任若干问题的解释》第七条规定，自然人因侵权行为致死，或者自然人死亡后其人格或者遗体遭受侵害，死者的配偶、父母和子女向人民法院起诉请求赔偿精神损害的，列其配偶、父母和子女为原告；没有配偶、父母和子女的，可以由其他近亲属提起诉讼，列其他近亲属为原告。参照该法条的规定，如果患者死亡，只有在患者没有第一顺序继承人的情况下，第二顺序继承人才能主张权利。除此之外，患者的其他亲属是没有资格的。实践中，如果患者的多个近亲属向医疗机构主张权利，医疗机构可以要求其共同授权一位代表签字，同时还应注意防止他人冒充签字并冒领赔付款情况的发生。

第三，关于签署协议条件的规定。签署和解协议不是一种不受限制的自治行为，当医疗机构的行为触犯法律禁止性规定时，不能通过和解来“息事宁人”，应根据医患双方具备的和解资格来签署和解协议，明确说明和解事由。实践中，很多医疗机构在不构成医疗事故的情况下，可能会自愿或非自愿地与患方“私了”，而明确协议签署的具体缘由就成为确认相关部门监督主体资格的有效方式。

第四，关于赔偿金额、赔偿期限及方式的规定。对于数额较小的赔偿，可以在双方签订协议后立即支付，而对于数额较大的款项，则需要医疗机构在办理相应的手续之后，才能支付给患者。因此，赔偿可以约定在协议生效后数日内支付。依据医疗纠纷处置的一次性补偿原则，实行一次性支付。但是，有时根据案件的具体情况，医疗机构也可以分期支付以防止患方在领取款项后反悔或不履行协议约定的义务。

第五，关于“禁止反言”条款的规定。所谓“禁止反言”，也被称为“禁止否诺”或“不得食言”，是诚实信用原则的延伸。根据诚实信用原则的要求，当事人在行使民事权利时，应当符合法律的规定和基本的道德规范，所陈述的事实和所主张的权利应当诚实。但是，诚信原则仅仅是一种道德规范，没有强制约束力，对于违反诚信原则的行为也不会作出相应的处罚，至多违反者会受到舆论上的谴责。而签署和解协议本身要求医患双方自觉履行协议要求的相应义务，但如果一方没有遵守，结果只能是宣布和解的失败，再另寻其他纠纷解决方式，这样会导致前功尽弃。如果和解协议有了“禁止反言”的规定，则将会为和解协议的执行提供有力保障。该规定不仅要求医患双方当事人恪守信用，自觉履约，同时不履行诚信的当事人还应承担“禁止反言”的不利后果。这样就大大地降低了双方当事人“变卦”的概率。当然，“禁止反言”也不能绝对限制当事人的行为。在事实认定清楚的基础上，医患双方就各项事宜取得一致意见并签署协议，“禁止反言”则会为协议的执行提供保障，但如果患方有足够的新证据证明“私了”协议无效或出现可撤销的法定情形，那“禁止反言”条款也不能限制患方行使诉权。因此，“禁止反言”是为保障双方当事人的合理诉求而提出的，若一方的合理诉求没有达到，则“禁止反言”条款自动失效。

第六，对于“特别约定”条款的规定。

(1)保密条款。这一条款不是和解协议的必备条款，只有双方当事人协商一致，才可以增设这一条款。现实中，很多医疗机构为了维护声誉要求患方对所涉及的纠纷包括和解协议内容予以保密。一般情况下，患方出于保护自己隐私的考虑，也会同意保密条款。由此，医患双方可以在和解协议中做出保密事项的要求。范文如下：自本协议生效之日起，乙方(患方)、乙方委托代理人及乙方的其他亲属，不得向包括新闻媒体在内的任何第三方透露双方的医疗纠纷及本协议内容，否则乙方应向甲方(医疗机构)返还甲方已支付的全部款项。

(2)自愿条款。这一条款是针对“禁止反言”的补充，由于医患双方处于信息严重不对等的地位，患方在签署和解协议后极有可能反悔，其理由主要是对协议内容有重大误解、赔偿或赔偿数额显失公平等。在此情况下，签署协议时，医疗机构应该向患者说明未来可能出现的情况，使患者经深思熟虑之后决定是否同意签署协议并遵循“自愿条款”的要求，放弃未来可能主张的权利。这样既可充分保证患者的知情权，也可避免事后不必要的争议。因此，医患双方可以对在协议书中就是否存在上述情况加以说明或确认。但如果患者不同意签署这一条款，医疗机构不得强迫，否则该条款无效。

五、医疗纠纷和解协议书(样本)

医疗纠纷和解协议书
甲　方:××医疗机构
乙　方(患方):
纠纷事由:
第一条:赔偿标准 ××年××市职工月均工资、城镇居民人均生活费、城镇居民最低生活保障金
第二条:赔偿项目、计算方法及总金额(略)
第三条:甲方同意于本协议生效后七日内向乙方一次性(或分期)支付本协议第二条约定的金额
第四条:在甲方依本协议约定支付全部款项后,甲、乙双方因患者医疗问题引起的所有纠纷即告终结,乙方不得再以任何理由和任何方式向甲方主张权利,否则乙方应无条件返还甲方已支付的全部款项,且不得以本协议作为其主张权利的依据
第五条:本协议一式两份,甲、乙双方各执一份,自双方授权代表签字盖章(并公证)之日起生效
甲　方:××医疗机构 乙　方:
日期:××年××月××日

第四节　医疗纠纷和解存在的问题及解决机制

发生医疗纠纷后,一般医患双方都不愿选择调解、仲裁或诉讼等方式解决,嫌耗时长,花费精力多,而愿意选择自行协商和解的方式解决纠纷。只要对协商结果满意,双方可以立即签订受法律保护的和解协议书解决纠纷,并对医患双方产生相应的约束力。这是一种方便、自由的纠纷解决机制,应大力推广。但从实践效果看却并不理想,因为通过协商解决医疗纠纷尚存在着一些弊端。

一、医疗纠纷和解自身存在的问题

(一)自行协商的无序性

《医疗事故处理条例》只是规定当事人的自行协商可以作为解决医疗纠纷的机制之一,但是对于如何协商、协商内容等问题都没有做出具体的规定。这就在选择自行协商方式的患者和医疗机构之间留下了很多的协商弹性。这种协商弹性如果运用得当就会促进医疗纠纷得到高效解决;反之如果运用不当则会显示出自行协商的无序性，出现没有法律节制的不良后果。无序性的起因是法律没有对协商程序、协商内容等作出规范，人们在选择自行协商时会为了追求自身利益的最大化而提出不切实际的要求。例如，在医疗纠纷的赔偿方面，经常出现赔偿过度或者赔偿过少的情况。由于医疗纠纷的成因及过错一般均较为复杂，医患双方在掌握的信息方面又存在不对等情况，作为患者的一方如不花费大量精力采集信息，就无法查清事实、分清责任，从而与医方协商以达成公平合理的协议。从医患双方掌握的医疗信息程度看，患者是明显的弱势一方，没有专业医务人员和法律从业人员的帮助，他们很难找出纠纷协商中的关键点。患方容易出现两种极端，一种是暴力要挟、漫天要价；另一种就是云里雾里、任人鱼肉。从医方的角度看，当面对粗暴无理的患者的暴力恐吓时，医方反而成了弱势一方。对于患方的无理要求，医疗机构往往抱着破财免灾、息事宁人的态度。从医患双方共同的角度看，由于协商解决机制的不完善而带来的无序性使双方常常难以达成公平合理的协议。

（二）对自行协商缺乏有效监督

通过协商解决医疗纠纷是指纠纷双方当事人在平等自愿、没有第三方参与的情况下达成的和解协议。正因为如此，协商解决医疗纠纷的方式具有较强的隐蔽性，容易成为卫生行政部门监管的死角。在医疗纠纷中，如果医方认为自己在医疗过程中存在医疗过失或是有医疗事故的可能性，一般都会选择通过协商解决医疗纠纷。这么做的目的是为了规避因为医疗事故而导致的行政处罚。在现实生活中，如果医生被认定为对患者造成医疗事故伤害，那么他将面临的不仅仅是经济损失，还可能会丧失名誉，影响将来的事业发展。正因为害怕承担医疗事故责任，医疗机构和医生在面对医疗纠纷时更愿意绕过卫生行政部门的监督选择协商解决。尽管《医疗事故处理条例》第四十三条规定了医疗事故协商解决的报告制度，但是这一规定在现实中并没有得到很好的执行，实际操作中，医疗事故瞒报、漏报的情况时有发生。因此，医疗纠纷自行协商解决机制给医疗机构和医务人员逃避医疗事故责任带来了便利，影响了卫生行政部门对于医疗纠纷的监督。

二、医疗纠纷和解机制的完善

第一，法律法规中进一步明确医疗纠纷协商的范围。《医疗事故处理条例》第四十六条、第四十七条规定，仅对医患双方共同认定或鉴定的医疗事故，双方可以协商达成赔偿协议。而实际情况却可以分为两种，一种情况是患者不辨是非、讨价还价式的协商。医疗机构为了逃避医疗事故或医疗过失责任，往往会对患者隐瞒真实情况，从而由医疗机构主导仅对赔偿问题进行协商。另一种情况是医疗机构迫于患方闹事压力而签订破财免灾的“不平等条约”。两种情况都不符合《医疗事故处理条例》中对于医疗纠纷协商的要求和规定，但又是现实中经常见到的。所以，应该对法律法规中关于医疗纠纷协商的范围进一步放宽，将不属于医疗事故的医疗纠纷也纳入到可以协商的范围，以便更有效地保护医患双方的权益。

第二，规定参加协商的人数。这一建议主要针对的是患方。因为在实践中，如果没有人数的限制，在患方与医方的协商过程中，患方经常会出现男女老少亲朋好友全出动的情况。由于人多嘴杂，意见难以统一，也不好维持秩序，往往容易发展为“医闹”，不利于医疗纠纷的解决。因此，应该在法律法规中明确规定双方参加协商的人数尤其是患方的参与人数，一般最多以 3 人为宜。这样一方面便于交流、统一认识，另一方面可防止因人数过多在协商过程中双方的平等对话演变成群体性暴力行为。

第三，规定医疗机构的协助义务。医疗机构的协助义务应该贯穿于整个协商过程。因为医疗活动的专业性、技术性较强，而且在自行协商中，没有第三方的介入，患者很难从医方那里得到诊疗过程中的第一手资料和全部信息。所以，在协商机制中应该规定医方的协助义务，这不仅有利于维持医患双方的协商的平等地位，也有利于医方取得患方的谅解，从而缓解矛盾，化解纠纷。

第四，在协商过程中，双方可以选择由法律专业、医学专业人士作为代理人参与协商。因为医疗纠纷的协商要涉及医学法学方面的知识，是一场关于双方权利与义务的谈判。而医患双方对于自己的权利与义务在法律上的认识并不一定全面、彻底，因此规定双方在必要时可以选择法律专业或者医学专业人士参与解决医疗纠纷的协商。

第五，医疗纠纷的协商机制，是医疗纠纷非诉讼解决方式中一种便捷有效的机制，其自由、灵活性应该加以发挥利用。同时，也应该在具体应用时对协商机制中的过度自由和专业性欠缺问题加以控制和解决。

第八章　医疗纠纷的行政调解

第一节　医疗纠纷的行政调解条件

一、医疗纠纷的行政调解

（一）调解的条件

调解作为解决民事纠纷的重要途径之一，其特点主要表现为：第一，调解必须以纠纷双方当事人的自愿为基础，即调解是一种合意型的纠纷解决方式。“所谓根据合意的纠纷解决，指的是由于双方当事者就以何种方式和内容来解决纠纷等主要之点达成了合意而使纠纷得到解决的情况”。[①] 调解尽管有第三方的介入，但是第三方的作用限于在纠纷双方之间进行劝解，提出建议性解决方案，而调解程序的启动、调解过程具体如何进行、调解协议的主要内容如何确定，这些都必须由纠纷当事人自愿决定。第二，调解解决纠纷需要居中调解者具有一定的权威性或影响力。许多情况下，纠纷双方当事人之所以愿意接受第三方的调解，乐意接受第三方提出的解决方案，其主要原因就在于第三方具有一定的权威性或影响力，这种权威性或者是社会地位方面的，或者是专业知识方面的。第三，第三方必须保持中立和客观。第三方如果在进行调解时有很强的倾向性，极力支持一方而压制另一方，或者极力将个人的解决方案强加于纠纷双方或一方头上，那么调解的结果很可能会失去公正，这是违背调解的原则和初衷的。调解是《医疗行政调解条例》中明确规定的解决医疗纠纷的途径之一，也是在现实中运用较广泛的一种医疗纠纷解决方式。

行政调解是调解的一种。第三方是行政部门，即行政部门依据法律规定，在行政职权的范围内，以当事人自愿为原则，对特定的民事、经济纠纷，一般违法行为及轻微刑事案件居中调停，促使当事人协商解决纠纷。

（二）医疗纠纷的行政调解

卫生行政部门主持医疗纠纷的调解是《医疗事故处理条例》规定的解决医疗

① 棚濑孝雄：《纠纷的解决与审判制度》，中国政法大学出版社2004年版，第10页。

纠纷的途径，在本质上属于行政调解。所谓医疗纠纷领域中的行政调解机制，是指在卫生行政部门的主持下，经医患双方的同意，就双方之间因医疗事故而产生的争议进行协商解决的活动。行政调解作为诉讼外解决方式或机制，是指卫生行政部门在监督管理医疗机构的情况下，对因医疗事故而发生的纠纷进行协调解决，以化解医患双方的矛盾，从而平息双方的纠纷。

依据《医疗事故处理条例》第四十六条的规定，发生医疗事故赔偿等民事责任争议，医患双方可以协商解决；不愿意协商或者协商不成的，当事人可以向卫生行政部门提出调解申请，也可以直接向人民法院提起民事诉讼。由此得出，首先，卫生行政部门的调解范围局限于由医疗事故引起的民事赔偿等民事责任争议，限制在医疗事故的范围内，即只有构成医疗事故才能要求卫生行政部门进行调解；其次，必须是针对医疗事故产生的民事赔偿等民事责任争议，而不能是其他方面的争议。

《医疗事故处理条例》之所以规定卫生行政部门的调解为解决医疗纠纷的一种途径，是有其合理性的。第一，卫生行政部门是国家医疗卫生行业的管理部门，其地位要求其保持中立性和客观性，其组成人员也多具有医学专业知识和纠纷处理经验的优势。第二，卫生行政部门是对医疗机构进行行政监督管理的部门，由其对医疗纠纷进行调解处理，可以及时了解医疗机构发生医疗事故的情况，从而对违反相关医疗卫生法律法规的医疗机构及医护人员进行行政处理。第三，卫生行政部门通过对医疗纠纷的调解，还可以了解医疗纠纷的形成原因，有针对性地对医疗机构进行管理，对医务人员的素质提升予以监督和促进。

二、医疗纠纷行政调解的特点

由于卫生行政部门自身的特点和行政权力的特性，卫生行政部门在医疗纠纷解决中具有相当的优越性。医疗纠纷行政调解与协商、人民调解、仲裁、诉讼、诉讼调解等有着很大的不同，在许多方面有着自己的优势。

首先，专业技术优势。卫生行政部门作为医疗卫生行业的行政主管部门，在调查事实真相、收集证据上具有先天的优势，这就克服了患方举证能力不足的缺陷；另外，还可以借助医学专业组织比如医学会、医疗事故技术鉴定委员会的力量，准确地认定是否为医疗事故及其造成的人身损害程度。这些都为合法合理且有效地解决医疗纠纷打下了坚实的基础。

其次，处理便捷高效、成本低廉。行政调解具有行政力强、效能较高的特点，且其方式灵活、程序简便、效率高，能够满足医疗纠纷中患方急切得到结论来获得经济赔偿的心理，也利于患者的后续治疗。而且，行政调解作为国家行政服务社会的一部分，不收取当事人的费用，相当于免除了诉讼所需的诉讼费、鉴定费、律师费等，无疑为当事人节省了解决纠纷的成本。

最后，有利于医疗纠纷的预防。行政部门在处理涉及自身职责的纠纷时，能够及时发现行政管理中存在的问题及相关规定的不足，可以及时调整完善，从而预防和减少纠纷。卫生行政部门处理医疗纠纷，在保障受害人权益的同时也可逐渐积累经验，将其反映到医疗改革的新政。这既利于健全医疗纠纷行政解决机制，也警示了其他医疗机构，提醒其避免同类问题的发生，将医疗纠纷的处理与规范医疗服务有机结合了起来。

此外，行政调解一般只在医患双方间进行，并不对外公开，在对患方隐私权的保护和对医方声誉的维护方面，显然也更具优势。

总之，卫生行政部门介入医疗纠纷的解决具有其他主体无可比拟的优势。卫生行政部门不仅具有专业优势，还具有职能管理的权威。同时行政调解成本低、效率高、主动性与灵活性强，容易实现个案公正。如果当事人认为其处理不公正，还可以寻求司法救济作为最后保障。由于卫生行政部门处理医疗纠纷具有上述优越性，在我国社会矛盾复杂多元的现状下，卫生行政部门解决医疗纠纷的机制应大有可为，具有很大的开拓空间和发展前景。当然，医疗纠纷行政调解制度也存在一些问题，但是这些问题可以通过制度的不断构建、法律的不断完善来加以解决。

三、医疗纠纷行政调解制度的原则

（一）自愿自治原则

自愿自治原则即指双方当事人在自愿的基础上自主自动处分自己的实体权利，具体表现在双方当事人是否愿意进行调解，并在调解中可自主主张自己的合法权益，决定是否接受调解结果。当然自愿自治原则也应受到一定限制，“自愿”体现在当事人是否愿意进行调解，即当事人对是否启动行政调解有自主决定的权利，但一旦进入调解过程则不能随意退出；“自治”体现在当事人在是否接受调解结果时拥有对自己权利的自主处决权，并且一旦同意调解结果则不能随意拒绝执行。

（二）行政告知原则

行政调解启动前应进行行政告知。行政告知是指当事人向行政部门申请行政调解时，行政部门必须向当事人说明行政调解的注意事项和程序，不得置之不理和随意拒绝。不符合受理条件的，行政部门应向当事人说明，并告知当事人不受理的原因及可以采取的解决医疗纠纷的救济方式。在医疗纠纷行政调解过程中进行行政告知，可以使医患双方当事人明确行政调解的有关要求，帮助当事人正确地行使自己的权利，从而有效地保护当事人的合法权益，更好地实现当事人的自主与自治，还可以尽可能防止和避免行政调解中违法和不当行政行为的发生。

（三）专业调解原则

专业调解原则，指在各个专业领域要建立由专业人才组成的行政调解队伍，坚持分类管理、动态管理，建立专兼职调解员信息档案，通过考试考核统一核发聘任证书，并建立健全调解员教育培训学习制度，开展岗前培训、在岗定期培训，组织经验交流、现场观摩、庭审旁听等活动，提高调解员的综合素质和调解能力。医疗纠纷行政调解机构的工作人员必须具有专门的法律知识、医学知识和较为丰富的社会经验，这有利于提高行政调解解决医疗纠纷的效益和效率。

（四）积极沟通原则

确立医疗纠纷行政调解的积极沟通原则，可以保证医患双方当事人享有充分地表达自己真实意思的机会。通过积极沟通，使双方当事人都了解对方的想法和合作的益处，进而达成谅解、实现妥协，促使医疗纠纷尽快解决。

（五）合法合理原则

行政调解应在法律法规的制约下运作，在遇到立法不完善或滞后时应采取合理标准进行调解，即医疗纠纷的行政调解必须以合法为前提。行政调解在现行法律框架内进行，不得违背法律的禁止性规定或强制性规定；在法律没有明文规定时，既要符合合理原则，又要遵循公序良俗，还要兼顾双方当事人利益。

第二节　医疗纠纷的行政调解程序

一、医疗纠纷行政调解主体的设置

（一）医疗纠纷行政调解机构的设置

针对目前我国卫生体制改革的状况，卫生行政部门的双重地位很难马上改变，但进行医疗纠纷行政调解的机构仍然是可以做到中立的。就目前的行政调解制度来看，医疗纠纷行政调解机构有两种设置方法，其一是作为附属行政机关的职能部门来设置，即卫生行政部门的内部机构；其二是作为独立于行政机关的行政机构来设置，即独立于卫生行政部门的行政调解机构。笔者认为，应将行政调解机构设置在卫生行政系统之外，这样能更好地保证医疗纠纷行政调解机构的独立性。

（二）医疗纠纷行政调解人员的配置

医疗纠纷行政调解机构人员的配置是决定医疗纠纷行政调解效果的最基本的要素，作为医疗纠纷行政调解机制最直接的操作人员要具备扎实的专业基础，其调解结果才能为医患双方所信服和接受。从医疗纠纷行政调解员本身来说，其应该同时具备专门的法学、医学、心理学等多方面的知识，并具有相关的工作经验以及良好的沟通能力，这样才有利于提高医疗纠纷行政调解的效率。从医疗纠纷行政调解人员的构成来说，应该吸收法学专家、医学专家、行政官员以及类似于人民陪审员的群众调解员等加入自己的队伍。

同时，医疗纠纷的行政调解应该围绕着“情、理、法”三个方面进行，“情”的方面由群众调解员负责，“理”的方面由医学专家和行政官员负责，“法”的方面由法学专家负责。因为患方在发生医疗纠纷时，通常情绪已经很激动，如果在行政调解过程中仅顾及到“理、法”两个方面，会显得很不近人情，而有群众参与到调解过程中来，以自己的直观感受进行调解，就可照顾到“情”这一方面。同时，医疗纠纷行政调解机关应当建立调解人才信息库，从而建立起社会专业人士参与医疗纠纷化解的长效工作机制，进而推进调解队伍建设的社会化、科学化以及专业化发展。

二、医疗纠纷行政调解的程序设定

公正是调解的灵魂，而科学的调解程序是获得公正的调解结果的形式保障。我国目前设定的行政调解的法律文件几乎都只设立了行政调解，而没有设立具体的调解程序，实践中行政调解主体往往依照其他行政程序或自创调解程序。实际操作中的随意性使得医疗纠纷行政调解屡遭诟病，因此，要使医疗纠纷的行政调解制度充分发挥作用，必须对程序加以详细规定。医疗纠纷行政调解程序可以分为启动程序、调解过程及终结程序三大步骤。

（一）医疗纠纷行政调解的启动程序

医疗纠纷行政调解程序的启动应建立在双方当事人自愿的基础上。医疗纠纷产生后，医患双方共同向卫生行政部门申请行政调解，卫生行政部门收到申请后即与医患双方进行沟通，对其申请进行审查，对于符合受案范围的可以启动调解程序；对于不属于受案范围的，应在规定期限内通知双方当事人不予受理的决定。如果当事人任一方对不予受理的决定不满，可以申请进行行政复议或直接提起行政诉讼。

申请的提出既可以书面形式，也可以口头形式，但以书面申请为宜。申请书的主要内容包括：其一，当事人双方的基本情况，如申请人的姓名、住址、工作单位，法人或其他组织的名称、地址以及法定代表人的姓名、职务；其二，申请事项、事由、目的、双方争议之焦点以及请求所依据的理由等；其三，有关证据、证据的来源、证人的姓名和住址等。

对调解时限也应作出规定。结合我国实际情况，可以将医疗纠纷行政调解的时限规定为六十日，从行政调解机构做出受理纠纷决定之日起计算。行政调解机构认为有必要的，可以延长十五日至三十日。

（二）医疗纠纷行政调解的调解过程

医疗纠纷的行政调解过程，可以分为以下四个阶段：准备阶段、调查取证阶段、调解阶段、达成协议阶段。

（1）准备阶段。医疗纠纷行政调解机构指定调解员，双方当事人有权对调解员提出回避申请，行政调解机构根据其回避申请理由是否具有正当性来决定是否回避。在调解员的主持下确定调解纠纷的时间。

（2）调查取证阶段。调查取证由医疗纠纷行政调解机构主导，以医方举证为主，患方举证为辅。这样既可以督促医方积极参与调解，又可以避免患方举证困难致使调解停滞不前，以便尽快地搞清楚医疗纠纷的事实，为依法合理处理医疗纠纷、达成调解协议打下基础。

（3）调解阶段。经调查取证明确医疗纠纷的过程、事实后，调解机构及调解员，应当根据法律法规及事实，积极采取析事、说理、劝解等多种方式，促使双方达成合理、合法、公平、公正的调解协议。绝不能向一方或双方当事人施加压力，通过强迫手段促使其达成协议，解决医疗纠纷。

（4）达成协议阶段。通常有两种提出调解方案的形式：一是双方当事人各自表明自己的主张，然后由调解员进行整理归纳，从中寻找共同点和分歧点，再通过调解，缩小分歧，形成共识，最后达成并签订调解协议；二是由调解员基于案情及双方的主张，提出调解协议建议稿，再引导双方当事人在建议稿的基础上进行协商，最后形成共识，达成并签订调解协议。

（三）医疗纠纷行政调解的终结程序

经过行政调解，一般有两种结果，即调解达成和未达成一致协议。调解达成一致协议、医患双方对赔偿数额等无异议的，其终结程序为双方当事人签署调解协议书。调解协议书由行政调解机构制作，双方当事人分别签字或盖章，卫生行政部门加盖公章后生效。调解协议书具有民事合同效力，但不具有强制执行力；就赔偿金事项达成的调解协议，一方不履行的，另一方可以向人民法院申请支付令，也可以通过公证的方式来赋予其强制执行力。经调解，医患双方未达成一致协议的，当事人任一方可以选择仲裁、民事诉讼等其他解决方式。

第三节　医疗纠纷的行政调解协议

一、医疗纠纷行政调解协议的效力

医疗纠纷行政调解协议作为行政调解的结果，目前在我国还没有关于其是否具有法律效力的相关规定，这也是阻碍医疗纠纷行政调解发展的重要因素。由于医疗纠纷行政调解协议不具有相应法律效力，医患双方在达成协议后易出现反悔的情形。正是由于医疗纠纷行政调解协议本身法律效力的欠缺，致使医患双方当事人可以不受行政调解协议的约束，可以不履行或任意启动诉讼程序，这就造成了行政调解这种非诉讼纠纷解决机制所起到的“过滤网”的功能弱化，大量的医疗纠纷直接涌入诉讼等其他途径。现实中，医疗纠纷本身的专业性已经让法院有些“消化不良”，而大量涌入法院的医疗纠纷案件更是让法官们叫苦不迭。

2002 年 9 月 5 日，最高人民法院在通过的《关于审理涉及人民调解协议的民事案件的若干规定》中，首次明确了人民调解协议的性质为民事合同；2010 年 8 月 28 日，全国人大常委会通过的《人民调解法》又明确规定，经人民调解委员会调解达成的调解协议具有法律约束力，当事人应当按照约定履行。我们认为，循此推断，医疗纠纷行政调解协议应同样具有民事合同的法律效力。虽然行政调解与人民调解的主体不同，但是行政调解和人民调解具有同质性，“像这种第三者（调解者）始终不过是当事人之间自由合意形成的促进者从而与能够以自己的判断来强制当事人的决定者区别开来的场面，可以视为调解过程的基本形态”。

就调解主体本身来说，行政调解主体比人民调解主体更具有规范性和专业性，而承担具体医疗纠纷行政调解任务的卫生行政部门是比医疗纠纷人民调解主体（医疗纠纷人民调解委员会）更具权威的机构，但是从目前的法律及司法解释来看，在调解结果和调解效力上，人民调解协议倒比行政调解协议更具法律约束力。

要弥补行政调解法律效力低、执行力不强的缺陷，可以借鉴我国台湾地区的相关经验。台湾地区关于签订行政调解协议的规定是，当事人达成调解协议后，有关行政机关应当将调解协议送交有管辖权的法院，由法院依专门程序进行审核，经其审核无误，便赋予其等同于法院调解的效力，允许其具有执行力。这一经验值得大陆借鉴推广。

二、医疗纠纷行政调解协议样书

医疗纠纷行政调解协议书

编号：

当事人（自然人姓名、性别、年龄、民族、职业、单位或地址、法人及社会组织的名称、地址、法人代表的姓名和职务）：

续　表

纠纷简要说明：
经调解，双方当事人自愿达成如下协议：
本协议一式（　）份，当事人、本行政机关各持一份。
当事人（签名或盖章）
行政机关公章
调解员（签名）：
日期：××××年××月××日

第四节　医疗纠纷行政调解存在的问题

一、医疗纠纷行政调解存在的问题

由卫生行政部门主持的医疗纠纷行政调解，是进入21世纪以来我国创立的一种新的调解模式。2002年颁布的《医疗事故处理条例》在总结1987年《医疗事故处理办法》的缺点和不足、借鉴外国解决医疗纠纷经验的基础上，对此作出了规定。这种新颖的纠纷解决机制实施后，在化解医疗纠纷、缓解医患矛盾方面发挥了一定作用，尤其是在保护医疗纠纷证据方面意义重大，有助于日后在医疗诉讼中帮助法院化简搜集证据的程序，节约时间，提高诉讼效率。但是医疗纠纷的行政调解在实践中也显露出一些缺陷：

（1）调解不能直接介入，这是其最大缺陷。法律没有赋予行政机关主动介入医疗纠纷处理程序的权力，行政调解并不是医疗纠纷提起诉讼的前置程序。在医疗纠纷发生后，只有在纠纷双方同意由卫生行政部门进行行政调解并且提出申请的情况下，卫生行政部门才能介入医疗纠纷处理程序。在几种纠纷解决机制当中，选择行政调解通常不是纠纷双方当事人的第一选择。因为如果行政调解确定医疗纠纷医方负有责任，就会依据行政职权给予当事医生及其所在医疗机构行政处罚，严重的还要追究其刑事责任。因此，医疗机构一般会尽量规避选择行政调解的方式来处理医疗纠纷。而患者往往认为卫生行政部门与医疗机构是“一家人”，卫生行政调解是“老子判儿子”，质疑其公平公正性，因而积极性也不高。这就使得行政调解的使用频率不是很高，限制了其分流人民法院受理医疗纠纷诉讼案件的功能。

(2)行政调解的调解范围过于狭窄。第一,《医疗事故处理条例》将行政调解的受理范围限定在已经确定为医疗事故的纠纷。这一规定的原意可能是考虑到卫生行政部门不是专业的审判机构,不能处理重大的医疗损害案件,所以给受理范围确定了一个界限。但是,这也无形中给那些损害不是很大、构不成医疗事故的医疗纠纷加了一道壁垒,医疗纠纷当事人不得不选择人民调解或走“耗时费力”的诉讼程序来解决纠纷。第二,法律对行政调解的规定不够细致。在《医疗事故处理条例》中,对于行政调解的规定仅仅是原则性、概括性的规定,在行政调解的机构建制、调解人员选择、调解程序上都没有明确、详细的规定,导致行政调解的实际操作性不强。这也在一定程度上造成了医疗纠纷双方不愿意选择行政调解作为纠纷解决机制的原因。法律规定不细致也影响了行政调解功能的发挥,往往造成医疗纠纷久调不决,最终还是诉诸法院的结果。第三,行政调解中的法律适用相互冲突。在适用于医疗纠纷解决的法律选择上出现了“二元化”的矛盾。我国目前将医疗纠纷分为医疗事故纠纷和医疗损害纠纷。通过医疗事故技术鉴定将医疗纠纷定性为医疗事故后,则选择适用《医疗事故处理条例》的有关规定进行赔偿;如果将其定性为医疗损害行为,就会选择《民法通则》的有关规定进行赔偿。通常情况下,《民法通则》的内容较为全面,并且赔偿金额也较高,所以医疗纠纷中患者一方就会尽量避免医疗事故技术鉴定,直接以人身受到损害为由向法院提起诉讼。这也在一定程度上架空了行政调解制度,加重了法院的工作量。

二、医疗纠纷行政调解机制的完善

行政调解在医疗纠纷解决中占据有重要的地位,但行政调解在实践运用中已表现出诸多不足或缺陷。为此,我国需及时通过各种措施改善现有的行政调解状况,以使其能够按照设立行政调解的目的继续履行医疗纠纷调解职能。针对前文列出的诸多不足之处,笔者提出以下完善措施:

(1)通过法律法规确定行政调解的法律效力,赋予其应有的强制制约机制。确立行政调解的法律效力,不仅可以对申请调解的医患双方当事人产生约束力,而且可以使其依据已经达成的协议向人民法院申请执行。如此一来,原有的行政调解协议不但不会因为医患双方当事人的反悔而失去意义,而且可以减少法院再次就相同的医疗纠纷进行诉讼而遭受大量诉讼案件带来的压力。所以,确立行政调解的法律效力,不仅可以提高卫生行政部门在调解纠纷中的威信,而且可以避免一事多审、浪费司法资源的现象,切实减少法院的诉讼负担。同时为保证行政调解的切实实现,应该赋予行政调解应有的强制制约机制。也就是说,双方在行政调解中就有关医疗事项或鉴定达成协议的,如果医患双方在调解协议达成后提起诉讼或者变更以及撤销时，法院应该就其是否存在违法、不当或者错误、显失公平等方面进行审查，倘若不存在上述问题或其他合理事由，则法院应该驳回其提起的诉讼请求，并告知其应该按照调解协议的约定履行其义务。如此一来，不仅保障了行政调解的法律效力、减轻了法院的审理负担、节省了司法资源，而且也保证了医患双方在行政调解中的合法权益不受侵害。因此，我国既应赋予行政调解应有的强制制约机制，也应该通过法律法规确立行政调解的法律效力并对其进行相应完善。

（2）制定行政调解的程序性规范，确保行政调解依法进行。在实践中，患者之所以在医疗纠纷发生时选择向法院提起诉讼以寻求救济，除了因为法院是国家法定的审判机关之外，还因为法院在解决纠纷时具有严格的诉讼程序作为保障。因此，在处于弱势地位的患者看来，卫生行政部门的调解纠纷职能应该受到像法院的规范性程序一样的约束。否则，患者会认为在行政调解过程中不但自己应有的医疗损害得不到赔偿，就连自身合法权益也可能会受到行政部门的压制。再加上卫生行政部门与医疗机构有着甚密的关系，患者自然就不愿意考虑行政调解。因此，为了去除患者的顾虑，确保卫生行政部门在医疗纠纷调解过程中能够依法进行调解，有必要制定规范的调解程序。在制定行政调解之程序性规范时，除了就行政调解如何进行以及调解主体在调解过程中应赋予的权利和法律地位之外，还应该就行政部门在调解过程中若存在的违法或不当行为给予医疗纠纷当事人提出异议的权利。这样不仅可以保证行政调解能够依法进行，而且还可以防止医疗纠纷当事人在调解过程中其合法权益受到卫生行政部门的侵害。

（3）提升卫生行政部门的调解权。为更好地发挥卫生行政部门在医疗纠纷中的调解作用，有必要有条件地提升卫生行政部门的调解权利，可以赋予其部分主动调解权或有限制的主动权，即在一定情况下，卫生行政部门可以主动介入医患双方的调解。根据医患双方在医疗纠纷中的维护权利能力大小的不同，具体可按照如下措施分别对待：一是患者向卫生行政部门申请调解的，卫生行政部门不需要征得医疗机构的同意即可进行调解。原因是患者本身就处于弱势的地位，其维护自身权益的途径和能力有限，倘若在患者提起行政调解时，卫生行政部门因医方不同意而不能调解，不但不利于及时保护患者权益及给予其应得到的损害赔偿，而且会降低卫生行政部门在患者心中的地位和威信，长期下去必将被患者摒弃，显然不利于行政调解的发展。因此，患者一方向卫生行政部门申请调解时，应赋予卫生行政部门可以调解纠纷的权利，变形式上的公平为实质上的公平。二是医疗机构向卫生行政部门提起调解时，应征得患者一方的同意，否则卫生行政部门不得进行调解。之所以作出如此限制，一方面是医疗机构本身就在医疗纠纷中因精通专业知识和全面掌握诊疗信息而占有绝对优势，另一方面是医疗机构与卫生行政部门有工作来往，彼此之间比较熟悉，很有可能出现熟人关系或者所谓的“老子与儿子”的关系而袒护医疗机构，不利于患者合法权益的实现。因此，卫生行政部门的调解权利应有所提升，但应该分情况地进行提升，以保证提升卫生行政部门权利的同时不至于侵害患者的利益。

(4)细化卫生行政部门机构的分工和职责。卫生行政部门不但因为公平、公正以及信任等因素受到患者一方的质疑、排斥，而且因为其具有监督管理医疗机构之权利也受到医疗机构的排斥。因此，要想解决卫生行政部门面临的窘境，就需要对现行的医疗监管机制的具体职能进行改革和细化。为节约行政资源，发挥已有的卫生行政监管体制的作用及调解经验，笔者认为最为简单的方法就是将卫生行政部门的监督管理职能与调解职能分列，即将监督管理职能与调解职能分给两个不同的部门执行。如，在现有的卫生行政部门内设立两个机构，各自独立负责卫生行政监督和医疗纠纷行政调解；或是在现有的卫生行政部门之外设立一个独立负责医疗纠纷行政调解的机构。但不管何种设立方法，其原则是将两种不同的职责分给两个不同的机构。为了切实保证卫生行政调解部门不被医患双方排斥，分管卫生行政监督管理和医疗纠纷行政调解的两个机构不得将医疗纠纷中获取的信息共享，否则将承担行政责任。这样做可能会减少医患双方在一定程度上对行政调解的排斥。

除了以上几个方面，对于卫生行政调解机制而言，还应该拓宽其行政调解的范围。我国现行的《医疗事故处理条例》将行政调解限定为医疗事故中的纠纷，行政调解的范围较小，不但不利于卫生行政部门全面调解医疗纠纷的职能，而且为卫生行政部门逃避调解责任提供了依据。因此，对于卫生行政部门可以进行调解的医疗纠纷应确定为医患双方或患方向卫生行政部门申请调解的所有医疗纠纷。如此一来，不但可以提高医患双方申请行政调解的积极性，而且可以避免卫生行政部门规避部分医疗纠纷的调解。

对行政调解机制进行以上完善后，也许还会出现一些久调不决的医疗纠纷。此时，如果只是一味依靠完善行政调解措施来进行解决，显然是不够的。为了既能保证行政调解的法律效果，又能解决那些久调不决的医疗纠纷，笔者认为，可以在医疗纠纷处置中设立行政仲裁制度，即可以进行调解的医疗纠纷由卫生行政部门进行调解，不能进行调解的医疗纠纷由卫生行政部门根据具体的案情适用《仲裁法》的相关规定作出裁定，以防医疗纠纷长期得不到解决。当然，医患双方认为行政仲裁存在违法、不当或错误以及其他足以证明裁决不当之事由的，可以向中级人民法院申请撤销，并进而提起诉讼，维护其合法权益。

第九章　医疗纠纷的人民调解

近年来，人民群众不断增长的医疗服务需求与医疗服务能力、医疗保障水平的矛盾日益突出，人民群众对疾病诊治的期望与医疗技术的局限性之间的矛盾日益突出，致使医疗纠纷数量增多、对抗性增强、调处难度加大，影响了正常的医疗环境和社会秩序。一些地方甚至出现了因医疗纠纷引发的恶性事件或群体性事件，成为影响社会稳定的突出问题之一。为此，中央确立了“调解优先”的原则，在医疗纠纷处置中，重点引入人民调解机制，充分发挥人民调解工作预防和化解矛盾纠纷的功能，创新社会管理模式，有效消除不和谐因素，构建新型的医患关系，创造良好的医疗环境，更好地为维护人民群众健康和促进和谐社会建设服务。

第一节　医疗纠纷人民调解的概述

一、医疗纠纷人民调解的概念及特征

(一)医疗纠纷人民调解的概念及机构

1.医疗纠纷人民调解的概念

人民调解，是指人民调解委员会的成员通过说服、疏导等方法，促使当事人在平等协商的基础上自愿达成调解协议，解决民间纠纷的活动。

医疗纠纷人民调解，是指依法成立的医疗纠纷人民调解组织在医疗纠纷当事人的共同委托下，由人民调解员就医疗纠纷，通过说服、疏导等方法促进当事人沟通、交流、谅解，进而在平等协商基础上自愿达成调解协议的活动。

医疗纠纷人民调解委员会调解医疗纠纷，主要遵循下列原则：

(1)在当事人自愿、平等的基础上进行调解。

(2)不违背法律、法规和国家政策。

(3)尊重当事人的权利，不得因调解而阻止当事人依法通过仲裁、行政、司法等途径维护自己的权利。

2.医疗纠纷人民调解委员会

医疗纠纷人民调解委员会是依法设立的、调解因医疗行为引起民间纠纷的

群众性组织，属于医疗机构和患者以外的第三方，与医疗纠纷及其医患双方不具有利益上的牵扯，具有较强的中立性，容易公正公平地处理纠纷。医疗纠纷人民调解委员会原则上在县（市、区）设立，各医疗机构可以设立医疗纠纷人民调解工作室。各地可以结合本地实际，循序渐进，有计划、有步骤地建立医疗纠纷人民调解委员会。医疗纠纷人民调解委员会的设立及其组成人员，应当向所在地县级司法行政部门备案。

医疗纠纷人民调解委员会是专业性的人民调解组织。各级司法行政部门、卫生行政部门应当积极与公安、保监、财政、民政等相关部门沟通，指导各地建立医疗纠纷人民调解委员会，为化解医疗纠纷提供组织保障。

人民调解委员会应积极争取党委、政府的支持，建立由党委、政府领导的，司法行政部门和卫生行政部门牵头的，公安、保监、财政、民政等相关部门参加的医疗纠纷人民调解工作领导小组，明确相关部门在化解医疗纠纷、维护医疗机构秩序、保障医患双方合法权益等方面的职责和任务，以保障医疗纠纷人民调解委员会工作会议的健康发展。

村民委员会、居民委员会可以设立人民调解委员会。企业事业单位可根据需要设立人民调解委员会。人民调解委员会由三至九名委员组成，设主任一人，必要时可以设副主任若干人。人民调解委员会应当有妇女成员，多民族居住的地区应当有人口较少民族的成员。

村民委员会、居民委员会的人民调解委员会委员由村民会议或者村民代表会议、居民会议推选产生；企业事业单位设立的人民调解委员会委员由职工大会、职工代表大会或者工会组织推选产生。人民调解委员会委员每届任期三年，可以连选连任。

县级人民政府司法行政部门应当对本行政区域内人民调解委员会的设立情况进行统计，并且将人民调解委员会以及人员组成和调整情况及时通报所在地基层人民法院。

人民调解委员会应当建立健全各项调解工作制度，听取群众意见，接受群众监督。

村民委员会、居民委员会和企业事业单位应当为人民调解委员会开展工作提供办公条件和必要的工作经费。

医疗纠纷人民调解委员会坚持“调解优先”的原则，通过“消除误解、加深理解、达到谅解、妥善调解”的方式，有效化解医疗纠纷。其主要原则如下：

（1）依法原则。依据法律、法规、规章和政策进行调解，法律、法规、规章和政策没有规定的，依据医学知识和道德规范进行调解。

（2）平等自愿原则。在双方当事人自愿平等的基础上进行调解。不得强迫医患双方中任意一方签署不符合自己意愿的协议。

(3)保留诉讼权原则。尊重当事人的诉讼权利，不得因未经调解或调解不成而阻止当事人向人民法院起诉。

(4)监督原则。医疗纠纷人民调解委员会调解医疗纠纷接受人民法院、司法行政部门及广大群众的监督。

(5)属地管理原则。医患双方申请调解医疗纠纷，应当向医疗机构所在地医疗纠纷人民调解委员会申请。但医患双方共同申请异地(非医疗机构所在地)调解的纠纷，被申请地医疗纠纷人民调解委员会同意受理的也可异地调解。

3. 人民调解员

人民调解员由人民调解委员会委员和人民调解委员会聘任的人员担任。人民调解员应当由公道正派、热心人民调解工作，并具有一定文化水平、政策水平和法律知识的成年公民担任。县级人民政府司法行政部门应当定期对人民调解员进行业务培训。

医疗纠纷人民调解委员会要注意吸纳具有较强专业知识和较高调解技能、热心调解事业的离退休医学、法学、心理学专家及法官、检察官、警官、律师、公证员、公务员等类法制工作者。原则上每个医疗纠纷人民调解委员会至少配备三名以上专职调解员，专职人民调解员应是熟悉医疗法律法规及调解业务的人员；涉及保险工作的，应有相关专业经验和能力的保险人员；积极发挥人大代表、政协委员、社会工作者等各方面人士的作用，建立起专兼职相结合的医疗纠纷人民调解员队伍；建立医学、法学、心理学专家库，以提供专业咨询指导，帮助医疗纠纷调解委员会做到依法、专业、规范地开展调解工作；重视和加强对医疗纠纷人民调解员的培训，把医疗纠纷人民调解员培训纳入司法行政队伍培训计划，坚持统一规划、分级负责、分期分批实施，不断提高医疗纠纷人民调解员的法律知识、医学专业知识、业务技能和调解工作水平。

医疗纠纷调解，包括医学、法学等评估活动均应遵循回避原则。凡与医疗纠纷当事人有利害关系的、可能影响公正调解或评估的人员，均应回避。

人民调解员在调解中有下列行为之一的，由其所在的人民调解委员会给予批评教育、责令改正，情节严重的，由推选或者聘任单位予以罢免或者解聘：

(1)偏袒一方当事人的。

(2)侮辱当事人的。

(3)索取、收受财物或者牟取其他不正当利益的。

(4)泄露当事人的个人隐私、商业秘密的。

人民调解员从事调解工作，国家应当给予其适当的误工补贴；因从事调解工作致伤致残，生活发生困难的，当地人民政府应当提供必要的医疗、生活救助；在人民调解工作岗位上牺牲的人民调解员，其配偶、子女按照国家规定享受抚恤和优待。

二、医疗纠纷人民调解的特征

（一）自主性

人民调解程序及其内容具有自主性，可由当事人自主选择，从而有效地节约人力、物力、财力以及时间成本。但是由于其具有很强的自主性，往往会使调解局面出现无序现象。

（二）灵活性

医患双方可根据具体情况对调解程序进行删减，越过双方认为不必要的程序，在调解员参与和协调的前提下直接进行实质性交流和谈判，方便当事人尽快形成共识，达成协议，解决纠纷。

（三）专业性

调解委员会成员及调解员一般都具有法学、医学、心理学、社会学等方面的专业知识及较丰富的实践经验。

（四）高效性

第三方人民调解是当事人在专业调解员主持下进行交流、沟通的，较易达成一致的意见，比起双方自主协商更加公正公平有序，比起诉讼更有效率。

（五）便民性

医疗纠纷人民调解及调解协议的司法认证均不收取任何费用，非常经济便民。

三、医疗纠纷人民调解的调整对象及条件

（一）调整对象

调整对象包括医疗纠纷主体（即医患双方）以及医疗纠纷客体（即引发医疗纠纷的行为）。具体内容详见第二、三章。

（二）调解条件

1.与医疗机构之间存在医患关系

医患关系是指经医患双方确认的，医方为患方进行疾病的诊断、治疗、体检和保健康复过程中所发生的法律关系。进行人民调解，首先必须确定患方与医疗机构之间存在医疗关系，这是进行调解工作的前提。只有双方确定存在医疗关系，才能对其发生的医疗纠纷进行调解。

2.双方当事人自愿

在协商和解无法达成的情况下，由双方当事人自愿申请后，才能开启医疗纠

纷调解。若是有一方当事人不愿意进行人民调解，人民调解就无权进行。由此可以看出人民调解给予了当事人高度的自主权，并十分尊重当事人的意愿。整个调解的过程也都遵循自愿、平等、真实的原则，不强迫医疗纠纷中的任意一方进行调解。调解的结果不满意可以随时转向其他调解方式、仲裁或诉讼，任何个人或组织均无权干涉。

3.双方当事人共同认定医疗纠纷人民调解机构

人民调解组织作为医疗纠纷中立的第三方可以在解决当事人的纠纷时起到至关重要的作用。由于有第三方的帮助，当事人比较容易在很多问题上进行交流，并对争议产生更全面的认识，进而取得互相谅解，达成和解，解决纠纷。当然作为第三方的医疗纠纷人民调解机构必须是双方当事人共同认可、共同选择的，认为可以公正、公平、合理、合法地调解医疗纠纷的机构。

4.医疗纠纷人民调解机构

在当前医疗纠纷处理中发挥作用较好的是行政调解与人民调解。行政调解具有专业性高，稳定性好等优点，但是运用行政调解来解决医疗纠纷的一个很大的弊端在于主持调解的卫生行政部门缺乏中立性和独立性，其与医疗机构的关系非常密切，在患者和公众看来，行政调解的公平公正性值得怀疑，患者为了防止医疗纠纷的解决不利于自己，一般不情愿通过行政调解来解决医疗纠纷。

独立于卫生行政部门和医疗机构的人民调解组织具有中立、公正、公平的特点，其与卫生行政部门、医疗机构都没有利益关系，具有独立的法人资格。同时，还拥有具备法律和医学知识及调解经验的人民调解委员，具有更强的专业性，能更好地调处医疗纠纷，容易为广大群众所接受。而且人民调解不排除其他形式的法律救济，双方在达成调解协议之后、赔偿之前反悔的话，仍然可以申请行政调解、仲裁或提起诉讼来解决纠纷。正由于人民调解具有灵活性好、自主性独立性强、效率高、公正、公平、合理、合法、成本较低的特点，通过建立并推广的人民调解机制才可以有效地解决医疗纠纷。

四、医疗纠纷人民调解的组织机构

（一）我国的多种第三方调解机制

面对医疗纠纷纷繁复杂的情况，我国建立了多种形式的专业化第三方调解机制来调解医疗纠纷。虽然这些机制在经费来源、独立性的保持、公平公正处理纠纷的保证、解决纠纷的资质、调解协议的履行等方面还存在着一些有待商榷和改善的地方，但是在推动我国医疗纠纷的解决上还是起到了重要的作用。一方面可以在实践中不断完善这些机制，另一方面可以借鉴国外的医疗纠纷第三方调解的经验，取其精华，为我所用，从而逐步形成符合我国国情的成熟的医疗纠纷第三方调解机制，以缓解我国的医患矛盾，化解医疗纠纷，提高我国医疗纠纷处置的效率和满意度，真正维护当事人的合法权益，促进和谐社会建设。

1. 北京模式（包括吉林、芜湖、铜陵等地）

北京模式由专业化的医疗责任保险承保公司指定的调解机构来解决医疗纠纷。该机制的特点是将医疗赔偿风险与医疗纠纷处理打包，并向商业保险公司购买产品，使医疗纠纷处理的需求市场化，由市场来提供有偿的服务，使医疗机构和政府甩掉了医疗纠纷的处理和赔偿的问题。这种机制处理医疗纠纷速度比较快，也减轻了医疗机构和政府的负担。但是目前我国的市场经济尚在发展完善阶段，医疗纠纷处理又需要消耗大量资源，很多地方推行医疗责任保险的承保公司常年亏损而无法及时兑现理赔，保险公司则是以盈利为目的的，最终不得不停止这项业务。医疗机构也因投了保却得不到及时理赔，化解不了医疗纠纷，对医责险和保险公司失去了信心、信任而不再续保，最终导致这种模式难以为继。如果能使该机制进一步完善并得到政府的支持及大面积的推广，会对缓解我国医疗纠纷的紧迫形势起到重要的作用。此模式可以让医疗机构专心做好医疗工作，不为医疗纠纷所干扰。由于保险公司配备了专业人员能更有效地解决医疗纠纷，从而也可以得到患者和广大民众的信任。因此，这是一种很有发展前景的第三方调解机制。

2. 山西模式（包括甘肃、宁夏、新疆、海南、广东、上海、湖北等地）

山西模式是由医疗纠纷人民调解与医疗责任保险相结合，形成一种新型的“防、调、评、赔”四位一体的医疗纠纷预防及处置机制。具体地说，是由江泰保险经纪公司出资在山西等省市区成立医疗纠纷人民调解委员会（以下简称：医调委），既作为当地的医疗纠纷调解机构，又担任当地政府的医疗保险顾问，并参与当地医疗机构的医疗风险防范，组织医疗损害评估，督促医疗机构或保险公司履行协议的赔付，也有人称其为“江泰模式”。山西省医疗纠纷人民调解委员会是全国首家采用“江泰模式”成立的专业性医疗纠纷人民调解组织。随后甘肃、宁夏、新疆、海南、广东、上海、湖北等地也相继成立了“江泰模式”的医调委。该组织主要由退休的医务人员和法制工作者、保险人士组成。同时，还建有由本地区高水平的医学、法学、心理学专家组成的专家库作为专业技术顾问，提供业务咨询、评估服务。这一模式得到了各地卫生行政部门的肯定和支持，在当地医疗纠纷防范处置中发挥了重要作用。如在山西省即实行了全省的“六统一”，即统一准入、统一管理、统一鉴定、统一调解、统一参保、统一赔付。而在甘肃省，医调委已承办了全省 76％的医疗纠纷，调结率达到 96.5％，赔付率达到 100％，医责险也覆盖了全省二级以上医疗机构。这些成效的取得主要得益于各医调委在工作中始终坚持“公平、公正、合理、合法”的原则，在大力实施人民调解第三方援助的同时，还积极推行医疗责任保险，形成了一整套较为完善的医疗纠纷处理机制和医疗责任保险赔偿联动的机制，在医患之间架起一座信息对等、平等沟通、和谐对话、妥善解决医疗纠纷和理赔的桥梁，将医疗纠纷从医院内转移到医院外，维护了医院的正常医疗秩序和双方的合法权益，有效地改善了医患关系，促进了平安医院与和谐社会的建设。而且这种模式的调解、评估不但专业而且免费，给医患双方带来了便利。为此 2012 年卫生部曾在海南专门召开现场会，总结推广这一模式及经验。

由于政府只给予这一模式导向和政策上的支持，其财务支撑全部来自江泰公司的保险佣金，数量及稳定性没有保障，出现了经费短缺，办公设备设施不足，无法扩充、培训专业人员等困难。因此这种调解模式虽大有成效，也受到医患和广大群众的欢迎，但是要顺畅运行并且可持续发展还比较艰难，需要政府及相关部门从探索多元化社会力量参与社会管理、政府投资购买社会服务的高度予以重视和大力支持。

3. 宁波模式（包括浙江、江苏等多地）

宁波模式由医疗纠纷人民调解委员会与医疗纠纷理赔处理中心两大机构联手处置医疗纠纷。该模式由政府主导，司法、卫生、保险等多部门协调配合来解决医疗纠纷。首先由医疗机构向保险公司投保医疗事故责任险，发生医疗纠纷后，在医患双方都同意进行协商解决的基础上，由人民调解委员会调解，再由保险公司组成的医疗纠纷理赔处理中心参加处理并进行理赔。在政府的动员和支持下，目前宁波市各级各类的公立医疗机构全部参加了医疗责任保险。宁波模式的调解程序比较严格，规则完善细致，医患双方都要按照程序参与调解，调解的公信力很强。由于有政府各相关部门的参与、协调、配合，其处理结果具有较强的公正性、可信度和执行力。

4. 天津模式（包括深圳）

天津模式主要由医疗纠纷仲裁委员会处置医疗纠纷。仲裁是指根据法律的规定或者当事人之间的协议，由一定的机构以第三方的身份，对双方发生的争议在事实上作出判断，在权利义务上作出裁决的一种争议解决方式。仲裁的程序比较简单灵活，在处理纠纷时，仲裁员在公平公正的基础上对案件进行综合的考量，既解决争议又照顾双方的合法利益，因而作出的裁决较易为双方当事人所接受并履行。而且仲裁裁决相比于人民调解的协议书约束力更强，具有较高的法律效力。天津模式注意吸收仲裁员中有相关法律和医疗专长的人士参与，他们的专业知识可以快速正确地厘清医疗纠纷中存在的问题，从而客观公正地作出裁决，而且是一裁终局，较诉讼更加有效率。天津仲裁委员会医疗纠纷调解中心是天津仲裁委员会下设的一个分支机构，聘请了医学、法学专家专门从事医疗纠纷调解工作，且由于这些专家都是兼职的，与仲裁机构没有隶属关系，所以从一定程度上保证了调解的专业性和公正性。仲裁调解书在双方当事人签字同意之后即具有法律效力，并且是“一裁终局”。按《仲裁法》规定，裁决后当事人不得就同一纠纷再次请求仲裁或者诉讼。据了解，深圳市也于 2010 年 10 月成立了“深圳医患纠纷仲裁院”探索仲裁解决医疗纠纷的新途径。

5. 南京模式

南京模式由营利性中介机构——南京民康健康管理咨询服务有限公司和天津市金必达公司联合，专门从事医疗纠纷诉前咨询、调解与鉴定，是一种以公司制的方式运营的营利性咨询服务机构，需要在服务前交纳一定的调解、鉴定费用。营利性中介机构具有趋利性的特点，很难让医患双方完全信任，容易被双方当事人怀疑其公正性和公平性。而且一般医患双方也难以接受这种先付费的模式。所以虽有一定成效，但在现阶段难以推广。

（二）国外的第三方调解制度

1. 美国的第三方调解模式

20 世纪 70 年代美国爆发式地涌现了多起医疗诉讼，并迅速波及周边国家及欧洲发达国家。为此，美国在 1997 年成立了国家医疗纠纷解决委员会，以调解的方式解决纠纷，推出了一系列的解决医疗纠纷的第三方调解方式，包括：监察人制度、事实发现、达成一致意见、调解和仲裁。这些方式可以单独使用，也可以混合使用。有关医疗纠纷的信息必须通过指定的中立第三方进行独立的调查来收集，然后由中立的第三方召集纠纷各方进行有组织的谈判，通过协商调解分歧，但是所达成的协议不具有约束力。美国通过这种方式解决的医疗纠纷占到 85％以上。这种模式的特点在于，美国的卫生行政部门不参与医疗纠纷的调解且调解是诉讼前的前置程序，也就是，未经过庭外谈判调解的医疗纠纷，不得起诉到法院。

2. 日本的第三方调解模式

日本医学协会于 1973 年建立了针对医师的“医疗责任保险制度”，其中就包含有医疗纠纷庭外调解机制。当发生医疗纠纷时，日本医学协会和保险公司通过医疗责任审查委员会来处理纠纷，该委员会在听取相关患者和医师的报告及了解相关的材料后，对赔偿责任、赔偿金额及其他处理细则作出决议，医学协会和保险公司则以此决议为依据来处理医疗纠纷。这种模式的特点在于调解及时，且由于调查委员会和调解委员会的相互制衡，避免了调解的主观性，使得解决的方案更加客观，易为医患双方所接受并履行。

3. 德国的第三方调解模式

德国很大比例的医疗纠纷是由第三方调解机制解决的。德国的第三方调解机构称为医疗纠纷调解处。当调解处接到申请后，先对纠纷的事实进行仔细调查，必要时可以做鉴定，然后再由成员进行分析辩论，提出调解建议。德国的第三方调解机制的专业性很强，调解小组中至少有一名医师与涉嫌造成医疗事故的医师从事相同的专业，以保证对医疗事故的责任进行专业的鉴定。德国的医疗纠纷第三方调解也没有法律效力，不具备强制执行力，只是对于解决纠纷提出建议，如果当事人中有任意一方不同意，都不能执行。

4.新加坡的第三方调解模式

新加坡的医疗纠纷调解中心成立于1997年，除了接受医患双方提出的调解请求外，还受理法院转介的医疗案件，调解双方在调解前先签订自愿和解协议，列出各自同意的和解条款，如道歉、赔款数额、医药治疗等。新加坡的医疗纠纷调解具有很强的私密性，调解只有医患双方及其代理律师和调解员在场，有效地保护了双方的隐私。其调解协议具有法律约束力，若一方拒绝执行，可以申请强制执行。

第二节　医疗纠纷人民调解的程序及协议

一、医疗纠纷人民调解程序

（一）当事人在人民调解活动中享有的权利和义务

（1）权利：①选择或者接受人民调解员。②接受调解、拒绝调解或者终止调解。③要求调解公开进行或者不公开进行。④自主表达意愿、自愿达成调解协议。

（2）义务：①如实陈述纠纷事实；②遵守调解现场秩序，尊重人民调解员；③尊重对方当事人行使权利。

（二）申请

当事人需要自愿向人民调解委员会提交要求其进行纠纷调解的人民调解申请书。

人民调解申请书可以由申请人本人填写，也可以由他人代写，由申请人签名之后递交人民调解委员会。无法当面递交人民调解申请书的，也可采取电话、来访、网络等形式进行反映和投诉医疗纠纷，但应表明真实身份，提出形成医患纠纷的事实依据及解决医疗纠纷的诉求。当事人可以向人民调解委员会申请调解；人民调解委员会也可以主动调解。当事人一方明确拒绝调解的，不得调解。

基层人民法院、公安机关对适宜通过人民调解方式解决的纠纷，可以在受理前告知当事人向人民调解委员会申请调解。

人民调解申请书应当载明下列事项：

(1)当事人的姓名、性别、年龄、民族、身份证号码、职业、工作单位和住所、联系电话;如果申请人或被申请人为法人或者医疗机构,要写清法定代表人或者主要负责人的姓名、性别、年龄、民族、职务、联系电话、身份证号码和法人或者医疗机构的名称、地址。

(2)调解请求和所依据的事实、理由。即陈述申请调解的具体事项。

(3)当事人所请求的事项。即对于纠纷处理的具体要求,所请求的事项必须写明确,不能含糊其辞,有多个请求的需要分项列出来,涉及赔偿事项的,需要将赔偿数额具体列出。

(4)当事人需注明其自愿申请调解。

(5)既使申请书由他人代写,也必须有申请人的本人签名和指印;若申请人为医疗机构,需要加盖公章,注明申请日期。

(三)受理

医疗纠纷人民调解委员会受理本辖区内医疗机构与患者之间的医疗纠纷。受理范围包括患者与医疗机构及其医务人员就检查、诊疗、护理等过程中发生行为、造成后果及相关原因、责任、赔偿等问题在认识上产生分歧而引起的纠纷。医疗纠纷人民调解委员会根据纠纷当事人的申请,受理调解纠纷;当事人没有申请的,也可主动调解,但当事人表示异议的除外。自愿申请调解医疗纠纷的当事人申请调解纠纷,应书面申请。医疗纠纷人民调解委员会受理调解纠纷,应当进行登记。

根据《甘肃第三方医疗纠纷人民调解委员会(简称:省医调委)调解工作规则(试行)》规定,受理医疗纠纷调解申请的工作人员应当填写《医疗纠纷报案登记表》,并向申请人发放《申请调解告知书》。经其阅读并确认签字后,指导申请人填写《调解申请书》《授权委托书》,及需要向省医调委(工作站)提供的材料。受理的参保的医疗机构的医疗纠纷,应当及时向有关保险公司报案。

(1)《医疗纠纷报案登记表》应当载明:

①双方当事人的基本情况。

②所受理医疗纠纷的简况。

③双方当事人的签名、日期。

(2)《申请调解告知书》应当载明:

①省医调委的性质,调解原则、方式。

②医患双方当事人参加调解的权利、义务。

权利:选择或者接受人民调解员;接受调解、拒绝调解或者要求终止调解;要求调解公开进行或者不公开进行;自主表达意愿、自愿达成调解协议。

义务:如实陈述纠纷事实;及时提供与纠纷有关的证明材料并保证其真实

性；遵守调解现场秩序，尊重人民调解员；尊重对方当事人行使权利。

(3)《授权委托书》分医方和患方两种：

①医方《授权委托书》应当载明委托单位、法定代表人、委托代理人、代理权限、委托事项。

②患方《授权委托书》应当载明委托人姓名、法定代理人、委托代理人、代理权限、委托事项。

调解员应当认真核实医患双方提供的材料，材料不符合要求或缺失的，要求其补正。调解员负责安排并向有关人员通知调解时间、地点。

对突发的医患对立严重的医疗纠纷，为及时缓解医患矛盾，可先行调解，后补办有关手续。

二、调解

人民调解委员会根据调解纠纷的需要，可以指定一名或者数名人民调解员进行调解，也可以由当事人选择一名或者数名人民调解员进行调解。人民调解员根据调解纠纷的需要，在征得当事人同意后，可以邀请当事人的亲属、邻里、同事等参与调解，也可邀请具有专门知识、特定经验的人员或者有关社会组织的人员参与调解。人民调解委员会支持当地公道正派、热心调解、群众认可的社会人士参与调解。

人民调解员调解医疗纠纷，应当坚持原则，明法析理，主持公道，及时、就地进行，防止矛盾激化。

人民调解员根据纠纷的不同情况，可以采取多种方式调解民间纠纷，充分听取当事人的陈述，讲解有关法律、法规和国家政策，耐心疏导，在当事人平等协商、互谅互让的基础上提出纠纷解决方案，帮助当事人自愿达成调解协议。

医疗纠纷人民调解委员会调解医疗纠纷，应指定一名专职人民调解员为首席调解员主持调解，还可根据需要指定若干人民调解员或邀请有关单位、个人参加调解。医患双方也可从专家库中选择兼职调解员参与。

调解员应分别向双方当事人询问纠纷事实和情节，了解双方的要求及其理由。必要时可向有关单位征集资料、核实情况，并向专家咨询。需要进行相关鉴定以明确责任的，经双方同意，可以委托有法定资质的专业鉴定机构进行鉴定。

首次调解一般采取“面对面”的调解形式，主要任务是充分听取医患双方的陈述和诉求，明晰医疗纠纷的焦点，以便有针对性地进行调解。调解前应核实：医患双方的《调解申请书》《授权委托书》等；医疗机构职业许可证、医师执业证及医疗机构法定代表人身份证；患方申诉材料、医方答复材料及患者病历。有委托代理人的还须查验委托书及代理人身份证件。

人民调解员在调解前还应以口头或书面形式告知当事人人民调解的性质、原则、效力及当事人在调解过程中的权利和义务。在医学、法学专家库中选定相应专家，对医疗机构诊疗过程、医院管理服务，结合患者诊疗结果，进行评估，制作《医疗责任鉴定书》，人民调解员应当在查明事实、分清责任的基础上，根据当事人的特点、纠纷性质、难易程度、发展变化等情况，采取灵活多样的方式方法，开展耐心细致的说服疏导工作，促使双方当事人互谅互让，消除隔阂，引导、帮助当事人在平等协商的基础上自愿达成调解协议。调解不成的，要防止纠纷激化，引导双方当事人通过其他合法途径解决纠纷。

人民调解员在调解纠纷过程中，发现纠纷有可能激化的，应当采取有针对性的预防措施；对有可能转化为治安案件、刑事案件的纠纷，应当及时向当地公安机关或者其他有关部门报告。

人民调解员调解纠纷的过程中，发现调解不成的，应当终止调解，并依据有关法律、法规的规定，告知当事人可以依法通过行政、仲裁、司法等途径维护自己的权利。

人民调解员应当记录调解情况。人民调解委员会应当建立调解工作档案，将调解登记、调解材料、调解工作记录、调解协议书等立卷归档。

有以下情形之一的，应终止调解：

(1)当事人拒绝调解或要求终止调解的。

(2)经调解达不成协议的。

(3)人民调解委员会认为已无调解成功可能的。

(4)其他应当终止调解的情形。

对达不成一致意见的，制作《终止调解通知书》，送达医患双方并告知其可依法通过行政、仲裁、司法等途径解决纠纷。

医疗纠纷人民调解记录应载明以下内容(应注意实事求是，重点突出)：

(1)时间、地点、当事人、参加人员。

(2)调解员对当事人进行说服教育、疏导规劝的文字记录应实事求是，抓住重点。

(3)本次的调解结果(成功达成协议、有待继续调解、调解失败)。

(4)当事人、调解员、记录员的签名和指印。

三、调解协议制作及履行

具体内容见本章第三节。

四、调解协议的失效

有下列情形之一的医疗纠纷人民调解协议为无效协议：

(1)当事人不具有完全民事行为能力。

(2)意思表达不真实。

(3)违反相关法律、法规的强制性规定或者社会公共利益。

调解过程或者调解协议具有以下情况之一的,人民法院也应当认定调解协议无效:

(1)损害国家、集体或者第三人利益的。

(2)以合法形式掩盖非法目的。

(3)损害社会公共利益的。

(4)人民调解委员会被强迫调解的。

(5)违反法律、行政法规的强制性规定。

无效的调解协议或者被撤销的调解协议自然没有法律约束力。调解协议部分无效,但不影响其他部分效力的,其他部分仍然有效且具有法律约束力。

调解协议具有下列情形之一的,当事人一方有权请求人民法院变更或者撤销:

(1)因重大误解订立的。

(2)在订立调解协议时显失公平的。

(3)一方以欺诈、胁迫的手段或者乘人之危,使对方在违背真实意思的情况下订立的调解协议,受损害方有权请求人民法院变更或者撤销。

第三节　医疗纠纷人民调解协议

经人民调解委员会调解达成调解协议的,可以制作调解协议书,调解协议试用司法部统一的文书格式;当事人认为无须制作调解协议书的,也可以采取口头协议方式,人民调解员应当记录协议内容。协议书的内容必须合法、合理、属实,语言表述必须明确清楚,不能模棱两可,否则会为日后一方的反悔及拒不履行提供条件。调解结束后,医疗纠纷人民调解委员会应督促当事人履行协议。

一、调解协议书的内容

调解协议书可以载明下列事项:

(1)当事人的基本情况。

(2)纠纷的主要事实、争议事项及各方当事人的责任。

(3)当事人达成调解协议的内容,履行的方式、期限。

调解协议书自各方当事人签字、盖章或者按指印,人民调解员签名并加盖人民调解委员会印章之日起生效。调解协议书由当事人各执一份,人民调解委员会留存一份。

口头调解协议自各方当事人达成协议之日起生效。

二、调解协议书的履行

经人民调解委员会调解达成的调解协议，属民事合同性质，具有一定的法律约束力，当事人应当按照约定履行，不能单方面擅自变更或者解除调解协议。人民调解委员会应当对调解协议的履行情况进行监督，有督促当事人履行约定的义务。

经人民调解委员会调解达成调解协议后，当事人之间就调解协议的履行或者调解协议的内容发生争议的，一方当事人可以向人民法院提起诉讼。

经人民调解委员会调解达成调解协议后，双方当事人认为有必要的，可以自调解协议生效之日起三十日内共同向人民法院申请司法确认，人民法院应当及时对调解协议进行审查，依法确认调解协议的效力。

人民法院依法确认调解协议有效，一方当事人拒绝履行或者未全部履行的，对方当事人可以向人民法院申请强制执行。

人民法院依法确认调解协议无效的，当事人可以通过人民调解方式变更原调解协议或者达成新的调解协议，也可以向人民法院提起诉讼。

经过调解，当事人未达成协议或达成协议后又反悔的，任何一方都可以请求基层人民政府处理，也可以向人民法院起诉。因此，人民调解协议不能排斥当事人向人民法院起诉，不过，当事人向人民法院起诉主要是针对调解协议的履行、变更或者撤销来进行。

三、医疗纠纷人民调解的法律救济

人民调解达成协议，是非司法程序解决纠纷的方式。为了保障当事人的合法权益，法律对此给予了法律救济的途径。最高人民法院《关于审理涉及人民调解协议的民事案件的若干规定》具体规范了人民法院对涉及人民调解的民事案件的审理。当事人对经人民调解委员会调解达成协议的纠纷向人民法院起诉，人民法院应当受理，并在法律、法规规定的范围内进行审理。

经人民调解委员会调解达成的、有民事权利义务内容，并由双方当事人签字或者盖章的调解协议，具有民事合同性质。当事人应当按照约定履行自己的义务，不得擅自变更或者解除调解协议。对于已经达成调解协议而当事人又向人民法院起诉的，主要有以下三种情况：

(1)双方当事人已经达成调解协议，但对方当事人拒绝履行的，当事人一方可以就此向人民法院起诉，请求对方当事人履行调解协议。当事人一方起诉请求履行调解协议，对方当事人反驳的，其有责任对反驳诉讼请求所依据的事实提供证据并予以证明。

（2）双方当事人已经达成调解协议，但当事人一方向人民法院起诉，请求变更或者撤销调解协议，或者请求确认调解协议无效的，有责任对自己的诉讼请求所依据的事实提供证据并予以证明。

（3）当事人一方以原纠纷向人民法院起诉，对方当事人以调解协议抗辩的，应当提供调解协议书。

医疗纠纷人民调解协议书（样本）

编号：

患方当事人（自然人姓名、性别、民族、年龄、身份证号码、职业、联系方式、单位或住址、医方法定代表人姓名、性别、民族、职业、联系方式、单位或住址）：

纠纷事实与争议事项：

经调解，自愿达成以下协议：

履行方式：

履行时限：

本协议一式（　　）份，双方当事人、人民调解委员会各持一份。

患方当事人（签名、盖章或按手印）

医方法定代表人或委托代理人（签名、盖章或按手印）

医疗机构印章

人民调解员（签名）

医疗纠纷人民调解委员会印章

日期：××××年××月××日

第四节　完善医疗纠纷人民调解机制的有效措施

一、医疗纠纷人民调解机制的优势

根据《医疗事故处理条例》的规定，医疗纠纷的解决有三种途径，即医患双方协商解决、行政调解、民事诉讼。

当医疗纠纷发生时，医患双方协商解决较其他的途径更加简便快捷，成本低廉，且具有高度的灵活性。但是由于医患双方对信息了解的不对称，而患方又对医疗机构的解释缺乏信任，往往采用“医闹”的方式以图获取更多的赔偿。医疗机构为了息事宁人，维持正常的诊疗秩序，通常也都会选择妥协，予以补偿，这样做虽然能解决一时的问题，却由此助长了“医闹”的势头，使有些患方不分对错地闹，造成医疗机构资产不应有的流失。况且，协商达成的协议的效力较弱，患方如果反悔进而提出民事诉讼，那么医方又要耗费大量的时间和精力来应对。

医疗纠纷的行政调解是由卫生行政部门主持进行的，而卫生行政部门是医疗机构的上级主管部门，虽然其具有医学及法律知识，但因为其与医疗机构有不可分割的联系，公信力和公正性往往受到群众的质疑。患方怀疑卫生行政部门与医疗机构联手将使自己得不到赔偿或得到不合理的赔偿，通常都不会选择行政调解。所以行政调解只能有效地处理一小部分医疗纠纷事件。

民事诉讼是社会公认的解决医疗纠纷最公正最具有公信力的手段，具有毋庸置疑的中立性和权威性，但是民事诉讼的程序烦琐，周期长，且要支付高额的诉讼费和律师费，大多数患方不到万不得已不会选择诉讼解决。

而医疗纠纷人民调解机制的优势在于：

(1)自愿是人民调解的前提。在医疗纠纷人民调解中，医患双方享有高度的自主权。无论是从是否选择人民调解，还是从人民调解处理纠纷的程序规则及实体规则方面，人民调解都给予了当事人高度的自主权。若是有一方当事人不愿意进行人民调解，则人民调解委员会无权涉入；若当事人对处理过程、调解或者调解的结果不满意也都可以随时转向其他的调解方式，或者仲裁、诉讼，任何个人或组织无权干涉。

(2)医疗纠纷人民调解程序具有灵活性和简便性，能够有效地节约人力、物力、财力以及时间成本。人民调解机制的简易灵活，是该机制能够在调解医疗纠纷中发挥作用的重要原因。医患双方可以根据需要和具体情况对程序进行删减，越过烦琐而没有实用价值的程序，在调解员参与和协调的前提下，直接进行交流和谈判，很大程度上能够方便双方解决纠纷。

(3)人民调解可以缓和医患冲突,减少医患双方的对立,是医患双方交流的平台。选择第三方的人民调解,可以将医疗纠纷在第一时间引向医疗机构之外,使患方与医疗机构人员的情绪都趋向冷静,可以及时避免纠纷的恶化,医疗机构也能从无休止的纠纷中解脱。调解员通过合理的疏导和耐心的说服,可以一定程度上减轻双方的激烈的对立,能够有效地缓解患方的焦躁情绪,避免事态的扩大及暴力事件的发生,能使医患双方握手言和,并为政府管理和社会治安等有关方面减轻压力。同时通过医学及法律知识的讲解和情感的感化,可将患方引导到一个理性的层面上重新发出诉求,降低患方提出的虚高的诉求及赔偿数额,有利于医疗纠纷的成功解决,而这种方式也因为调解过程中双方多次的沟通,最终由合议形成合意而达成调解协议,使得调解协议自然会有很好的执行力。

(4)医疗纠纷人民调解具有很强的中立性和公平性。医疗纠纷人民调解委员会不隶属于任何卫生行政部门或医疗机构,是独立的法人单位,独立承担民事责任并拥有专业而且独立于医患双方的评估、调解、理赔专家,提出的医疗纠纷赔偿方案基本做到了依据客观事实,作出客观分析判断,始终站在公平公正、不偏不倚的中立立场,不受任何组织和个人的干扰。调解中,医疗纠纷人民调解委员会也充分尊重当事人的自主选择权,允许当事人指定自己满意的调解程序和调解员,这样就更好地获得了患方和医方的信任,有效地提高了医患双方的接受度和调解的效率。

(5)医疗纠纷人民调解具有专业性和高效性。调解委员会成员由长期从事法学、医学及社会学的专业人员及人民代表组成,具有丰富的法律、医学、社会学等实践经验,有很强的专业性,在调解纠纷时,能够对涉及的法律责任、医疗纠纷处理程序和处理结果的可能性进行分析,从维护当事人合法利益出发,赢得当事人的信赖。在双方自愿的基础上,患方和医疗机构可以通过调解员充分地表达自己的看法,提出己方的要求。双方既各自提供了理由和证据,又在调解员的协调下进行交流,最终通过互相的沟通和理解达成一致意见。人民调解的程序简便,可以在较短的时间内处置纠纷,为患方和医疗机构节省时间。

(6)医疗纠纷人民调解具有经济性。医疗纠纷调解委员会是依法成立的社会公益性组织,不以营利为目的,在调解医疗纠纷时,不收取医患任何一方的任何费用,有效减轻了当事人的经济负担。

(7)医疗纠纷人民调解委员会的介入,可以使双方商定的赔偿数额更趋合理化。调解员通过合理疏导和说服,通过对医学及法律知识的讲解,对事实、责任的专业化认定,可以将患方引导到更为理性的层面上重新看待纠纷和诉求,往往会降低虚高的诉求和赔偿数额。而调解员也要按照相应的规定,在专家指导下进行科学的评估，计算合理的赔付额度，使提出的方案既符合事实，维护双方当事人的合法权益，又避免拟定赔付数额时的盲目性、随意性，保证调解协议的公正合法，减少医疗机构资产不应有的流失。

(8)医疗纠纷人民调解的引入，可以减少诉讼案件，节约司法成本。目前，由于医疗纠纷频发，起诉到法院的医疗纠纷也日益增多，兼之医疗纠纷的专业性很强，患方和医疗机构矛盾尖锐，很多证据又难以考证判断，造成了法院对医疗纠纷"难断难了"的局面。即使法院判决了，往往也很难使双方都满意，容易引起再上诉，从而占用大量的司法资源。而医疗纠纷人民调解的引入和发展，可以先于民事诉讼成功地解决一部分医疗纠纷，缓解法院的压力。

正因为人民调解具有这些特点和优势，近几年来发展迅猛，截至 2015 年 4 月全国已有医疗纠纷人民调解组织 3901 个，调解员 2.5 万名。2014 年成功调解了医疗纠纷 6.6 万件，成功率达到 85%。

二、医疗纠纷人民调解机制的不足

但是，我国确立医疗纠纷人民调解机制较晚，因而在制度设计、机构设置、人员管理、工作规范、工作保障诸方面还存在不足，各地的差异也很大。医疗纠纷处置不仅仅是医患两方的问题，更是党和政府及全社会应当高度关注的问题，是关乎社会稳定的大问题。因此必须加强对医疗纠纷处置和人民调解机制的理论研究及实践探索，采取有效措施予以健全完善，以更好地发挥其作用，从而促进我国医疗卫生事业及和谐社会建设的健康发展。

(1)公众对医疗纠纷人民调解了解不足。虽然人民调解在一些地方取得了很大的成就，为医疗机构所普遍认同和接受，但是大多数患者对人民调解机制了解得还不够，很多患者还处于观望期，不会在第一时间自愿主动地采用这种解决方式解决医疗纠纷。

(2)医疗纠纷的人民调解，目前在解决一些案情相对简单、事故责任比较明确、双方对于责任认定的争议不大且双方都愿意通过非诉讼方式调解解决的纠纷时，比较容易使双方达成一致意见。对于双方争议比较大、证据不充分、责任又难以认定的纠纷，则往往难以使医患双方达成一致的协议。

(3)缺少高素质的专业调解人员。因医疗行业的特殊性，普通的调解员难以胜任医疗纠纷的调解工作，必须由懂得法律和医学，又具备一定的调解经验和调解技巧的复合型人才来担当。目前的医调委工作人员普遍有差距，感觉到专业知识欠缺，工作压力过大，调解质量效率不高。为此，从体制和机制上确保建立一支长期稳定的高素质的调解员队伍，是推进人民调解方式、化解医患纠纷的重中之重。

(4)通过人民调解达成的协议具有民事合同效力,《人民调解法》还规定其"具有法律约束力,当事人应当按照约定履行",还可以经双方当事人同意,向基层法院申请司法认证,认证后,一方不履行协议,另一方可以申请法院强制执行。但是如果没有进行司法认证,人民调解协议本身没有强制执行力,对不履行协议的,医调委也束手无策,另一方当事人只能另向法院提起诉讼,相当于浪费了人民调解这一段的时间、精力和机会,却未得到应有的赔偿,还得通过诉讼来维权,因而不少当事人对此颇有微词。人民调解协议无强制执行力也是协议自觉履行率不高,一些人不愿选择人民调解解决医疗纠纷的原因之一。

(5)政府应当为医疗纠纷人民调解委员会工作的开展提供必要的办公条件和工作经费。《人民调解法》也规定:"国家鼓励和支持人民调解工作。县级以上地方人民政府对人民调解工作所需经费应当给予必要的支持和保障。"但目前政府对于医疗纠纷人民调解组织的经费支持尚不到位,致使相当数量的医调委办公条件简陋、经费短缺、人员组成单一、专业性不强但又无财力培训……这样的状况很难应对目前医疗纠纷频发、矛盾尖锐、形式多样的问题,对复杂且专业难度大特别是发生在偏远地区的医疗纠纷更是无从下手。这一问题已成为制约医疗纠纷人民调解工作健康持续发展的瓶颈。

(6)《人民调解法》虽为规范人民调解活动的法律,但其规定较为宏观,缺乏相应实施细则的配套和具体化规定,应将有关程序、规范及赔偿标准等细化、量化,提升其操作性。现有的一些规定还相互冲突,调解时难以适从。《医疗事故处理条例》中规定,医疗事故的责任认定和赔偿依照该条例执行,但实践中大多数的医疗纠纷都不属于医疗事故,对于不属于医疗事故的医疗纠纷的处置,《医疗事故处理条例》没有具体规定,使得调解这些医疗纠纷时无法可依,往往采取比较模糊的方式处理,仅着力于引导双方当事人对赔偿数额达成和解,没有严格认真地对医疗纠纷进行定损、定性、定责。在实际处理纠纷过程中,也主要从双方当事人对医疗纠纷的具体诉求、医患双方的情绪、患方的经济状况等因素进行调解,往往造成了调解的弹性过大,致使同类型的医疗纠纷赔偿额度可能相差很大,不但造成了公正性的缺失,还增大了理赔的难度。依法办事是人民调解的基本原则。为此,必须下大力气尽快解决医疗纠纷人民调解有法难依和无法可依的问题。

三、完善医疗纠纷人民调解机制的有效措施

为建立健全我国的医疗纠纷人民调解机制,还有很多工作要做,这不仅仅是政府的职责,也需要全社会公众的积极参与,才能实现医疗纠纷人民调解的可持续发展。

(1)完善医疗纠纷防范机制，注重源头管理，坚持预防为主，健全规范医患双方行为的法律体系、强化医疗公共秩序、强化医疗机构治安管理等医疗纠纷的社会管理体系，将医疗纠纷调解工作的关口前移，协助医疗机构建立健全医疗纠纷防范处理规程，为患方提供社会心理服务，对高风险的医疗机构科室和工作人员以及发生过医疗过失的科室及工作人员进行培训，才能从根本上预防和减少医疗纠纷的发生。

(2)加强医疗纠纷人民调解工作的宣传，提高群众的知晓度。在处理医疗纠纷中，患方往往只知道通过协商、行政调解、民事诉讼等途径与医疗机构沟通，而不了解人民调解的性质、调解流程及其优越性，不愿意去医调委申请调解。而人民调解作为一种新的医疗纠纷处理机制，首先，需要踏实地做好医疗纠纷人民调解工作，提升自身的专业素养，为医患双方提供良好的服务，通过优质的调解服务赢得群众的信任。其次，可以通过多种形式的宣传，如电视、广播、互联网等手段，大力宣传人民调解的调解程序、成功案例和优势，提高知晓度，引导患者在发生医疗纠纷后申请人民调解，让医疗纠纷能够在第一时间移出医院，不干扰正常的诊疗秩序，构建和谐有序的就医环境。

(3)需要建立长期稳定的高素质的调解队伍。医疗纠纷具有医学专业特性，调解员应当是兼备医学、法学、社会学知识的复合型人才，还须有一定的调解经验。建立一支专业、稳定、纪律性好、效率高的调解队伍是各级政府和医调委的首要任务。但目前各地的医调委大多是从司法和卫生系统中抽调或由退休的人员组成的，知识结构相对单一，尚不能有效地解决各类医疗纠纷。为此，要建立一支长期稳定的高素质的调解队伍，一方面可以从社会上公开招聘，通过严格的考核和业务培训之后，上岗参与调解工作；一方面从退休的医疗专业人员、法制工作人员、公务员中选拔合适的调解员，确保医疗纠纷人民调解的专业性。对在岗的调解员，政府及其有关部门、医调委要定期地让他们进行培训和进修学习，不断充实提高调解队伍的素质。

(4)需要建立医疗纠纷人民调解和其他纠纷解决方式之间的衔接机制。医疗纠纷人民调解是医疗纠纷多种解决方式中的一种。只是人民调解尚不能解决所有的医疗纠纷问题。所以，建立人民调解与协调、行政调解、民事诉讼等其他解决方式之间的迅速有效的衔接机制就变得尤其重要。衔接有效且迅速，就可以更好地发挥每种解决方式之间的特长，实现优势互补，有效地促进医疗纠纷的解决。目前，我国各地普遍建立起衔接互助机制，如北京、天津、山西、甘肃、宁夏等地已将医疗责任保险理赔与人民调解有机结合起来，实现了调赔互动。山东济宁则建立了社团性质的专业医疗纠纷调解机构，将现有的医疗纠纷解决方式进行了有机的整合，调解时按需采用，集中优势兵力打歼灭战，取得了显著成效。

(5)各地需要进一步引入医疗保险制度。北京已经建立了相对完善的，由专业化的医疗责任保险承保公司指定调解机构解决医疗纠纷的机制。山西、甘肃、宁夏、海南、广东等地则是将医责险与医疗纠纷人民调解联动运作。这样，通过医疗责任保险将医疗纠纷处置及理赔的需求市场化，由市场为医疗机构医疗风险提供有偿服务和保障，从而使医疗机构有效地转移了医疗纠纷的处理和赔偿等问题，分散了医疗机构及其医务人员的执业风险。目前，我国的绝大多数医疗纠纷的赔偿基本都是由发生纠纷的医疗机构自行承担，往往一场重大医疗纠纷带来的巨大的工作压力、巨额的赔偿就会使医疗机构陷入困境，所以，建立健全并全面推进医疗责任保险制度势在必行，刻不容缓。

(6)政府应从政策引导和经费保障方面对医疗纠纷人民调解工作发挥决策和领导作用。按照《人民调解法》的规定，政府有义务凭借公权的强制力量和其掌握的国家财富对医疗纠纷人民调解工作予以支持和领导，在其机构的建立、工作条件等方面协调政府各相关部门予以支持和保障，政府财政部门应当把医疗纠纷人民调解工作经费纳入财政预算，确保每年足额拨发，从而给医疗纠纷人民调解工作创造良好的发展环境。地方人大、政府应该积极落实和细化国家有关医疗纠纷人民调解的法律、行政法规和政策，根据各地的实际情况和需要制定实施细则等针对性、操作性的地方性法规、行政规章及规范性文件，给医疗纠纷人民调解创造良好的法制环境。发生医疗纠纷后，各级政府要积极地协调人民调解组织与医疗机构、卫生行政部门、公安部门、劳动保障部门、民政部门、司法部门及法院等单位之间的关系，以形成合力支持人民调解组织的工作。

(7)国家应通过立法制定和完善医疗损害的赔偿标准。解决医疗纠纷，合法合理的赔偿是关键。在实践中医疗损害确定后，人民调解主要是依据医患双方当事人对解决纠纷的诉求、情绪及患方的经济状况等进行工作的。一般都是以患方和医疗机构对于赔偿的数额达成一致意见而结案，没有强制要求必须对医疗损害进行鉴定并定性、定责，这样做虽说是提高了调解的效率，但也使调解工作弹性过大，发生同类型的医疗纠纷赔偿却不一样的显失公平公正的现象，给今后的调解工作增加了难度。为此，还应当启动医疗纠纷人民调解的立法，使其程序、标准规范化，并明确医疗事故、医疗过失、医疗意外、医疗过错等的界定和需要承担的法律责任，及相应的医疗损害赔偿标准，让医疗纠纷调解在一定区间内依法进行，达成协议，以体现人民调解的合法合理、公平公正。

(8)建立健全医疗纠纷人民调解的监督机制。虽然人民调解组织是处于中立、公正、公平、客观的角度调解医疗纠纷，但其作为调解医患双方纠纷的中间人，也必须有不受其制约的监督机制来监督规范其行为，保证其工作的中立性及公平公正，这样才能得到全社会的支持与选择。《人民调解法》规定了司法行政部门、基层人民法院负责指导本行政区域的人民调解工作。实践中还须将其具体化、常态化，把指导监督工作真正落到实处。

作为新的医疗纠纷解决形式，人民调解机制有效拓宽了医疗纠纷处理的渠道。该机制的推广和实施，以及与其他调解机制的有效衔接，有助于合法合理地解决医疗纠纷，保护医患双方的合法权益，避免和减少恶性事件的发生，维持正常的诊疗秩序，促进新型医患关系的建立及社会的和谐发展，因而我国政府应当下大力气不断地完善并积极推动人民调解事业的健康发展。

第十章　医疗纠纷的诉讼

第一节　医疗纠纷诉讼的条件

一、医疗纠纷诉讼

（一）医疗纠纷诉讼的定义

医疗纠纷诉讼是指医患双方就医疗结果及其原因认识不一致而发生争议所提起的诉讼，是人民法院在当事人和其他诉讼参与人的参加下，审理和解决医疗纠纷民事案件的活动以及在这种活动中产生的各种法律关系的总和。在医疗纠纷诉讼中，作为当事人的医患双方希望追求的公平和正义，也正是司法审判追求的终极目标。医疗纠纷诉讼往往是在协商、调解不能达成协议的情况下，当事人选择解决医疗纠纷的最后途径。诉讼与协商、调解相比具有两面性，一方面，诉讼体现国家对民事活动的干预，具有强制性、终局性、权威性，是解决医疗纠纷的最有力的程序；另一方面，诉讼作为解决纠纷的一个最严格的机制，也是一个最烦琐的机制，与协商、调解相比耗时、耗钱、费力。

（二）医疗纠纷诉讼的分类

因医疗行为所造成的侵害是对患者生命权、健康权、身体权的一种侵害，有的医疗行为还是一种违反医疗服务合同的违约行为，患方有权依照其生命权、健康权、身体权被侵害的事实，要求医方承担侵权责任，也有权依照双方存在的医疗合同，要求对方承担违约责任。患方在请求权上存在竞合。按照患方请求权的种类，最高人民法院 2008 年 2 月 4 日颁布的《民事案件案由规定》将医疗纠纷诉讼划分为医疗损害赔偿纠纷和医疗服务合同纠纷。

1. 医疗损害赔偿纠纷

医疗事故指的是医疗机构在诊疗护理工作中，因医务人员诊疗护理过失，直接造成病人死亡、残疾、组织器官损伤导致功能障碍的事故。

医疗损害赔偿纠纷指的是医疗机构在诊疗护理工作中因医务人员诊疗护理过失，直接造成病人死亡、残疾、组织器官损伤导致功能障碍而引起的对受侵害人的纠纷赔偿。通常情况下，医疗损害赔偿纠纷都是以医疗侵权为由提出的损害赔偿纠纷，包括医疗事故纠纷和其他医疗侵权纠纷。

2. 医疗合同纠纷

医疗服务合同是指医疗机构向病人提供疾病诊断、治疗、售药等服务并向病人收取费用而订立的合同。

医疗服务合同纠纷指的是医患双方围绕医疗服务合同中侵权以外的有关方面发生的争议，如医疗欠费、患者拒绝出院、医疗机构过度用药、过度检查、医疗服务没有达到应有的质量或医疗效果没有达到承诺的水平等发生的争议，是以医疗服务合同违约为由提起的诉讼。

对于履行医疗服务合同过程中非医疗行为的侵权纠纷，如侵犯隐私权、肖像权、名誉权等，不属于医疗纠纷范畴，应按照相关法律规定确定案由。

（三）医疗纠纷诉讼的特点

医疗纠纷诉讼是由民事法和医学法所调整的平等主体，即医方和患方之间因医疗侵权行为或者医疗服务合同违约行为而产生的诉讼，属于民事诉讼的范畴。因此，除了具有普通民事诉讼的特点之外，还具有以下主要特点：

(1)诉讼当事人的特定性以及关系的特殊性。

医疗纠纷诉讼当事人是医患关系的双方，在以侵权为由提起的医疗损害赔偿纠纷诉讼案件中，原告只能是患者或者其近亲属，被告只能是医疗机构（包括执业医师执业的各类机构和乡村医师执业机构）。

医疗纠纷诉讼中双方当事人关系的特殊性表现为，医生与患者之间在某种程度上应维持和谐、信赖关系，接近或类似于民法上相邻关系人或合伙人之间存在的固有的感情上的关系。医生与患者之间，如果常常处于紧张或有利害冲突的状态，医生在医疗工作上瞻前顾后，患者时时提防医生，这是不符合医患关系的本来面目的。医疗纠纷诉讼中双方当事人关系的特殊性还表现为，虽然双方的民事法律关系是平等的，但双方在医疗知识和信息的占有上却存在事实上的不平等。

(2)诉讼请求和理由的特定性。

医疗纠纷诉讼请求只能是因医疗损害赔偿纠纷、医疗服务合同纠纷而主张的人身损害赔偿和精神损害赔偿。诉讼理由只能是医疗过失行为构成侵权并造成损害或者是医疗服务合同违约并造成损害。

(3)案情具有高度的专业性和复杂性。

医疗纠纷案件不仅涉及法律问题，同时涉及医学问题、医疗管理问题、职业道德问题等，具有高度的专业性和复杂性。由于其中涉及专门的医学知识，无论是法院的审判员还是参与案件的代理人，对医学知识往往不甚了解，因此，大多数案件需要依赖专家鉴定，而专家的鉴定可能成为案件胜负的决定性因素。另外，人类对自身的认识尚处于初级阶段，而科学是永无止境的，医学领域至今仍有很多疑难病症没有攻克，这就需要医学工作者不断地去探索、去研究。探索就可能有成功与失败两种结果，这也给医疗纠纷的解决增加了难度。例如临床医学中需要的实验性检查和治疗，可能因患者的体质和病情不同而会有不同的结果。尤其是疑难杂症，可能需要多次的摸索才能找准病症，由此对症治疗才可能成功，如“非典”。鉴于医疗行为的封闭性比较高，同时医疗行业具有公共福利的性质，为了推动医疗卫生事业的发展和医疗技术的进步，《医疗事故处理条例》对医疗事故损害赔偿标准规定了限额赔偿。此外，医疗纠纷不仅涉及医疗科学的专业技术性，还涉及法律、法规以及大量的医疗卫生行业的部门规章和规范性文件等，这些都说明医疗纠纷具有高度专业性和复杂性。

（4）诉讼证据和举证责任的特殊性。

以侵权为由提起的医疗损害赔偿纠纷诉讼案件中，民事责任认定的关键证据有两种，一种是是否构成医疗事故的医疗事故技术鉴定结论，另一种是关于医疗行为有无过错以及医疗行为与损害结果之间是否具有因果关系的司法鉴定结论，上述两种证据都是涉及医疗专业性问题的证据，必须由法定的鉴定机构依法作出。

在以侵权为由提起的医疗损害赔偿纠纷诉讼中，由医疗机构承担医疗行为无过错和医疗行为与损害结果之间不存在因果关系的举证责任，实行举证责任倒置原则。

（5）承担民事责任的方式有别于普通民事案件。

普通民事案件承担民事责任的方式主要有：停止侵害；排除妨碍；消除危险；返还财产；恢复原状；修理、重作、更换；赔偿损失；支付违约金；消除影响、恢复名誉；赔礼道歉等。而医疗纠纷的民事责任承担方式则以赔偿损失为主，且一般为一次性支付。

（四）医疗纠纷诉讼适用的原则

1.医疗纠纷诉讼的基本原则

医疗纠纷诉讼的基本原则，是指那些对医疗纠纷的全过程或者重要的诉讼阶段起指导作用的准则。基本原则具有概括性、指导性的特点，是医疗纠纷活动具有规范的总纲，对指导医疗纠纷诉讼活动具有重要意义。医疗纠纷诉讼属于民事诉讼活动的范畴，在整个诉讼活动中，必须要遵循《民事诉讼法》的基本原则。即：当事人诉讼权利平等原则、法院调解自愿与合法的原则、辩论与处分原则、检察监督原则、同等原则和对等原则等。

2.医疗纠纷诉讼适用的特有原则

医疗行为具有高度专业性、复杂性、人身侵害性和不确定性等特点。因此，在医疗纠纷诉讼活动中，除必须遵循的民事诉讼基本原则外，还应遵循医疗纠纷诉讼的特有原则：

（1）医学科学性原则

医学科学性原则，是指在医疗纠纷诉讼中，必须遵循医学科学原理，运用科学知识与技能来研究医学问题，以严格的科学态度对待有关诊疗方法和过程，切忌简单判断、违背科学。要解决医疗专门性问题，除了根据现实规定和经验之外，还要以科学的观点和方法认识问题、分析问题和解决问题。

（2）医疗专门性问题进行司法鉴定原则

司法鉴定，是指在诉讼过程中侦查、审判机关为了查明案情，就案件中某些专门性问题，委托国家鉴定机关或指定具有专门知识技能和质资的人依照法定程序所作的鉴别和判断。《民事诉讼法》第七十二条规定，人民法院对专门性问题认为需要鉴定的，应当交由法定鉴定部门鉴定。没有法定鉴定部门的，由人民法院指定的鉴定部门鉴定。医疗纠纷诉讼案件涉及的医疗专门性问题鉴定主要包括医疗事故技术鉴定、医疗过错鉴定、死因鉴定、伤残鉴定等，统称为医疗司法鉴定。

医疗司法鉴定活动是与医疗纠纷诉讼案件适用法律法规及处理有关的医疗专门性问题，必须依照法定的程序进行，且具有科学性和主观性的双重属性，不是一般的科学技术活动。其目的是为公正解决医疗纠纷诉讼案件提供有关科学技术性的证明。

第二节　医疗纠纷诉讼的程序

《民事诉讼法》属于程序法，主要是在了解民事主体权利、义务或职权、职责关系的基础上，实现这些权利、义务、职权、职责的程序和步骤。《民事诉讼法》规定了诉讼的一般步骤：起诉—受理与立案—判决。

一、医疗纠纷诉讼的起诉

诉讼程序第一步是起诉，即原告以书面形式向人民法院递交起诉状，并按被告人数提出副本。在民事诉讼中，如果原告本人不能书写起诉状，委托他人代写诉状又确有困难的，可以将自己的诉讼请求、事实与理由、相关证据等以口头表述的方式起诉，由法院记入笔录。人民法院收到起诉状或者口头起诉后，应当审查原告起诉是否符合《民事诉讼法》规定的起诉条件，认为符合起诉条件的，应当在七日内立案，并通知当事人。认为不符合起诉条件的，应当在七日内裁定不予受理；原告对不受理的裁定不服的，可以提起上诉。

二、医疗纠纷诉讼的受理与立案

（一）受理的条件

医疗纠纷诉讼受理在我国没有特殊规定，依《民事诉讼法》的一般规定进行。受理是指人民法院对公民、法人或者其他组织的起诉进行审查后，对符合法律规定的起诉条件的，应决定立案审理。针对医疗纠纷民事诉讼的受理，一般符合下列条件，法院就会受理。

首先，原告是与本案有直接利害关系的公民、法人或者其他组织。与本案有直接利害关系，是指民事纠纷的一方当事人，争议的权利、义务直接影响该公民、法人或者其他组织的民事权益。医疗纠纷损害赔偿法律关系的请求权主体通常为患者及其近亲家属。但当事人有权委托代理人，由代理人代理其提出回避申请，执行收集、提供证据，进行辩论，请求调解，提起上诉等环节。

其次，有明确的被告。即原告必须明确指出被诉对象。针对医疗纠纷的被告人，则是医疗机构而非具体的经治医生，原告不能以医疗机构的经治医生为被告起诉。

再次，有具体的诉讼请求和事实理由。诉讼请求指当事人通过诉讼想要达到的目的。医疗纠纷诉讼是请求对方当事人履行给付义务，赔偿当事人的人身或精神损失。理由，指提出诉讼的原因，医疗纠纷诉讼要求赔偿，是因为对方侵害人身，造成健康或精神损害。

最后，属于人民法院受理的范围和受诉人民法院管辖。《民事诉讼法》第二十九条规定，因侵权行为提起的诉讼，由侵权行为地或者被告住所地人民法院管辖。因此医疗纠纷当事人可以向医疗机构所在地法院起诉。

（二）医疗纠纷诉讼的时效

《民法通则》第一百三十六条第一项规定，身体受到伤害要求赔偿的医疗纠纷案件，诉讼时效期间应当为一年。《最高人民法院关于贯彻执行〈中华人民共和国民法通则〉若干问题的意见（试行）》第一百六十八条规定："人身损害赔偿的诉讼时效期间，伤害明显的，从受伤害之日起算；伤害当时未曾发现，后经检查确诊并能证明是由侵害引起的，从伤势确诊之日起算。"因医疗行为引起的侵权诉讼的诉讼时效为一年，但"从权利被侵害之日起超过二十年的，人民法院不予保护"。

（三）医疗纠纷诉讼的立案

近年来，随着经济和社会的发展，各种新情况、新矛盾、新案件不断出现，广大人民群众希望通过诉讼渠道实现权利救济的意识日益高涨，人民法院收案数量逐年攀升，仅2014年医疗纠纷就立案1.99万件，审结暴力伤医、杀医的严重刑事犯罪案件155件，可以看出，司法审判工作正面临前所未有的压力和艰难局面。党的十八届四中全会指出，“改革法院案件受理制度，变立案审查制为立案登记制，对人民法院依法应该受理的案件，做到有案必立、有诉必理，保障当事人诉权”。这是中央推进依法治国，回应民众需求的重大改革举措。医疗纠纷诉讼的立案是指司法机关对案件审查后，决定列为诉讼案件进行侦查或审理的诉讼活动，是诉讼活动的开始阶段。立案是保障当事人行使诉讼权利的第一环节，是人民法院启动诉讼程序和连接审判工作的传送带，对保障法律实施和提高审判质效意义重大。

三、开庭前准备

（一）传达起诉状、答辩状

按照我国诉讼法的规定，人民法院受理医疗纠纷案件，应自立案之日起的五日内将起诉状副本送达被告医疗机构，被告医疗机构在收到起诉状之日起十五日内提出答辩状或者答辩意见。如果医疗机构回复答辩意见的，人民法院应当在收到意见之日起五日内将答辩状（答辩意见副本）送达给患者及其家属，但被告不提出答辩状的，不影响人民法院审理。

（二）法院的告知和调查

按照我国诉讼法的规定，人民法院对已经决定受理的案件，应当在受理案件通知书和应诉通知书中向医疗纠纷的双方当事人告知有关的诉讼权利与义务，也可以口头告知。确定合议庭的组成人员后，人民法院应当在三日内告知双方当事人，双方当事人可以在开庭时提出回避的事由。医疗纠纷双方当事人在接到相关的文书材料后，应当及时了解诉讼程序及诉讼权利，以便更好地维护自身利益。人民法院审理医疗纠纷案件，在开庭三日前应书面或者口头通知当事人和其他诉讼参与人。公开开庭审理的，应当在法院的公告栏中公告医疗纠纷当事人的姓名、案由和开庭的时间、地点等，为公开开庭审理医疗纠纷案件准备条件。

在法庭庭审开始前，审判人员就应该审核诉讼材料，调查收集必要的证据。包括患者及其家属提出的各项申请、调取的诉讼证据材料。因此，如果在此时患者及其家属仍然没有取得相关证据资料的，就应当及时向法官提出证据保全、证据调取的申请。由法官通过法律途径取得相关的证据和资料。相关人员调查取证时，应当向了解情况的被调查人或者案件的“关键证人”出示证件。调查笔录经被调查人校阅后，由被调查人、调查人签名或者盖章。为了保障人民法庭收集证据的完整性和可靠性，人民法院在必要时还可以委托外地人民法院进行调查。委托外地法院调查时，人民法院会提出明确的调查项目和要求。受委托人民法院收到委托书后，一般应在三十日内完成调查。

（三）共同诉讼人

按照诉讼法的规定，必须共同进行诉讼的当事人没有参加诉讼的，人民法院应当通知其参加诉讼。患者已经死亡，患者的家属有很多并且每一个家属都有"原告资格"的，其家属都应当参加到诉讼中来，其中有原告没有参加到诉讼中来的，法院应当通知其参加庭审。确实不能参加庭审或者不愿意参加到庭审中来的，按照法律的规定，应当通过授权委托书的形式，将本人的诉讼权利、义务委托其他原告或代理人行使。确实不愿意参加诉讼的，可以声明放弃其权利，判决结果对其没有法律效力。

四、开庭审理程序

（一）公开开庭审理

通常情况下，法院的庭审过程都是公开的。公开开庭审理是诉讼程序的一般状态。如果新闻媒体对医疗纠纷感兴趣，可以与法庭的主审法官联系，在得到法官的许可后，对案件的庭审过程进行报道和评议。如果是患者家属、朋友参加庭审、旁听法庭庭审的，应携带身份证、户口本等证件，在法院的安检、登记部门办理安检和登记后，取得旁听证，就可以现场旁听庭审。另外，如果医疗纠纷案件涉及国家秘密、个人隐私或者法律另有规定的，除原告、被告、法官外，则不允许任何其他人员参加庭审。

（二）身份审核

按照诉讼法的相关规定，在医疗纠纷诉讼案件开庭审理前，书记员应当查明当事人和其他诉讼参与人是否到庭，宣布法庭纪律。开庭审理时，由审判长核对当事人，宣布案由，宣布审判人员、书记员名单，告知当事人有关的诉讼权利与义务，询问当事人是否提出回避申请。

（三）法庭调查、质证

（1）当事人陈述、答辩。通常情况下是由患者及其家属、代理律师宣读起诉书，提出案由、诉讼请求、陈述案件事实及其经过。在患者及其家属陈述完毕后，被告医疗机构会针对原告方的起诉进行答辩。

（2）宣读证人证言。

（3）出示书证、物证和视听资料。

（4）对证据的质证。

在原告和被告出示和提交相关证据后，对方都有权利对证据的真实性和关联性进行质证。在质证过程中，为审查证据的真实性，法官会向双方提问，也可以在庭审后调查取证及向相关人员、证人核实证据等等。

（四）诉讼中的法律权利

根据我国诉讼法的规定，患者及其家属在法庭上可以提供新的证据，经法庭许可，可以向证人、鉴定人、勘验人发问。如果患者及其家属对于证人、鉴定人的证人证言、鉴定结论存在异议可以向法庭提出，也可以申请重新鉴定。

（五）鉴定程序

法院在受理案件后，会委托相关的医疗事故鉴定机构或者司法鉴定机构进行鉴定，在鉴定完成后，将鉴定结论交到法庭，法庭宣读鉴定结论、勘验笔录。医疗纠纷双方当事人对该结论再进行质证，就鉴定、勘验的事实和结论的真实性和关联性再次提出自己的看法和意见。如果患者及其家属对鉴定结论存在质疑，可以提出二次鉴定的申请，但需有鉴定机构明显违反法律事实的证据。

（六）法庭辩论

在双方当事人表明观点，提供证据后，按照我国诉讼法的相关规定，应当进行法庭辩论，法庭辩论按照下列顺序进行：(1)原告或诉讼代理人发言。(2)被告或诉讼代理人答辩。(3)第三人或其诉讼代理人发言或者答辩。(4)互相辩论。

（七）最后意见

在法庭辩论终结后，由审判长按照原告、被告、第三人的先后顺序征询各方最后意见。即三方是否坚持自己的观点，是否不改变自己的诉讼请求。

（八）调解及判决

按照我国诉讼法的规定，法庭辩论终结，应当依法做出判决。判决前能够调解的，还可以进行调解，调解不成的，应当及时判决。

（九）上诉

人民法院所作的判决或裁定尚未产生法律效力之前，当事人有权依照法定程序向原审法院或上一级法院声明不服从法院判决或裁定，提请上一级人民法院重新审判。《民事诉讼法》第一百四十七条规定，当事人不服地方人民法院第一审判决的，有权在判决书送达之日起十五日内向上一级人民法院提起上诉；当事人不服地方人民法院第一审裁定的，有权在裁定书送达之日起十日内向上一级人民法院提起上诉。上诉期限应从判决书裁定书送达当事人的次日起算。判决书裁定书不能同时送达当事人的，上诉期限从各自收到判决书、裁定书之次日起算。而上诉的程序和一审的程序大同小异。

（十）诉讼过程中可能遇到的问题

1.诉讼中止和终结

《民事诉讼法》规定有下列情形之一的，可以宣布中止诉讼：(1)一方当事人死亡，需要等待继承人表明是否参加诉讼的。(2)一方当事人丧失诉讼行为能力，尚未确定法定代理人的。(3)作为一方当事人的法人或者其他组织终止，尚未确定权利义务承受人的。(4)一方当事人因不可抗拒的事由，不能参加诉讼的。(5)案件必须以另一案的审理结果为依据，而另一案尚未审结的。(6)其他应当中止诉讼的。为了防止案件“久拖不决”,《民事诉讼法》同时规定,中止诉讼的原因消除后,恢复诉讼,诉讼程序会继续进行。

诉讼法规定有下列情形之一的,可以宣布终结诉讼:(1)原告死亡,没有继承人,或者继承人放弃诉讼权利的。(2)被告医疗机构或者组织破产或者被撤销,没有财产,也没有应当承担义务的人的。

2.庭审笔录的形成

根据《民事诉讼法》的规定,庭审过程中书记员应当将法庭审理的全部活动记入笔录,由审判人员和书记员签名。法庭笔录应当当庭宣读,也可以告知当事人和其他诉讼参与人当庭或者在五日内阅读。当事人和其他诉讼参与人认为对自己的陈述记录有遗漏或者差错的,有权申请补正。法庭笔录由当事人和其他诉讼参与人签名或者盖章。如果患者及其家属对于判决的结果不服,想通过上诉程序进行二审的,二审法院会调取一审法院的庭审笔录,审查一审的诉讼程序,作为二审的法律依据。因此,患者及其家属在签字前,应当认真负责地阅读和审查庭审笔录的内容。

第三节 医疗纠纷的判决与裁定

医疗纠纷经过诉讼程序后,如果在法院调解环节双方当事人接受调解,则双方可制订和解协议解决纠纷。如果双方当事人仍然坚持自己的诉讼请求,则法院在经历审判程序后,根据事实证据,依据法律法规作出判决。

一、诉内调解

人民法院在审理民事案件过程中,根据当事人自愿原则,在合法的前提下,并在事实清楚的基础上,分清是非进行调解。调解达成协议,必须双方自愿,不得强迫,调解协议的内容不得违反法律规定。人民法院对于受理的第一审、第二审和再审民事案件,在答辩期满后裁判作出前进行调解,在征得当事人同意后,人民法院可以在答辩期满前进行调解。适用普通程序的案件在当事人同意调解之日起十五日内,适用简易程序的案件在当事人同意调解之日起七日内未达成调解协议的,经各方当事人同意,可以继续调解,延长的调解期间不计入审限。医疗纠纷诉讼过程中双方当事人达成调解协议的,则诉讼程序终结。

二、法院的判决与裁定

法院在经过诉讼的一般程序后最后作出的审判就是判决,依照审判结果制作判决书。而裁定是解决诉讼中的程序事项,为保证审判工作的顺利进行,就发生的诉讼程序问题作出的决定。裁定发生于诉讼的各个阶段，一个案件可能有多个裁定，但判决结果只有一个。裁定可采用书面形式，也可采用口头形式，而判决只能采用书面形式。民事裁定和民事判决，虽然都是人民法院在民事诉讼过程中作出的决定，都具有法律上的效力，但是二者又不相同：(1)民事裁定解决诉讼中的程序问题，而民事判决解决的则是诉讼中的实体问题。(2)民事裁定所依据的是程序法，民事判决所依据的是实体法。(3)裁定可以在诉讼的过程中作出，而判决一般只能在案件审理终结时作出。(4)除不予受理、对管辖权有异议、驳回起诉的裁定可以上诉外，其他裁定一律不准上诉，一审判决可以上诉。

三、判决书的形成及生效

按照我国诉讼法的规定，判决书应当写明：

(1)案由、诉讼请求、争议的事实和理由。

(2)判决认定的事实、理由和适用的法律依据。

(3)判决结果和诉讼费用的负担。

(4)上诉时限和上诉的法院。

判决书由审判人员、书记员署名，加盖人民法院印章。判决书是一个诉讼阶段结束的标志，患者及其家属对判决结果满意的，应当等待上诉期的结束，这样才是一份生效的法律判决。患者及其家属可以申请法院执行判决结果。患者及其家属对诉讼结果不服的，应当按照判决书中规定的时间及时提出上诉。

按照我国《民事诉讼法》的规定，最高人民法院的判决、裁定，以及依法不准上诉或者超过上诉期没有上诉的判决、裁定，是已发生法律效力的判决、裁定。通常情况下，上诉期为十五日，从患者及其家属接到判决书之日起计算。只有经过了上诉期的判决书才是发生法律效力的判决，才可以申请法院的执行。

四、医疗损害责任的承担

医疗损害责任是侵权责任的一种，是指医疗机构及其从业人员在医疗活动中没有尽到相关规范所规定的义务(存在过错)或者根据法律的特殊规定不需要过错，导致患者人身损害或者其他损害所应该承担的民事侵权责任。医疗损害只是一种客观事实，并不一定产生医疗损害责任，也就不一定产生医疗损害赔偿。因此医疗损害只有具备以下条件才会产生医疗损害责任，需要进行医疗损害赔偿：首先医务人员在医疗活动中存在过错，或者符合法律的特殊规定虽无过错但要承担责任；其次医疗行为与损害后果之间存在因果关系。

法院作出的判决会对患者和医疗机构产生不同的影响：

(一)对患者的影响

如果经过法院认定在医疗活动中医疗机构确实存在过错,则医疗机构就要承担相应的民事损害赔偿责任。

对于给患者造成的人身和精神伤害,可以依据赔偿制度标准给予一定的补偿。《医疗事故处理条例》第五十条规定,对构成医疗事故的,赔偿的范围具体包括医疗费、误工费、住院伙食补助费、陪护费、残疾生活补助费、残疾用具费、丧葬费、被扶养人生活费、交通费、住宿费、精神损害抚慰金等共十一项。这一规定使医疗事故的具体赔偿有法可依,改变了原办法规定的一次性象征性补偿办法,提高了赔偿标准。但是,《医疗事故处理条例》规定的赔偿标准仍然与人民法院办理其他人身损害赔偿案件的赔偿标准相差较多。目前,对于医疗事故纠纷案件是采用《医疗事故处理条例》的赔偿标准,还是采用在实践中依据《民法通则》掌握的民事侵权赔偿标准,各法院的认识和适用不一。

关于精神损害赔偿,最高人民法院《关于确定民事侵权精神损害赔偿责任若干问题的解释》中规定,自然人的人格权利遭受非法侵害时,可以依法请求赔偿精神损失。但由于各地的生活水平不同,对精神损害赔偿并没有统一的标准。在医疗事故损害赔偿案件中,各法院采用的精神损害赔偿标准也不一致。《医疗事故处理条例》第五十条第十一项规定:"精神损害抚慰金:按照医疗事故发生地居民年平均生活费计算。造成患者死亡的,赔偿年限最长不超过6年;造成患者残疾的,赔偿年限不超过3年。"

(二)对医疗机构的影响

如果医疗纠纷被认定为医疗事故,医疗机构除了承担民事赔偿责任外,还要接受警告处分。情节严重可责令停业整顿或者吊销执业许可证、医疗机构取消,相关责任医务人员符合《刑法》医疗事故罪就承担刑事责任,不符合的承担行政处分或医疗机构内部纪律处分。对有责任的医疗事故主体,按顺序追究刑事责任、行政处分、内部纪律后,卫生行政部门仍可以对其并处暂停6个月以上1年以下工作的权利;情节严重者吊销执业证书。

第四节　医疗纠纷司法诉讼的困难以及解决机制

一、医疗纠纷司法诉讼的困难

(一)病历证据的认定困难

1. 对病历重要性的认识不够

目前,相关医务人员缺乏对病历的正确认识,没有充分重视其在解决医疗纠纷过程中的重要性,盲目地记录诊疗过程。病历资料除了用来总结医生临床诊疗经验,更是研究疾病规律和解决医疗纠纷的重要法律依据。如果不严格依照《病历书写基本规范》执行,其真实性就无法得到保障。

2.病历内容的缺陷

病历在制作过程中存在众多问题。例如:有麻醉同意书却没有手术同意书,住院病历中缺乏医师记录,错误记录地点和时间,诊疗结果没有根据,篡改病历,等等。病历作为医患之间最直接的书面沟通材料,很多时候造成了患者对医务人员缺乏信任感,甚至导致医疗纠纷的发生,所以医务人员必须增强责任感,病历制作必须严格依照规范,以避免不必要的错误,杜绝不该发生的纠纷。

3.病历管理不当

现实中,病历的书写各式各样,少则十几页,多达几十甚至上百页,通常是医务人员手写。面对庞大的就诊量,医生字迹难免潦草,不易辨别,大大削弱了病历的法律效力。此外,诊疗过程中,病历的丢失或掺杂在其他病历中的情况也时有发生,不利于形成完整规范的病历。

(二)司法诉讼过程非效率性

1.诉讼的负价值性

综观我国的医疗纠纷诉讼案件,只有部分患者赢得了官司,获得了相应的赔偿。可见,诉讼解决机制有时对患者而言得不偿失,因此,应优先考虑非诉讼解决途径。曾经一位美国著名学者提到,非诉讼途径往往是最有效的解决方案。在某些情形下,人民调解或行政调解渠道对解决医疗纠纷会更有成效。

2.诉讼成本昂贵

由于医疗诉讼必须依照国家法律和法院的规定进行,时间较长自然会加大诉讼成本。由于我国有些法律规定过于原则化,操作性不强,司法解释通常表述得比较模糊,法院在这种状况下展开工作,自然耗时且执行力差,特别是医疗诉讼涉及专业的医学和法学知识,故患者及其家属基本上不能独自完成诉讼,必须委托代理人(律师)参与诉讼。但是当事人双方要想胜诉,就必须预缴诉讼费、承担鉴定费、律师费等费用,必然会加重当事人的经济负担。

3.诉讼时间长

从我国诉讼的实践可以看出,正常的医疗纠纷诉讼完成时间通常在一年以上。诉讼中常常出现耗时特长的环节,例如:有关医疗责任的过错认定,由于大部分法官缺乏相关医学知识,无法对医疗过错和损害结果之间的因果关系等问题作出判断,都必须通过相关的司法鉴定机构鉴定。此外,患者对证据的可靠性有质疑的,病历同样也需要进行鉴定,而完成鉴定程序往往耗费很长的时间,如吴某诉北京某医院案件,因鉴定问题居然进行了十年。

（三）鉴定问题是诉讼耗时耗力的重要原因之一

1. 鉴定主体不明，鉴定机构的不统一

《侵权责任法》颁布后，有关医疗损害过错的鉴定机构却未统一，医学会和司法鉴定机构都可以进行鉴定，还可以创建新的鉴定机构。浙江对此进行规划，作出了规定，杭州地区的医疗纠纷鉴定，法院可以要求当事人双方共同选择浙江省医学会或者杭州市医学会承担，若双方未达成一致，则由法院从二者中进行指定，禁止由其他省市的鉴定机构鉴定。

2. 鉴定材料认定难

从前述可知，作为主要鉴定材料的病历从制作到保存都是由医疗机构负责，因此病历的真实可靠性极容易发生争议。双方当事人对病历的真实性需进行论证，而这又可能牵涉到诸多证人等，必然会延长案件的处理时间。

3. 医疗损害的鉴定标准不统一

因为诉讼结果和医疗损害的程度紧密相连，所以对于医疗损害的鉴定显得十分必要。由于表述模糊、前后矛盾等问题，2002 年卫生部的《医疗事故分级标准（试行）》难以付诸实践。2005 年由最高人民法院制定的《人体损伤残疾程度鉴定标准（试行）》正式施行，提出“本标准适用于人民法院审理刑事、民事和行政案件中涉及的人体损伤残疾程度的鉴定，属于工作与职业病和道路交通事故所致残疾程度的鉴定，不适用本标准”。但是《侵权责任法》施行后，该条例却未被废止，双方当事人仍旧可以申请医疗事故鉴定，这就造成了同一人的伤残鉴定出现不同的伤残鉴定报告。

仅仅依靠证明责任分配法则并不能从根本上解决司法裁判的公平与正义问题。在诉讼中，举证、质证和认证构成事实认定的三个法定阶段，举证是质证和认证的前提，在医疗纠纷诉讼中，由于医疗行业的专业差异及壁垒，证据持有的不平衡以及医疗界的一些“沉默共谋”“医药合谋”现象等，往往导致患方举证困难进而使得法院事实认定上容易出现偏颇，从而裁判所要达到的公平正义便难以实现。

二、完善医疗纠纷司法诉讼的措施

（一）加强病历鉴定资料的管理

卫生部在 2010 年 3 月 1 日发布了修改后的《病历书写基本规范》，其中明确提出要进一步完善医务人员的病历制作，除了继续传统手写病历，还要增加电子病历的构建与完善，防止相关信息的遗失和错误。目前的医疗纠纷诉讼过程中，病历是重要的书面证据材料，其真实性直接影响案件的判罚，因此，医疗机构需加大《病历书写基本规范》等相关法律法规的宣传，定期对医务人员进行考核，努力强化相关医务人员的法律意识，使其严格遵照相关规定制作、查阅、保存、审查病历，认真将病历资料的真实可靠性落到实处。《侵权责任法》第六十一条规定："医疗机构及其医务人员应当按照规定填写并妥善保管住院志、医嘱单、检验报告、手术及麻醉记录、病理资料、护理记录、医疗费用等病历资料。患者要求查阅、复制前款规定的病历资料的，医疗机构应当提供。"《侵权责任法》第五十四条规定，患者在诊疗活动中受到损害，医疗机构及其医务人员有过错的，由医疗机构承担赔偿责任。这里适用的是过错原则，过错原则采用"谁主张，谁举证"，即《侵权责任法》实施后依据该法患者应当举证证明医疗机构存在过错。但《侵权责任法》又采用了过错推定原则，针对三种特殊情形，即只要医疗机构存在违反法律、行政法规、规章以及其他有关诊疗规范的规定，隐匿或者拒绝提供与纠纷有关的病历资料，伪造、篡改或者销毁病历资料，就推定医疗机构有过错。也就是举证责任倒置，因此病历在医患纠纷解决中作用很大，不容忽视，医疗机构应重视对病历资料的管理，不断加强对病历信息建设的财政投入，形成病历的现代化规范管理。医疗机构必须引入病历制作考核制度，定期对医务人员进行评比，优赏劣惩。

（二）完善鉴定体系，统一鉴定机构

《侵权责任法》施行虽然明确了医疗纠纷的处理方向，但是多是原则性规定，缺乏相应的实施细则与之相配合，导致具体执行过程中出现混乱情况。当前负责进行鉴定的机构主要有医学会和司法鉴定机构。为了高效处理医疗纠纷，应当统一医学会和司法鉴定机构，建立完善的医疗鉴定体制，减少不必要的程序和环节。《侵权责任法》提出了新的医疗过错鉴定体系，由司法行政部门确定鉴定机构的资质，依托各专业协会的专家委员会，将鉴定程序和内容完全纳入法制轨道，客观公平地鉴定医疗过错和责任。

（三）建立统一的医疗损害鉴定标准

由于人身残疾缺陷衡量标准繁杂众多，不同的鉴定机构依据不同的标准得出的鉴定结果不尽相同，其中一些鉴定结果缺乏应有的公证力和说服力，甚至会诱发医患的次生矛盾和分歧。所以，建立统一的医疗鉴定标准势在必行。由国家标准化委员会组织相关专家负责探究，遵照相关内容，建立统一的伤残鉴定标准和伤残认定体系，为解决医疗纠纷提供有公信力的技术支持。

（四）控制诉讼成本

在我国，诉讼产生的费用一直居高不下，这主要是因法律法规适用模糊和调查取证困难等问题导致了诉讼周期较长，加大了当事人的经济负担，所以进一步完善医疗法律法规和缩短诉讼周期迫在眉睫。当然合理下调诉讼收费、律师收费标准，对于医疗纠纷的及时解决也大有裨益。

(五)减少不必要的鉴定,缩短医疗纠纷的诉讼时间

在《侵权责任法》未颁布实施之前,医疗纠纷的模式主要有两种:医疗事故侵权和非医疗事故侵权,《民法通则》和《医疗事故处理条例》是法院审判的主要法律依据。《侵权责任法》实施以后,统一了二者,以医疗损害为名适用《侵权责任法》,不再将医疗事故鉴定确定为必然的环节,从而减少了双方诉讼时间和费用,同时也节省了司法资源。

(六)培养医法复合型人才

从当前解决医疗纠纷的情形中不难看出,法院和司法部门对于医学和法学复合型人才十分渴求。为了便捷、快速、公平地处理医疗纠纷问题,法院培养和引进医学和法学复合型人才显得十分重要。只有这样,法院和司法部门在相关理论和实践过程中才能更好地维护纠纷双方的合法利益,解决医疗纠纷,促进医药卫生事业的健康发展。

第十一章　医疗纠纷的鉴定

医疗纠纷的鉴定是指对某一医疗纠纷做出技术审定，通过调查研究，以医学科学为指导，判明引发医疗纠纷的事件性质是属于医疗事故还是其他，如果是医疗事故引起的，则需进一步分析事故产生的原因，并指出原因及后果的关系，明确主要责任者和其他责任者；如果是其他事件引起的，则要明确纠纷是否与医疗行为有关。如果有关的，可建议当事人申请司法鉴定，对于无关的，建议依一般民事纠纷处理。医疗纠纷的鉴定在查清事故原因、明确事故责任、划分事故等级、保障医患双方合法权益、维持正常医疗秩序、改进医疗工作、促进医学科学有序发展等方面有着重要意义，同时对于纠纷的后期处理也起着至关重要的作用。本章主要就医疗事故引发的医疗纠纷和司法鉴定分别加以陈述。

第一节　医疗纠纷鉴定的条件

我国在2002年出台《医疗事故处理条例》，并同时废止我国在1987年出台的《医疗事故处理办法》。

其中对于医疗事故的认定规定了下列条件：

(1)行为主体必须是医疗机构及其医务人员。医疗事故的行为人必须是经过考核和卫生行政部门批准或承认、取得相应资格的各级各类卫生技术人员。即这些行为主体必须符合我国的《医疗机构管理条例》和《执业医师法》等相关规定。因医疗护理工作是群体性的活动，构成医疗事故的行为人，还应包括从事医疗管理、后勤服务等的人员。

(2)行为的违法性。违法性即指医疗机构及其医务人员在医疗活动中，违反了医疗卫生管理法律、法规、部门规章和诊疗护理规范、常规。

(3)过失造成患者人身危害。我国《刑法》中所规定的危害性是指行为对《刑法》所保护的社会关系的侵犯性，它包括对公民的人身权利、民主权利以及其他合法权利的侵犯。并且社会危害性是一个行为是否构成犯罪的先决条件。医疗纠纷中的危害指的是由于行为人的过失而对患者的人身健康造成了损害。而这些危害的结果必须符合《医疗事故处理条例》中所规定的四级损害标准及其细则。

(4)过失行为和损害后果之间存在因果关系。在医疗行为中过失分为两种：

①疏忽大意的过失：指在医疗事故的发生中，根据行为人相应职称和岗位责任制要求，行为人应当预见和可以预见自己的行为可能造成对病员的危害结果，因行为人疏忽大意而未能预见到。或对于危害病员的生命健康的不当做法应当做到有效的防范，因为疏忽大意未能做到，致使危害发生，并且对病员人身健康造成损害。如擅离职守；对病史采集、病情检查不仔细；不执行或者不正确执行规章制度和履行职责或职业守则，推诿、拒治危重病人；强行进行自己能力以外的技术操作；擅自做无指征或者有禁忌证的手术或者检查等，并因这些行为对病员的人身造成了危害结果。

②过于自信的过失：指行为人虽然预见到自己的行为可能导致病员出现危害结果，但是轻信借助自己的技术、经验或有利的客观条件能够使其避免，因而导致了判断上或行为上的过失，致使对病员的危害结果发生。

第二节　医疗事故引发纠纷鉴定的程序

一、医疗事故鉴定的程序

(一)鉴定的提起

《医疗事故处理条例》第二十条规定，卫生行政部门接到医疗机构关于重大医疗过失行为的报告或者医疗事故争议当事人要求处理医疗事故争议的申请后，对需要医疗事故技术鉴定的，应当交由负责医疗事故技术鉴定工作的医学会组织鉴定；医患双方协商解决医疗事故争议，需要进行医疗事故技术鉴定的，由双方当事人共同委托负责医疗事故技术鉴定工作的医学会组织鉴定。

医疗事故鉴定的启动可由下列三方启动：

(1)卫生行政部门移交鉴定。我国的卫生行政部门一直以来都是医疗纠纷处理的主导部门，在《医疗事故处理条例》出台以前的《办法》规定，医疗事故鉴定委员会人员由医务人员和卫生行政部门人员共同组成，同时鉴定委员会人选由卫生行政部门提名。新条例规定县级以上地方人民政府卫生行政部门接到医疗机构关于重大医疗过失行为的报告或者医疗事故争议当事人要求处理医疗事故争议的申请后，对需要进行医疗事故技术鉴定的，应当书面移交负责首次医疗事故技术鉴定工作的医学会组织进行鉴定。必要时，对疑难、复杂并在全国有重大影响的医疗事故争议，省级卫生行政部门可以商请中华医学会组织医疗事故技术鉴定。

(2)医患双方共同委托鉴定。即医患双方共同协商，双方当事人共同委托医学会组织进行医疗事故技术鉴定。《医疗事故技术鉴定暂行办法》第九条规定，双方当事人协商解决医疗事故争议，需进行医疗事故技术鉴定的，应共同书面委托医疗机构所在地负责首次医疗事故技术鉴定工作的医学会进行医疗事故技术鉴定。协商解决医疗事故争议涉及多个医疗机构的，应当由涉及的所有医疗机构与患者共同委托其中任何一所医疗机构所在地负责组织首次医疗事故技术鉴定的工作的医学会进行医疗事故技术鉴定。而医疗事故争议涉及多个医疗机构，当事人申请卫生行政部门处理的，只可以向其中一所医疗机构所在地卫生行政部门提出处理申请。在条例出台前，卫生部曾在《关于医疗事故技术鉴定有关问题的批复》中规定，发生医疗纠纷的医患双方中的任何一方向医疗事故技术鉴定委员会提请医疗事故技术鉴定的，只要符合鉴定的受理条件，即应当受理。

(3)人民法院自行组织鉴定。人民法院在处理医疗纠纷案件民事审判中，根据医患双方当事人的申请或者是审理案情的需要依据职权决定进行医疗事故技术鉴定的，委托医学会组织进行医疗事故技术鉴定。因医疗事故以外的其他医疗赔偿纠纷需要进行司法鉴定的，依照《人民法院对外委托司法鉴定管理规定》组织鉴定。

(二)鉴定的受理与收费

我国在 1987 年出台施行的《医疗事故处理办法》中规定，分别成立省(自治区)、地区(自治州、市)、县(市、市辖区)三级医疗事故技术鉴定委员会；直辖市分别成立市、区(县)二级医疗事故技术鉴定委员会。医疗事故技术鉴定委员会由有临床经验、有权威、作风正派的主治医师、主管护师以上医务人员和卫生行政管理干部若干人组成。省、自治区、直辖市级鉴定委员会可吸收法医参加。鉴定委员会人选，由卫生行政部门提名，报请同级人民政府批准。2002 年 9 月 1 日起执行的《医疗事故处理条例》中规定，中华医学会及其下设的各级医学会组织有权对医疗纠纷进行鉴定。与《医疗事故处理条例》同时出台生效的《医疗事故技术鉴定暂行办法》也对医疗事故技术鉴定机构做出了相关规定。这就对医疗纠纷鉴定机构进行了国家法律层面的规定与规范，鉴定组织的独立在一定程度上增强了医疗事故技术鉴定结论的可信度以及公正性，同时增强了整个医疗纠纷处理过程的程序的规范性。

医学会应当自受理医疗事故技术鉴定之日起五日内通知医疗事故争议双方当事人提交进行医疗事故技术鉴定所需的材料。当事人应当自收到医学会的通知之日起十日内提交有关医疗事故技术鉴定的材料、书面陈词及答辩。医疗机构提交的有关医疗事故技术鉴定的材料应当包括下列内容：

(1)住院患者的病程记录、死亡病例讨论记录、疑难病例讨论记录、会诊意见、上级医师查房记录等病历资料原件。

(2)住院患者的住院志、体温单、医嘱单、化验单(检查报告)、医学影像检查资料、特殊检查同意书、手术同意书、手术及麻醉记录单、病理资料、护理记录等病历资料原件。

(3)抢救急危患者在规定时间内补记的病历资料原件。

(4)封存保留的输液、注射用药物和血液、药物等实物,或者依法具有检验资格的检验机构对这些物品、实物做出的检验报告。

(5)与医疗事故技术鉴定有关的其他材料。

在医疗机构建有病历档案的门诊、急诊患者,其病历资料由医疗机构提供;没有在医疗机构建立病历档案的,由患者提供。

医患双方应当依照本条例的规定提交相关材料。医疗机构无正当理由未依照本条例的规定如实提供相关材料,导致医疗事故技术鉴定不能进行的,应当承担责任。

医学会在接到医疗事故技术鉴定申请后,应当对申请材料进行审核,对于不符合受理条件的,医学会应当不予受理,同时说明理由。有下列情形之一的,医学会应当不予受理医疗事故技术鉴定:

(1)当事人一方直接向医学会提出鉴定申请的。

(2)医疗事故争议涉及多个医疗机构,其中一所医疗机构所在地的医学会已经受理的。

(3)医疗事故争议已经人民法院调解达成协议或判决的。

(4)当事人已向人民法院提起民事诉讼的(司法机关委托的除外)。

(5)非法行医造成患者身体健康损害的。

(6)国家卫生计生委规定的其他情形。

在鉴定过程中,有下列情形之一的医学会终止组织医疗事故技术鉴定:

(1)当事人未按规定提交有关医疗事故技术鉴定材料的。

(2)提供的材料不真实的。

(3)拒绝交纳鉴定费用的。

(4)国家卫生计生委规定的其他情形。

中华医学会组建于新中国成立前,至2015年已有百年历史,在其发展沿革中,其职责范围及研究领域也在不断扩大。受政府有关部门委托开展医疗事故技术鉴定和预防接种异常反应鉴定工作,制定和更新临床诊疗指南和临床技术操作规范以及承担政府部门委托的有关任务是其业务范围。医学会作为一个由中国医学科学技术工作者自愿组成并依法登记成立的学术性、公益性、非营利性的法人社团,是党和国家联系医学科技工作者的桥梁和纽带,是发展中国医学科学技术事业的重要社会力量,同时它的独立性、中立性、权威性、法定性也使其成为高科学性、高规范性、高可信度的医疗事故技术鉴定机构。

我国法律法规规定委托医学会进行医疗事故技术鉴定，鉴定组织可以收取鉴定费用，委托人应按规定缴纳鉴定费。双方当事人共同委托医学会组织进行鉴定的，双方当事人应协商预并先缴纳鉴定费。经卫生行政部门移交委托医学会组织进行医疗事故技术鉴定的，由提出医疗事故争议处理的当事人预先缴纳鉴定费用。经鉴定属于医疗事故的，鉴定费用由医疗机构支付；不属于医疗事故的，鉴定费用由提出医疗事故处理申请的一方支付；对于事故损害双方都有责任的，按参与度的比例分担鉴定费用。鉴定费用标准由省、自治区、直辖市人民政府价格主管部门会同同级财政部门、卫生行政部门制定。县级以上的卫生行政部门接到医疗机构关于重大医疗过失行为的报告后，对需要移交医学会进行医疗事故技术鉴定的，鉴定费用由医疗机构支付。对医疗事故技术鉴定费用的规定在平衡了医患双方的利益的同时也明确了双方责任权限，对双方的合法权益进行了有效保障，对于缓和医患双方的矛盾与利益冲突具有重要作用，避免了新的矛盾焦点的产生。

我国在 1987 年《办法》中也规定经鉴定属于医疗事故的鉴定费用由医疗机构支付，不属于医疗事故的鉴定费用由申请鉴定的一方支付。《医疗事故处理条例》在《办法》基础上进行了细化及具体化。

国家发改委、财政部在 2007 年曾出台文件专门规定，中华医学会进行医疗事故技术鉴定的，收费标准为每例 8500 元。其中经鉴定属于医疗事故的医疗事故鉴定费由医疗机构支付，不属于医疗事故的医疗事故鉴定费由医疗事故处理申请方支付。而各地医学会鉴定费用平均为 2000 元左右，部分省份在国家发改委财政部相关文件的基础上，根据本省市实际情况对本省市不同级别以及初次鉴定和再次鉴定的医疗事故技术鉴定费用作了具体的细化以及规定。

在医疗纠纷技术鉴定过程中，若应预先缴纳鉴定费用的一方拒绝缴纳鉴定费用导致鉴定工作无法正常进行的，医学会将终止组织医疗事故技术鉴定。从民事诉讼的角度来讲，对需要鉴定的事项负有举证责任的当事人，在人民法院指定的期限内无正当理由不提出鉴定申请或者不预交鉴定费用或者拒不提供相关材料，致使对案件争议的事实无法通过鉴定结论予以认定的，应当对该事实承担举证不能的后果。需缴纳鉴定费用的一方不预交鉴定费用导致鉴定工作无法正常进行的，应当对其行为所造成的后果承担责任。

在 2002 年《医疗事故处理条例》及《医疗事故技术鉴定暂行办法》出台以前，医疗事故的鉴定是由医疗机构所在地的卫生行政部门主管的，医疗事故技术鉴定委员会的成员组成除了专业的医疗人员以外还包括相当一部分政府卫生部门行政人员，卫生行政部门与医疗机构之间直接的利害关系使得医疗事故的技术鉴定有可能丧失其公正性，执行与监督没有分离往往使得在医疗事故鉴定工作中会产生偏袒、责任划分不明、定性不准、处理不当等一系列问题。针对这些问题，《医疗事故处理条例》排除了卫生行政部门及其工作人员参与医疗事故鉴定，规定中华医学会是唯一合法的医疗事故技术鉴定组织，医学会身份上的中立性和地位上的独立性与合法性使得其更能公平、公正地对医疗事故进行技术鉴定。中华医学会不偏袒，不徇私，且有很强的公信力，可以更好地保障医患双方的合法权益，同时为医疗事故处理提供了更加权威可信的科学依据。

（三）专家鉴定组的组成

负责组织医疗事故技术鉴定工作的医学会都建有专家库。专家库依据学科专业组名录设置学科专业组。医学会根据本地区医疗工作和医疗事故技术鉴定实际，对本专家库学科专业组设立进行适当增减和调整。具备下列条件的医疗卫生专业技术人员可进入专家库：

(1)有良好的业务素质和职业品德。

(2)受聘于医疗卫生机构或者医学教研、科研机构并担任相应高级技术职务三年以上。

(3)有良好的业务素质和职业道德并具备高级技术任职资格的法医。

负责组织医疗事故技术鉴定工作，依照《医疗事故处理条例》的规定进入专家库的医疗卫生专业技术人员和法医，可以不受行政区域的限制。医疗卫生机构或医学教学及科研机构、同级的医药卫生专业学会应当按照医学会要求，推荐专家库候选人，符合条件的个人经所在单位同意后也可以直接向组建专家库的医学会申请，医学会对专家库成员候选人进行审核。审核合格的，医学会予以聘任并发给中华医学会统一格式的聘书。符合条件的医疗卫生专业技术人员和法医，也有义务进入专家库。

专家库成员聘用期为四年。如果专家在聘用期间出现以下情形，可以由专家库成员所在单位及时报告医学会，医学会组织应当根据实际情况及时进行调整：因健康原因不能胜任医疗事故技术鉴定的；变更受聘单位或解聘的；不具备完全民事行为能力的；受刑事处罚的；省级以上卫生行政部门规定的其他形式的这些情况的。同时专家聘用期满、需要继续聘用的，由医学会重新审核、聘用。

《医疗事故处理条例》规定医疗事故技术鉴定，由负责组织医疗事故技术鉴定工作的医学会组织专家鉴定组进行。参加医疗事故技术鉴定的相关专业的专家，由医患双方在医学会主持下从专家库中随机抽取。在特殊情况下，医学会根据医疗事故技术鉴定工作的需要，可以阻止医患双方在其他医学会建立的专家库中随机抽取相关专业的专家参加鉴定或者函件咨询。

专家鉴定组进行医疗事故技术鉴定实行合议制。医学会应当根据医疗事故争议所涉及的学科专业，确定专家鉴定组的人数和构成。专家鉴定组组成人数应为三人以上的单数，医疗事故争议涉及多学科专业的，其中主要学科专业的专家不得少于专家鉴定组成员的二分之一；涉及死因、伤残等级鉴定的，应当从专家库中随机抽取法医参加专家鉴定组。

医学会应当提前通知双方当事人，在指定时间、指定地点，从专家库的相关学科专业组中随机抽取专家鉴定组成员。同时医学会主持双方当事人抽取专家鉴定组成员前，应当将专家库相关学科专业组中的专家姓名、专业、技术职务、工作单位告知双方当事人。卫生部相关规定指出，医疗机构无故不参加随机抽取专家库专家的，由负责组织医疗事故技术鉴定工作的医学会向患者说明情况，经患者同意后，由患者和医学会按照相关规定随机抽取鉴定专家进行鉴定。

《医疗事故处理条例》较之《办法》，鉴定机构由过去的卫生行政部门提名的医疗事故鉴定委员会变为专家鉴定组鉴定；由卫生行政部门主导变为由医学会组织。

组建专家组时，有下列情形之一的专家鉴定组成员应当回避；当事人也可以以口头或者书面的方式申请回避；若当事人要求专家库成员回避的，应当说明理由。经确认符合下列情形之一的，医学会应当将回避的专家从名单中撤出，并经当事人签字确认后记录在案：

(1)是医疗事故争议当事人或者当事人的近亲属的。

(2)与医疗事故争议有利害关系的。

(3)与医疗事故争议当事人有其他关系，可能影响公正鉴定的。

医学会对当事人准备抽取的专家进行随机编号，并主持双方当事人随机抽取相同数量的专家编号，最后一个专家由医学会随机抽取。双方当事人还应当按照抽取专家鉴定组成员的方法各自随机抽取一个专家作为候补。涉及死因、伤残等级鉴定的，应当按照规定由双方当事人各自随机抽取一名法医参加鉴定组。

随机抽取结束后，医学会当场向双方当事人公布所抽取的专家鉴定组成员和候补成员的编号并记录在案。

现有专家库成员不能满足鉴定工作需要时，医学会应当向双方当事人说明，并经双方当事人同意，可以从本省、自治区、直辖市其他医学会专家库中抽取相关学科专业组的专家参加专家鉴定组；本省、自治区、直辖市医学会专家库成员不能满足鉴定工作需要时，可以从其他省、自治区、直辖市医学会专家库中抽取相关学科专业组的专家参加专家鉴定组。从其他医学会建立的专家库中抽取的专家若无法到场参加医疗事故技术鉴定，可以以函件的方式提出鉴定意见。

专家鉴定组成员确定后，在双方当事人共同在场的情况下，由医学会对封存的病历资料启封。专家鉴定组应当认真审查双方当事人提交的材料，妥善保管鉴定材料，保护患者的隐私，保守有关秘密。

（四）医学会调查取证

医学会应当自接到双方当事人提交的有关医疗事故技术鉴定的材料、书面陈述后，于答辩之日起四十五日内组织鉴定并出具医疗事故技术鉴定书。

医学会可以向双方当事人和其他相关组织、个人进行调查取证，进行调查取证时不得少于二人。调查取证结束后，调查人员和调查对象应当在有关文书上签字。如调查对象拒绝签字的，应当记录在案。医学会调查取证的证据包括医患双方提供的各类病历档案以及与医疗事故鉴定相关的各类材料。并且负责医疗事故技术鉴定的医学会组织可以向医患双方当事人调查取证。

医学会应当于医疗事故技术鉴定七日前，将鉴定的时间、地点、要求等书面通知双方当事人。双方当事人应当按照通知的时间、地点、要求参加鉴定。参加医疗事故技术鉴定的双方当事人每一方人数不超过三人。任何一方当事人无故缺席、自行退席或拒绝参加鉴定的，不影响鉴定的进行。

医学会应当在医疗事故技术鉴定七日前书面通知专家鉴定组成员。专家鉴定组成员接到医学会通知后认为自己应当回避的，应当于接到通知后及时提出书面回避申请，并说明理由；因其他原因无法参加医疗事故技术鉴定的，应当于接到通知后及时书面告知医学会。

专家鉴定组成员因回避或因其他原因无法参加医疗事故技术鉴定时，医学会应当通知相关学科专业组候补成员参加医疗事故技术鉴定。专家鉴定组成员因不可抗力因素未能及时告知医学会不能参加鉴定或虽告知但医学会无法按规定组成专家鉴定组的，医疗事故技术鉴定可以延期进行。

在医疗纠纷鉴定中，医疗机构与患者均负有举证责任。在我国民事诉讼中，当事人对自己提出的诉讼请求所依据的事实或者反驳对方诉讼请求所依据的事实有责任提供证据加以证明。没有证据或者证据不足以证明当事人的事实主张的，由负有举证责任的当事人承担不利后果，即患者在医疗纠纷鉴定中举证须符合“谁主张，谁举证”的举证责任分配原则。但由于患者在医疗关系中处于弱势地位，往往没有办法提供专业性医疗相关证据。我国《最高人民法院关于民事诉讼证据的若干规定》中第四条第八项规定：“因医疗行为引起的侵权诉讼，由医疗机构就医疗行为与损害结果之间不存在因果关系承担举证责任。”在此规定出台之前，由于医疗纠纷举证原则的不明确使得医疗纠纷诉讼审判十分困难，此规定第一次对医疗纠纷案件中的举证原则与举证责任进行了明确，即要求医疗机构在医疗纠纷中必须就自己的行为没有过错和自己的医疗行为与患者的人身损害之间没有因果关系进行举证，若医疗机构不能就这些进行举证，即医疗机构不能证明自己不存在过错或者自己与患者的损害之间不存在因果关系，则认定医疗机构存在过错，其医疗行为与患者的损害之间存在因果关系。这符合“举证责任倒置原则”，即基于法律，由一方当事人就另一方当事人提出的主张承担举证责任，若该方当事人不能就对方主张进行举证，则可推定该主张成立。

（五）专家鉴定组进行技术鉴定

专家鉴定组依照医疗卫生管理法律、法规和诊疗护理规范、常规，运用医学科学原理和专业知识，独立进行医疗事故技术鉴定，对医疗事故进行鉴别和判定，为处理医疗事故争议提供医学依据。任何单位或者个人不得干扰医疗事故技术鉴定工作，不得威胁、利诱、辱骂、殴打专家鉴定组成员。专家鉴定组成员不得接受双方当事人的财物或者其他利益。

鉴定由专家鉴定组组长主持，专家鉴定组组长可由专家鉴定组成员推选产生，也可以由医疗事故争议所涉及的主要学科专家中具有最高专业技术职务资格的专家担任。专家鉴定组组长主持医疗事故技术鉴定工作应按照以下程序进行：

（1）双方当事人在规定的时间内分别陈述意见和理由。陈述顺序先患方，后医疗机构。

（2）专家鉴定组成员根据需要可以提问，当事人应当如实回答。必要时，可以对患者进行现场医学检查。

（3）双方当事人退场。

（4）专家鉴定组对双方当事人提供的书面材料、陈述及答辩等进行讨论。

（5）经合议，根据半数以上专家鉴定组成员的一致意见形成鉴定结论。专家鉴定组成员在鉴定结论上签名。专家鉴定组成员对鉴定结论的不同意见，应当予以注明。

（六）形成医疗事故技术鉴定书

专家鉴定组在对医疗事故进行技术鉴定后，需形成医疗事故技术鉴定书。医疗事故技术鉴定书应当根据鉴定结论作出，其文稿由专家鉴定组组长签发。医疗事故技术鉴定书盖医学会医疗事故技术鉴定专用印章。医学会应当及时将医疗事故技术鉴定书送达移交鉴定的卫生行政部门，经卫生行政部门审核，对符合规定作出的医疗事故技术鉴定结论；由双方当事人共同委托的，直接送双方当事人。

医疗事故技术鉴定书应当包括下列主要内容：

（1）双方当事人的基本情况及要求。

（2）当事人提交的材料和医学会的调查材料。

（3）对鉴定过程的说明。

(4)医疗行为是否违反医疗卫生管理法律、法规、部门规章和医疗护理规范、常规。

(5)医疗过失行为与人身损害后果之间是否存在因果关系。

(6)医疗过失行为在医疗事故损害后果中的责任度。

(7)医疗事故等级。

(8)对医疗事故患者的医疗护理医学建议。

经鉴定为医疗事故的,鉴定结论应当包括第 4 至第 8 项内容;经鉴定不属于医疗事故的,应当在鉴定结论中说明理由。

1987 年《办法》出台后,卫生部曾对医疗事故技术鉴定书作出规定,要求鉴定委员会的结论要以书面形式发出,内容包括:

(1)委托鉴定书:单位名称、负责人或个人姓名,与本案病员的关系。

(2)申请鉴定书:单位负责人或个人姓名、详细地址,与本案病员的关系。

(3)病员一般情况:姓名性别年龄职业、工作单位或家庭住址、住院号、门诊号等。

(4)病历摘要及申请鉴定理由。

(5)鉴定委员会分析意见。

(6)鉴定结论(含事件性质和等级)。

(7)鉴定委员会盖章及签发年月日。

《医疗事故处理条例》要求鉴定书中要包括对医疗事故技术鉴定过程的说明,以及对医疗过失行为与人身损害后果之间是否存在因果关系,医疗过失行为在医疗事故损害后果中的责任制度,还有对医疗事故患者的医疗护理医学建议。对过程的说明保证了在医疗事故技术鉴定过程中程序的合理合法性以及鉴定的透明度,也为后期的医疗事故结论审核提供了依据。明确医疗过失行为与人身损害之间的因果关系以及责任制度对于明确事故等级、划分医疗事故责任具有重要作用。同时对医疗事故患者提出医疗护理医学建议对于医学科学技术的进步及发展、避免类似事件再次发生具有重要意义。

从民事诉讼的角度来说,一份可作为证据的鉴定书应当包括以下内容:

(1)委托人姓名或者名称、委托鉴定的内容。

(2)委托鉴定的材料。

(3)鉴定的依据及使用的科学技术手段。

(4)对鉴定过程的说明。

(5)明确的鉴定结论。

(6)对鉴定人鉴定资格的说明。

(7)鉴定人员及鉴定机构签名盖章。

(七)鉴定结论的审核

医学会参加医疗事故技术鉴定会的工作人员，应如实记录鉴定会过程和专家的意见。医疗事故技术鉴定结论的审核时间应在自收到医学会出具医疗事故技术鉴定书之后，拟作出行政处理或行政调解之前。

医疗事故技术鉴定结论审核的内容应包括以下三个方面：

一是参加鉴定的人员是否具备《医疗事故处理条例》及《医疗事故技术鉴定暂行办法》规定的资格，即鉴定组人员是否是符合相关条件的医疗卫生专业技术人员(法医)。

二是参加鉴定的人员的专业类别及人数比例是否与被鉴定的医疗事实相吻合，即鉴定人员的人数是否是单数，涉及的主要学科专家的人数是否不少于鉴定组人数的二分之一，案件需要法医进入参与鉴定的是否有法医参与。

三是鉴定的程序是否符合法律规定，即鉴定是否是合议制，鉴定的程序是否符合条例的相关规定。

从行政诉讼证据的角度来说人民法院对委托或者指定的鉴定部门出具的鉴定书，应当审查是否具有下列内容：

(1)鉴定的内容。

(2)鉴定时提交的相关材料。

(3)鉴定的依据和使用的科学技术手段。

(4)鉴定的过程。

(5)明确的鉴定结论。

(6)鉴定部门和鉴定人鉴定资格的说明。

(7)鉴定人及鉴定部门签名盖章。

上述内容欠缺或者鉴定结论不明确的，人民法院可以要求鉴定部门予以说明、补充鉴定或者重新鉴定。

(八)再次鉴定

我国当前的医学会组织的医疗事故技术鉴定施行的是三级鉴定制度，即首次鉴定，再次鉴定以及对有疑难、复杂并在全国有重大影响的医疗事故争议，省级卫生行政部门可以商请中华医学会组织医疗事故技术鉴定。三级鉴定制度充分保障了医疗事故鉴定的制度化及规范化，对于鉴定的公平性、公正性以及鉴定结论的科学性起到了严格约束的作用。

医学会对经卫生行政部门审核认为参加鉴定的人员资格和专业类别或者鉴定程序不符合规定，需要重新鉴定的，应当重新组织鉴定。重新鉴定时不得收取鉴定费用。参加鉴定的人员资格和专业类别不符合规定的，应当重新抽取专家，组成专家鉴定组进行重新鉴定。

初次鉴定结束以后，任何一方当事人若对首次医疗事故技术鉴定结论不服的，可通过以下方式申请再次鉴定：

(1)向卫生行政部门提出再次鉴定的申请，期限是自收到首次医疗事故鉴定书之日起十五日内。

(2)双方共同委托省、自治区、直辖市医学会组织再次鉴定，期限是自收到医疗事故技术鉴定之日起十五日内。

(3)向人民法院提起民事诉讼，待医疗事故争议进入诉讼程序后，再向人民法院申请重新鉴定。

医疗机构对判定或者鉴定结论不服，提出医疗事故技术鉴定或者再次鉴定申请的，如果存在以下情形之一，卫生行政部门不予受理。

(1)违反《医疗事故处理条例》的有关规定，不能如实提供相关材料不配合相关调查，导致医疗事故技术鉴定不能进行的。

(2)医疗机构无故不参加随机抽取专家库的。

省级医学会接到移交或委托单位的再次鉴定申请后，应按照以下程序组织再次鉴定工作：

(1)向医患双方发放提交材料的告知书。

(2)医患双方提交全部鉴定材料后，由医学会确定专家鉴定组的专业组成及专家人数。

(3)组织医患双方当事人随机抽取专家。

(4)向鉴定专家送达鉴定材料。

(5)组织召开鉴定会。

(6)专家合议形成鉴定结论，出具医疗事故技术鉴定书，由医学会将医疗事故技术鉴定书送达移交方或委托方。

我国当前医疗事故频发，患者的法律意识以及维权意识日渐提升，对高质量医疗事故技术鉴定的需求也相应增加。中华医学会的相关统计显示，我国医学会组织年均鉴定医疗事故一万例左右，其中经首次鉴定后有大约四分之一的案例申请了再次鉴定，四分之三的案例未申请再次鉴定即结案，经再次鉴定后仅有百分之一的案例申请了中华医学会组织的鉴定。

(九)鉴定终止

因当事人拒绝配合，无法进行医疗事故技术鉴定的，应当终止本次鉴定，由医学会告知移交鉴定的卫生行政部门或者共同委托鉴定的双方当事人，说明不能鉴定的原因。

在受理医患双方共同委托医疗事故技术鉴定后至专家鉴定组作出鉴定结论前，双方当事人或者一方当事人提出停止鉴定的，医疗事故技术鉴定终止。

二、医疗纠纷司法鉴定的程序

司法鉴定是指在诉讼活动中鉴定人运用科学技术或者专门知识对诉讼涉及的专门性问题进行鉴别和判断并提供鉴定意见的活动。司法鉴定程序是指司法鉴定机构和司法鉴定人进行司法鉴定活动应当遵循的方式、方法、步骤以及相关的规则和标准。医疗纠纷的司法鉴定旨在明确医疗机构是否有过失，其行为与患者的损害之间是否存在因果关系，以便为医疗纠纷的处理提供相关证据。

（一）医疗纠纷司法鉴定的条件

（1）在处理医疗纠纷中，当事双方可直接向司法机关提请司法鉴定，司法机关在审核是否受理司法鉴定的申请后，统一对外委托和组织司法鉴定。

（2）发生医疗纠纷后，医患双方可通过协商解决医疗纠纷，若协商无法解决医疗纠纷，可提请司法部门进行司法鉴定。

（3）在医疗事故技术鉴定中，若双方当事人对初次鉴定结论不服，医患双方均可在自收到医疗事故技术鉴定书十五日内提请再次鉴定或者向人民法院提起诉讼。

（4）卫生行政部门对医疗事故进行调解处理后，若双方当事人对卫生部门所作出的调解结果不服，可依法向人民法院提请行政诉讼。

（5）司法机关在审理有关医疗纠纷的案件中，认为有必要对纠纷中的一些专门性问题进行鉴定取证以便案件审理的，可委托相关鉴定机构进行司法鉴定。

（二）司法鉴定机构

我国当前主要是由人民法院司法鉴定机构负责统一对外委托和组织司法鉴定。未设司法鉴定机构的人民法院，可在司法行政管理部门配备专职司法鉴定人员，并由司法行政管理部门代行对外委托司法鉴定的职责。人民法院司法鉴定机构建立社会鉴定机构和鉴定人名册，根据鉴定对象对专业技术的要求，随机选择和委托鉴定人进行司法鉴定。国务院司法行政部门主管全国鉴定人和鉴定机构的登记管理工作。申请从事司法鉴定业务的个人、法人或者其他组织，由省级人民政府司法行政部门审核，对符合条件的予以登记，编入鉴定人和鉴定机构名册并公告。省级人民政府司法行政部门应当根据鉴定人或者鉴定机构的增加和撤销登记情况，定期更新所编制的鉴定人和鉴定机构名册并公告。

当前我国的司法行政部门对我国司法机构的管理有两种情况：一是法人或者其他组织以现有机构的名义申请从事司法鉴定业务，这种行为的许可是一种普遍模式，它实质上是一种增加业务范围的申请，即资格（或行为）许可；二是法人或者其他组织申请新设具有独立法人资格的机构，并以新设机构的名义专门从事司法鉴定业务，这种行为的许可设定是一种特殊形式，即机构设立许可。

《行政诉讼法》第三十五条规定，在诉讼过程中，人民法院对专门性问题认为需要鉴定的，应当交由法定鉴定部门鉴定；没有法定鉴定部门的，由人民法院指定的鉴定部门鉴定。民事诉讼的方面也有相似的规定。《民事诉讼法》第七十二条规定，人民法院对专门性问题认为需要鉴定的，应当交由法定鉴定部门鉴定；没有法定鉴定部门的，由人民法院指定的鉴定部门鉴定。鉴定部门及其指定的鉴定人有权了解进行鉴定所需要的案件材料，必要时可以询问当事人、证人。鉴定部门和鉴定人应当提出书面鉴定意见，在鉴定书上签名或者盖章。鉴定人鉴定的，应当由鉴定人所在单位加盖印章，证明鉴定人身份。

2002 年，我国进行司法鉴定改革，制定了《人民法院对外委托司法鉴定管理规定》，除保留公安内部鉴定机构外，其余鉴定机构（包括法院、检察院系统）均与原单位脱钩。至 2005 年我国又规定人民法院和司法行政部门不得设立鉴定机构。人民法院委托的司法鉴定机构可以是中华医学会及各级医学会组织，在医疗纠纷进入诉讼阶段，人民法院可以委托医学会组织进行司法鉴定。或者是社会上的法医司法鉴定机构进行司法鉴定。

2005 年《全国人民代表大会常务委员会关于司法鉴定管理问题的决定》中规定，法人或其他组织申请司法鉴定业务的应当具备以下条件：

（1）有明确的业务范围。

（2）有在业务范围内进行司法鉴定所必需的仪器、设备。

（3）有在业务范围内进行司法鉴定所必需的依法通过计量认证或者实验室认可的检测实验室。

（4）每项司法鉴定业务有三名以上鉴定人。

根据相关规定，我国自愿接受人民法院委托从事司法鉴定，申请进入人民法院司法鉴定人名册的社会鉴定、检测、评估机构，应当向人民法院司法鉴定机构提交申请书和以下材料：

（1）企业或社团法人营业执照副本。

（2）专业资质证书。

（3）专业技术人员名单、执业资格和主要业绩。

（4）年检文书。

（5）其他必要的文件、资料。

而以个人名义自愿接受人民法院委托从事司法鉴定，申请进入人民法院司法鉴定人名册的专业技术人员，应当向人民法院司法鉴定机构提交申请书和以下材料：

（1）单位介绍信。

（2）专业资格证书。

(3)主要业绩证明。

(4)其他必要的文件、资料等。

我国相关法律对从事司法鉴定的人员也作出以下规定，具备下列条件之一的人员，可以申请登记从事司法鉴定业务：

(1)具有与所申请从事的司法鉴定业务相关的高级专业技术职称。

(2)具有与所申请从事的司法鉴定业务相关的专业执业资格或者高等院校相关专业本科以上学历，从事相关工作五年以上。

(3)具有与所申请从事的司法鉴定业务相关工作十年以上经历，具有较强的专业技能。

因故意犯罪或者职务过失犯罪受过刑事处罚的，受过开除公职处分的，以及被撤销鉴定人登记的人员，不得从事司法鉴定业务。

人民法院司法鉴定机构应当对提出申请的鉴定人进行全面审查，择优确定对外委托和组织司法鉴定的鉴定人候选名单。申请进入地方人民法院鉴定人名册的单位和个人，其入册资格由有关人民法院司法鉴定机构审核，报上一级人民法院司法鉴定机构批准，并报最高人民法院司法鉴定机构备案。人民法院司法鉴定机构依据尊重当事人选择和人民法院指定相结合的原则，组织诉讼双方当事人进行司法鉴定的对外委托。诉讼双方当事人协商不一致的，由人民法院司法鉴定机构在列入名册的、符合鉴定要求的鉴定人中，选择受委托人鉴定。司法鉴定所涉及的专业未纳入名册时，人民法院司法鉴定机构可以从社会相关专业中，择优选定受委托单位或专业人员进行鉴定。如果被选定的单位或专业人员需要进入鉴定人名册的，仍应当呈报上一级人民法院司法鉴定机构批准。

我国法律规定司法鉴定机构和司法鉴定人进行司法鉴定活动，应当遵守法律、法规、规章，遵守职业道德和职业纪律，尊重科学，遵守技术操作规范。司法鉴定实行鉴定人负责制度。司法鉴定人应当依法独立、客观、公正地进行鉴定，并对自己作出的鉴定意见负责。司法鉴定机构和司法鉴定人应当保守在执业活动中知悉的国家秘密、商业秘密，不得泄露个人隐私。未经委托人的同意，不得向其他人或者组织提供与鉴定事项有关的信息，但法律、法规另有规定的除外。

经批准列入人民法院司法鉴定人名册的鉴定人，在《人民法院报》予以公告。已列入名册的鉴定人应当接受有关人民法院司法鉴定机构的年度审核，并提交以下材料：

(1)年度业务工作报告书。

(2)专业技术人员变更情况。

(3)仪器设备更新情况。

(4)其他变更情况和要求提交的材料。

年度审核有变更事项的，有关司法鉴定机构应当逐级报最高人民法院司法鉴定机构备案。鉴定人或者鉴定机构有违反相关规定行为的，应由省级人民政府司法行政部门予以警告，责令改正。鉴定人或者鉴定机构有下列情形之一的，应由省级人民政府司法行政部门给予停止从事司法鉴定业务三个月以上一年以下的处罚，情节严重的撤销登记：

(1)因严重不负责任给当事人合法权益造成重大损失的。

(2)提供虚假证明文件或者采取其他欺诈手段，骗取登记的。

(3)经人民法院依法通知，拒绝出庭作证的。

(4)法律、法规规定的其他情形。

鉴定人故意作虚假鉴定，构成犯罪的，依法追究刑事责任；尚不构成犯罪的，依照前款规定处罚。

(三)司法鉴定人的委托与受理

我国的司法鉴定机构应当统一受理司法鉴定的委托。各个司法鉴定机构之间没有隶属关系，司法鉴定机构接受从事司法鉴定业务，不受地域范围的限制，鉴定人应当在一个鉴定机构中从事司法鉴定业务。在诉讼过程中，对需要鉴定的争议鉴定事项应当委托列入名册的鉴定人进行鉴定，鉴定人从事司法鉴定业务，应由其所在机构统一接受委托。

司法鉴定机构接受鉴定委托，应当要求委托人出具鉴定委托书，提供委托人的身份证明，并提供委托鉴定事项所需的鉴定材料。委托人委托他人代理的，应当要求出具委托书。

在司法鉴定中委托事项所需的鉴定材料包括两类：

(1)检材资料。检材是指与鉴定事项有关的生物检材和非生物检材。

(2)鉴定资料。鉴定资料是指存在于各种载体上与鉴定事项有关的记录。

委托人在委托司法鉴定机构是出具鉴定委托书应载明的内容有：

(1)委托人的名称或者姓名。

(2)拟委托的司法鉴定机构的名称。

(3)委托鉴定的事项。

(4)鉴定事项的用途。

(5)鉴定要求等。

(6)委托鉴定事项属于重新鉴定的，应当在委托书中注明。

委托人应当向司法鉴定机构提供真实、完整、充分的鉴定材料，并对鉴定材料的真实性、合法性负责。委托人不得要求或者暗示司法鉴定机构和司法鉴定人按其意图或者特定目的提供鉴定意见。司法鉴定机构受到委托，应当对委托的鉴定事项进行审查，对属于本机构司法鉴定业务范围，委托鉴定事项的用途及鉴定要求合法，提供的鉴定材料真实、完整、充分的鉴定委托，应当予以受理。对提供的鉴定材料不完整、不充分的，司法鉴定机构可以要求委托人补充；委托人补充齐全的，予以受理。

对符合受理条件的鉴定委托，司法鉴定机构应当即时作出受理的决定；不能即时决定受理的，应当在七个工作日内作出是否受理的决定，并通知委托人；对通过信函提出鉴定委托的，应当在十个工作日内作出是否受理的决定，并通知委托人；对疑难、复杂或者特殊鉴定事项的委托，可以与委托人协商确定受理的时间。

司法鉴定机构在审核鉴定委托时，具有下列情形之一的鉴定委托，司法鉴定机构不得受理：

(1)委托事项超出本机构司法鉴定业务范围的。

(2)鉴定材料不真实、不完整、不充分或者取得方式不合法的。

(3)鉴定事项的用途不合法或者违背社会公德的。

(4)鉴定要求不符合司法鉴定执业规则或者相关鉴定技术规范的。

(5)鉴定要求超出本机构技术条件和鉴定能力的。

(6)不符合司法鉴定通则的重新鉴定要求的。

(7)其他不符合法律、法规、规章规定情形的。

对不予受理的委托鉴定事件，鉴定机构应当向委托人说明理由，并退还其提供的鉴定材料。司法鉴定机构决定受理司法委托鉴定的，应当根据相关法律法规在于委托人在协商一致的基础上签订司法鉴定协议书。在司法鉴定协议书中应当载明下列事项：

(1)委托人和司法鉴定机构的基本情况。

(2)委托鉴定的事项及用途。

(3)委托鉴定的要求。

(4)委托鉴定事项涉及的案件的简要情况。

(5)委托人提供的鉴定材料的目录和数量。

(6)鉴定过程中双方的权利、义务。

(7)鉴定费用及收取方式。

(8)其他需要载明的事项。

因鉴定需要耗尽或者可能损坏委托人所提供的鉴定检材的，或者在鉴定完成后无法完整退还检材的，应当事先向委托人讲明，以征得委托人的同意和认可，并在协议书中载明。在进行司法鉴定过程中需要变更协议书内容的，应当由协议双方协商确定。

(四)鉴定人回避制度

我国法律的回避制度包括自行回避、申请回避和指令回避三种。《民事诉讼法》以及《刑事诉讼法》分别对民事案件和刑事案件审判中回避制度做出了具体的规定。我国相关法律规定在司法鉴定中鉴定人应当依照诉讼法律规定实行回避。遇有鉴定人应当回避的情形时，有关人民法院司法鉴定机构应当重新选择鉴定人。

在2007年施行的《司法鉴定程序通则》中规定司法鉴定人本人或者其近亲属与委托人、委托的鉴定事项或者鉴定事项涉及的案件有利害关系，可能影响其独立、客观、公正进行鉴定的，应当回避。司法鉴定人自行提出回避的，由其所属的司法鉴定机构决定；委托人要求司法鉴定人回避的，应当向该鉴定人所属的司法鉴定机构提出，由司法鉴定机构决定。委托人对司法鉴定机构是否实行回避的决定有异议的，可以撤销鉴定委托。

在对医疗事故司法鉴定进行重新鉴定过程中，若存在以下情形，司法鉴定人员需要回避：

(1)司法鉴定人本人或者其近亲属与委托人、委托的鉴定事项或者鉴定事项涉及的案件有利害关系，可能影响其独立、客观、公正进行鉴定的。

(2)参加过同一鉴定事项的初次鉴定的。

(3)在同一鉴定事项的初次鉴定过程中作为专家提供过咨询意见的。

(五)司法鉴定的收费

司法鉴定收费是指司法鉴定机构依法接受委托，在诉讼活动中运用科学技术或者专门知识对诉讼涉及的专门性问题进行鉴别和判断并提供鉴定意见，由司法鉴定机构向委托人收取服务费用的行为。

《司法鉴定程序通则》第八条规定，司法鉴定机构应当统一收取司法鉴定费用，收费的项目和标准执行国家的有关规定。司法鉴定的收费项目和收费标准由国务院司法行政部门商请国务院价格主管部门确定。对司法鉴定标准进行规范，有利于切实保障医疗事故司法鉴定的有序进行，同时有力地维护了司法鉴定委托人以及司法鉴定机构的合法权益。为对司法鉴定收费进行规范，在通则出台两年后，国家发改委、司法部联合签发《司法鉴定收费管理办法》，至此医疗事故司法鉴定有了与2007年国家发改委、财政部签发的关于医疗纠纷鉴定不同的收费标准和规范。

司法鉴定收费标准应当遵循公开公平、诚实信用、平等有偿以及委托人付费的四个原则。并且司法鉴定的收费标准应当按照有利于司法鉴定事业可持续发展和兼顾社会承受能力的原则来制定。医疗事故司法鉴定的收费相关事宜应当在司法鉴定协议书中注明。司法鉴定的费用应该由司法鉴定机构统一收取，司法鉴定人不得私自向委托人收取鉴定费用。

(六)司法鉴定的实施

司法鉴定机构受理委托人鉴定委托后，应当指定本机构中具有该鉴定事项执业资格的司法鉴定人进行鉴定。委托人有特殊要求的，经双方协商一致，也可以从本机构中选择符合条件的司法鉴定人进行鉴定。司法鉴定机构对同一鉴定事项，应当指定或者选择二名司法鉴定人共同进行鉴定；对疑难、复杂或者特殊的鉴定事项，可以指定或者选择多名司法鉴定人进行鉴定。这与医疗纠纷鉴定中对疑难、复杂或者在全国有重大影响的医疗纠纷可提请中华医学会进行鉴定是相通的。

在司法鉴定中，司法鉴定机构对鉴定材料的保管和使用应当严格按照有关技术规范，严格监控鉴定材料的接收、传递、检验、保存和处置等环节，并建立科学、严密的检材和鉴定资料管理制度。司法鉴定机构和司法鉴定人因严重不负责任造成鉴定材料损毁、遗失的，应当依法承担责任。

司法鉴定人进行鉴定，应当依下列顺序遵守和采用该专业领域的技术标准和技术规范：

(1)国家标准和技术规范。

(2)司法鉴定主管部门、司法鉴定行业组织或者相关行业主管部门制定的行业标准和技术规范。

(3)该专业领域多数专家认可的技术标准和技术规范。

在实际鉴定中若由于条件限制不具备上述条款规定的技术标准和技术规范的，可以采用所属司法鉴定机构自行制定的有关技术规范。

司法鉴定人进行鉴定，应当对鉴定过程进行实时记录并签名。记录可以采取笔记、录音、录像、拍照等方式。记录的内容应当真实、客观、准确、完整、清晰，记录的文本或者音像载体应当妥善保存。

司法鉴定人在进行鉴定的过程中，需要对特殊人群进行检查和鉴定的，需遵循以下规定：

(1)需要对女性作妇科检查的，应当由女性司法鉴定人进行；无女性司法鉴定人的，应当有女性工作人员在场。

(2)鉴定过程中需要对未成年人的身体进行检查的，应当通知其监护人到场。

(3)对被鉴定人进行法医精神病鉴定的，应当通知委托人或者被鉴定人的近亲属或者监护人到场。

对女性、未成年人和可能精神病患者的鉴定作出特殊规定，对特殊人群的权益进行特殊保护，是我国法律人性化的体现。

对需要到现场提取检材的，应当由不少于二名司法鉴定人提取，并通知委托人到场见证。对需要进行尸体解剖的，应当通知委托人或者死者的近亲属或者监护人到场见证。

司法鉴定机构在进行鉴定的过程中，如遇有特别复杂、疑难、特殊技术问题的，可以向该机构以外的相关专业领域的专家进行咨询，但最终的鉴定意见应当由该机构的司法鉴定人出具，专家鉴定意见则作为司法鉴定机构司法鉴定结论的一部分。对于涉及重大案件或者遇有特别复杂、疑难、特殊的技术问题的鉴定事项，根据司法机关的委托或者经其同意，司法鉴定主管部门或者司法鉴定行业组织可以组织多个司法鉴定机构进行鉴定，具体办法另行规定。

司法鉴定机构进行鉴定的时限应当在与委托人签订司法鉴定协议书之日起三十个工作日内完成委托事项的鉴定。但如果鉴定事项涉及复杂、疑难、特殊的技术问题或者检验过程需要较长时间的，经本鉴定机构负责人批准，完成鉴定的时间可以延长，延长时间一般不得超过三十个工作日。司法鉴定机构与委托人对完成鉴定的时限另有约定的，从其约定。在鉴定过程中补充或者重新提取鉴定材料所需的时间，不计入鉴定时限。

司法鉴定机构完成委托人委托的鉴定事项后，需要对司法鉴定进行审核。司法鉴定机构可以指定专人对该项鉴定的实施是否符合规定的程序、是否采用符合规定的技术标准和技术规范以及鉴定人员是否符合相关规定和要求等情况进行复核，发现有违反本《司法鉴定程序通则》规定情形的，司法鉴定机构应当予以纠正。人民法院司法鉴定机构对外委托鉴定的，应当指派专人负责协调，主动了解鉴定的有关情况，及时处理可能影响鉴定的问题。

接受委托的鉴定人和鉴定机构认为需要补充鉴定材料以便进行鉴定时，如果由申请鉴定的当事人提供确有困难的，可以向有关人民法院司法鉴定机构提出请求，由人民法院决定依据职权采集鉴定材料。

鉴定人应当依法履行出庭接受质询的义务。人民法院司法鉴定机构应当协调鉴定人做好出庭工作。列入名册的鉴定人有不履行义务，违反司法鉴定有关规定的，由有关人民法院视情节取消入册资格，并在《人民法院报》公告。

（七）再次鉴定与补充鉴定

我国的司法鉴定相关法律以及民事诉讼证据的相关法律中都对再次鉴定做出了相关的规定。从我国民事诉讼证据的角度来说，当事人申请鉴定经人民法院同意后，由双方当事人协商确定有资格的鉴定机构、鉴定人员。若双方协商未能达成一致，则由人民法院指定鉴定机构进行鉴定。当事人若对由人民法院委托的鉴定机构所做出的鉴定结论有异议，欲申请重新鉴定，若当事人能够提出证据证明下列情形之一的，人民法院应当准许重新鉴定的申请：

（1）鉴定机构或者鉴定人员不具备相关的鉴定资格的。

（2）鉴定程序严重违法的。

（3）鉴定结论明显依据不足的。

(4)经过质证认定不能作为证据的其他情形。

对有缺陷的鉴定结论,可以通过补充鉴定、重新质证或者补充质证的等方式解决的,不予重新鉴定。同时,如果由一方当事人自行委托有关部门作出的鉴定结论,另一方当事人有证据足以反驳并重新鉴定的,人民法院应予准许。

《司法鉴定程序通则》规定有下列情形之一的,司法鉴定机构可以接受委托进行重新鉴定:

(1)原司法鉴定人不具有从事原委托事项鉴定执业资格的。

(2)原司法鉴定机构超出登记的业务范围组织鉴定的。

(3)原司法鉴定人按规定应当回避没有回避的。

(4)委托人或者其他诉讼当事人对原鉴定意见有异议,并能提出合法依据和合理理由的。

(5)法律规定或者人民法院认为需要重新鉴定的其他情形。

接受重新鉴定委托的司法鉴定机构的资质条件,一般应当高于原委托的司法鉴定机构。重新鉴定,应当委托原鉴定机构以外的列入司法鉴定机构名册的其他司法鉴定机构进行;委托人同意的,也可以委托原司法鉴定机构,由其指定原司法鉴定人以外的其他符合条件的司法鉴定人进行。

有下列情形之一的,司法鉴定机构可以根据委托人的请求进行补充鉴定,补充鉴定仍作为原委托鉴定的组成部分:

(1)委托人增加新的鉴定要求的。

(2)委托人发现委托的鉴定事项有遗漏的。

(3)委托人在鉴定过程中又提供或者补充了新的鉴定材料的。

(4)其他需要补充鉴定的情形。

在我国的民事诉讼证据中,若一方当事人提供的鉴定结论存在鉴定人不具备鉴定资格;鉴定程序严重违法;鉴定结论错误、不明确或内容不完整的,则不具备法律效力。

(八)鉴定终止

司法鉴定机构在进行鉴定过程中,遇有下列情形之一的,可以终止鉴定:

(1)发现委托鉴定事项的用途不合法或者违背社会公德的。

(2)委托人提供的鉴定材料不真实或者取得方式不合法的。

(3)因鉴定材料不完整、不充分或者因鉴定材料耗尽、损坏,委托人不能或者拒绝补充提供符合要求的鉴定材料的。

(4)委托人的鉴定要求或者完成鉴定所需的技术要求超出本机构技术条件和鉴定能力的。

(5)委托人不履行司法鉴定协议书规定的义务或者被鉴定人不予配合,致使鉴定无法继续进行的。

(6)因不可抗力致使鉴定无法继续进行的。

(7)委托人撤销鉴定委托或者主动要求终止鉴定的。

(8)委托人拒绝支付鉴定费用的。

(9)司法鉴定协议书约定的其他终止鉴定的。

终止鉴定的,司法鉴定机构应当书面通知鉴定委托人,说明理由,并退还鉴定材料。

(九)司法鉴定文书的出具

司法鉴定机构和司法鉴定人在完成委托人所委托的鉴定事项后,应当向委托人出具司法鉴定文书。司法鉴定文书是司法鉴定机构和司法鉴定人依照法定条件和程序,运用科学技术或者专门知识对诉讼中涉及的专门性问题进行分析、鉴别和判断后出具的记录和反映司法鉴定过程和司法鉴定意见的书面载体。

司法鉴定文书由进行司法鉴定的司法鉴定人按照我国 2007 年出台的《司法鉴定文书规范》中的具体要求进行制作。

司法鉴定文书分为司法鉴定意见书和司法鉴定检验报告书两部分。

司法鉴定意见书是司法鉴定机构和司法鉴定人对委托人提供的鉴定材料进行检验、鉴别后出具的记录司法鉴定人专业判断意见的文书,一般包括标题、编号、基本情况、检案摘要、检验过程、分析说明、鉴定意见、落款、附件及附注等内容。

司法鉴定检验报告书是司法鉴定机构和司法鉴定人对委托人提供的鉴定材料进行检验后出具的客观反映司法鉴定人的检验过程和检验结果的文书,一般包括标题、编号、基本情况、检案摘要、检验过程、检验结果、落款、附件及附注等内容。

司法鉴定文书应当由司法鉴定人签名或者盖章。多人参加司法鉴定,对鉴定意见有不同意见的,应当注明。

司法鉴定文书应当同时加盖司法鉴定机构的司法鉴定专用章红印和钢印两种印模。司法鉴定人使用的印章和司法鉴定机构使用的司法鉴定专用印章应当经登记管理机关备案后使用。

司法鉴定文书正文标题下方编号处,应当加盖司法鉴定机构的司法鉴定专用章钢印;司法鉴定文书各页之间应当加盖司法鉴定机构的司法鉴定专用章红印,作为骑缝章;司法鉴定文书制作日期处,应当加盖司法鉴定机构的司法鉴定专用章红印。

司法鉴定机构的司法鉴定专用章的红印和钢印为圆形,制作规格为直径 4 厘米,中央刊五角星,五角星上方刊司法鉴定机构名称,自左而右环行;五角星下方刊司法鉴定专用章字样，自左而右横排。司法鉴定机构的司法鉴定专用章红印和钢印印文中的汉字，应当使用国务院公布的简化字，字体为宋体。民族自治地方的司法鉴定机构的司法鉴定专用章红印和钢印印文应当并列刊汉字和当地通用的少数民族文字，自左而右环行。

司法鉴定机构出具的司法鉴定文书一般应当一式三份，两份交委托人收执，一份由本机构存档。司法鉴定机构应当按照有关规定或者与委托人约定的方式，向委托人发送司法鉴定文书。委托人对司法鉴定机构的鉴定过程或者所出具的鉴定意见提出询问的，司法鉴定人应当给予解释和说明。

司法鉴定机构完成委托的鉴定事项后，应当按照规定将司法鉴定文书以及在鉴定过程中形成的有关材料整理立卷，归档保管。

第三节　医疗纠纷的鉴定结论

专家鉴定组应当综合分析医疗过失行为在导致医疗事故损害后果中的作用、患者原有疾病状况等因素，判定过失行为的责任程度。医疗事故中医疗过失行为的责任程度分为：

(1)完全责任，指医疗事故损害后果完全由医疗过失行为造成。

(2)主要责任，指医疗事故损害后果主要由医疗过失行为造成，其他因素起次要作用。

(3)次要责任，指医疗事故损害后果主要由其他因素造成，医疗过失行为起次要作用。

(4)轻微责任，指医疗事故损害后果绝大部分由其他因素造成，医疗过失行为起轻微作用。

《医疗事故处理条例》第三十三条规定："有以下情形之一的，不属于医疗事故：(一)在紧急情况下为抢救垂危患者而采取紧急医学措施造成不良后果的；(二)在医疗活动中，由于患者病情异常或者患者体质特殊而发生医疗意外的；(三)在现有医学科学技术条件下，发生无法预料或者不能防范的不良后果的；(四)无过错输血感染造成不良后果的；(五)因患方原因延误诊疗导致不良后果的；(六)因不可抗力造成不良后果的。"

1987年出台的且现已废止《办法》中规定："在诊疗护理过程中，有下列情形之一的，不属于医疗事故：(一)虽有诊疗护理错误，但未造成病员死亡、残废、功能障碍的；(二)由于病情或病员体质特殊而发生难以预料和防范的不良后果的；(三)发生难以避免的并发症的；(四)以病员及其家属不配合诊疗为主要原因而造成不良后果的。"

《医疗事故处理条例》在《办法》原有的不属于医疗事故情况的基础上做了进一步的细化规定和修正，这既是现代医学技术发展的结果，也是我国法治进步的表现，对不属于医疗事故情况的具体规定最大限度地保证了医疗纠纷中医务工作者的正当合法权益，保证了正常的医疗秩序，在某种程度上这些规定也是对医患双方在发生医疗关系过程中双方应尽的义务的规定。

1987 年的《办法》根据给患者直接造成损害的程度，医疗事故分为三级：

一级医疗事故：造成病员死亡的。

二级医疗事故：造成病员严重残废或者严重功能障碍的。

三级医疗事故：造成病员残废或者功能障碍的。

2002 年的《医病事故处理条例》根据患者人身的损害程度，将医疗事故分为四级：

一级医疗事故：造成患者死亡、重度残疾的；

二级医疗事故：造成患者中度残疾、器官组织损伤导致严重功能障碍的；

三级医疗事故：造成患者轻度残疾、器官组织损伤导致一般功能障碍的；

四级医疗事故：造成患者明显人身损害的其他后果的。

《医病事故处理条例》与《办法》都对每一级别的具体分级标准作出了细化与规定，《医病事故处理条例》除了对每一级别损害等级具体规定外，医疗事故一级乙等至三级戊等分别对应着伤残等级一至十级。随着我国医学科学技术的进步和医疗卫生事业的发展，医疗纠纷呈现出多发性和多元化的特点，增加对医疗事故等级的划分以及对不同类型损害的细化规定，不仅对于医疗纠纷的鉴定以及医疗纠纷的后期处理有重要作用，同时对于保证医患双方的合法权益尤其是保证在医疗行为中处于弱势的患方的合法权益深刻意义。

我国卫生行政部门在 2002 年施行的《重大医疗过失行为和医疗事故报告制度的规定》也对鉴定及其报告作出相关规定。

第六条规定："医疗事故争议经医疗事故技术鉴定确定为医疗事故，双方当事人协商或者经卫生行政部门调解解决的，医疗机构应当在协商解决后七日内向所在地的县级卫生行政部门作出书面报告。报告的内容包括：（一）医疗事故技术鉴定书；（二）双方当事人签订的协议书或者行政调解书，载明协商确定的赔偿数额；（三）双方当事人签订的或行政调解达成的协议执行计划或执行情况；（四）医疗机构对当事医务人员的处理情况；（五）医疗机构整改措施；（六）对当事医务人员的行政处理建议；（七）省级卫生行政部门规定的其他内容。"

第五条规定："医疗事故争议未经医疗事故技术鉴定，由双方当事人自行协商解决的，医疗机构应当自协商解决之日起 7 日内向所在地县级卫生行政部门作出书面报告。报告的内容包括：（一）双方当事人签订的协议书，载明双方当事人的基本情况和医疗事故的原因、双方当事人共同认定的医疗事故等级、医疗过失行为责任程度以及协商确定的赔偿数额等；（二）协议执行计划或执行情况；（三）医疗机构对当事医务人员的处理情况；（四）医疗机构整改措施；（五）对当事医务人员的行政处理建议；（六）省级以上卫生行政部门规定的其他内容。”

第七条规定：“医疗事故争议经人民法院调解或者判决解决的，医疗机构应当自收到生效的人民法院调解书或者判决书之日起 7 日内向所在地县级卫生行政部门作出书面报告。报告的内容包括：（一）人民法院的调解书或判决书；（二）人民法院调解书或判决书执行计划或者执行情况；（三）医疗机构对当事医务人员的处理情况；（四）医疗机构整改措施；（五）对当事医务人员的行政处理建议；（六）省级以上卫生行政部门规定的其他内容。”

各级卫生行政部门应将辖区内发生的医疗事故有关情况进行汇总并上报国家中医药管理局，上报的内容包括按医疗事故等级统计的医疗事故数量，按医疗事故等级和解决途径同级的医疗事故数量，按医疗事故等级和医疗过失行为责任程度同级的医疗事故数量，按医疗事故等级和首次鉴定、再次鉴定、中华医学会组织鉴定统计的医疗事故数量，按医疗事故等级和医疗机构类别统计的医疗事故数量等。

对医疗事故的统计以及对医疗事故鉴定的统计上报，有利于国家综合管理医疗卫生体系秩序，重点治理卫生领域的薄弱环节，同时也为卫生行政部门和立法部门制定相关的政策和法规提供依据。

第十二章　医疗纠纷解决机制的补充

第一节　建立医疗纠纷的仲裁制度

专门的医疗纠纷仲裁制度在我国的医疗纠纷非诉讼解决机制体系中尚未建立。但是，建立医疗纠纷仲裁制度的呼声已经在理论界和实务界存在多年。如山西医疗纠纷调解委员会就设有仲裁庭，办理调解不成的医疗纠纷。深圳于2010年10月专门成立了"深圳医患纠纷仲裁院"，进行医患纠纷仲裁的实务及理论探索，2015年11月其还联合中国消法研究会、中国卫生法学会、南方医科大学，与韩国医疗纠纷调解仲裁院进行了学术交流。这些实践为我国建立医疗纠纷仲裁制度奠定了基础。在建立医疗纠纷仲裁制度的过程中，还可以借鉴同属社会法律体系的劳动争议仲裁制度的建设经验，因为劳动争议仲裁制度已经相对成熟，而且我国还专门出台了《劳动争议调解仲裁法》作出具体规定。但医疗纠纷不同于普通民事法律纠纷，因此有必要建立专门的医疗纠纷仲裁制度。

一、医疗纠纷仲裁模式的确定

仲裁模式一般分为两种类型：必经非终局型仲裁和选择终局型仲裁。现代ADR的基本原理认为，如果参与或启动程序是强制的，处理结果一般就不应是强制的；如果ADR的参与或启动程序是自愿选择的，处理结果就可以是终局的。在医疗纠纷仲裁模式的选择上，应该倾向于借鉴劳动争议仲裁制度，选择必经非终局型仲裁模式。具体有以下几点原因：第一是因为劳动争议仲裁模式已经比较成熟，在医疗纠纷仲裁制度的建立中可以借鉴学习。第二是因为虽然将医疗纠纷仲裁定为纠纷解决的必经程序，但是在仲裁失败后或对裁决不服时，还可以通过诉讼程序加以补救。在劳动争议的解决中，劳动争议仲裁作为劳动争议诉讼的前置程序，降低了仲裁终局带来的风险。类似于劳动争议仲裁，医疗纠纷必经非终局型仲裁的仲裁结果因为不是终局性的，医疗纠纷当事人还可以在不满仲裁结果的情况下选择进入诉讼程序，这就在一定程度上减轻了当事人的担忧，同时也减轻了法院处理医疗纠纷诉讼的工作量。第三是因为医疗纠纷仲裁所涉及的都是患者的生命健康权等重要权益的裁决，如果选择的是终局性的仲裁模式，那么仲裁结果出现错误就会对患者的权益造成极大损害，同时也会因此降低患者选择医疗纠纷仲裁的积极性，不利于医疗纠纷仲裁模式的推广。综上所述，选择必经非终局型作为医疗纠纷的仲裁模式是医疗纠纷的特殊性决定的，同时也有利于建立、推广专门的医疗纠纷仲裁制度。

二、签订医疗纠纷仲裁协议的发起方式

现代仲裁制度建立在仲裁协议的基础上，仲裁协议是纠纷当事人选择以仲裁为纠纷解决方式的契约。关于医疗纠纷的仲裁协议的签订时间，通常有两种看法。一种看法认为，因为医疗纠纷不同于一般的民商事纠纷，医疗纠纷因为争议点往往是患者的生命健康问题，所以妥协性不强，并且双方互不信任，对抗情绪一般很激烈。在发生医疗纠纷后，再由医患双方协商签订仲裁协议的可能性很小。所以，应该在医疗行为发生前就由医患双方签订医疗纠纷仲裁协议。另一种看法认为，由于医疗行为中患者在接受具体诊疗之前具有急迫性，在现实情况中很难耐心协商关于发生医疗纠纷之后的仲裁情况；同时，在诊疗之前就签订医疗纠纷仲裁协议，会让患者认为医疗机构有逃避责任之嫌。所以，在医疗行为发生前就签订仲裁协议是不可行的，应该在出现医疗纠纷后协商一致达成仲裁协议。考虑医疗纠纷的特殊性，笔者认为应该借鉴劳动争议仲裁的发起方式，放弃以仲裁协议作为开启仲裁程序的前提，而规定为当发生医疗纠纷时，经一方当事人申请，即可发起医疗纠纷仲裁。这样既是医疗纠纷与劳动争议社会法属性相通的表现，也是考虑到医疗纠纷不同于一般民商事纠纷的特殊性，避免患者和医疗机构不容易达成仲裁协议的情况出现。

三、医疗纠纷仲裁庭成员的组成

针对医疗纠纷的特殊性，在确定医疗纠纷仲裁庭的成员时，应当注意以下几点：第一是让医学领域的专家成员加入。医疗纠纷的最大特点就是专业技术性较强。一般的仲裁庭，往往只由法学领域人士组成，这样在遇到专业技术性问题时就难以作出公正合理的仲裁。在仲裁庭中加入医学专家，既可解决专业技术性问题，又能增强医疗纠纷仲裁庭的权威性。第二是应当参照其他一般仲裁庭成员的规定，允许双方当事人各自选择一名仲裁员作为合议仲裁庭成员。这样做既尊重了当事人的意愿，又缓和了双方的矛盾，使他们更容易接受仲裁结果。第三是应当在考虑仲裁结果公平的前提下，适当地考虑独任制仲裁。医疗纠纷的争议标的额并不都是比较大的，针对一些事实清楚、标的额较小，双方争议不大的医疗纠纷，可以在征求双方当事人意见的情况下，采用独任制医疗纠纷仲裁。这样做既节省了仲裁资源和成本，也有利于提高仲裁效率。

医疗纠纷仲裁是一种重要的医疗纠纷非诉讼解决机制。仲裁制度相比于民间协商和人民调解更为专业化，相比于诉讼程序更为灵活和高效率，其裁决还具有法律约束力。所以建立专门的医疗纠纷仲裁制度是十分必要的，尤其是在现阶段我国医疗纠纷数量日渐增加的情况下。医疗纠纷仲裁制度作为一种非诉讼纠纷解决机制，为我国医疗纠纷的解决提供了又一条可行的道路。

第二节　完善医疗责任保险制度

一、医疗责任保险制度的概念

医疗责任保险制度即是保险人作为第三方参与医疗机构对患方的赔付工作。其目的是为了分担医疗机构在医疗纠纷中的责任风险；同时，也保障其他非诉讼纠纷解决机制划归医方责任之功能的实现。医疗责任保险制度的出发点就是为了使医疗纠纷双方跳出保险赔偿谈判常常久拖不决的困局，以保险赔偿来分摊医疗机构需要承担的医疗损害赔偿，从而使医疗纠纷能够尽快通过非诉讼机制得到圆满解决。这也是医疗责任保险能够在医疗纠纷非诉讼解决机制中发挥作用的重要原因。

医疗责任保险制度在国外已经发展得较为成熟。例如，美国首先在自由商业保险的基础上建立了强制保险模式，医疗责任保险就是强制保险中的一种。美国的医疗责任保险类型分为医疗机构责任保险和医师责任保险两类。两种医疗责任保险共同承担着可能发生的医疗损害赔偿责任。英国的医疗责任保险是在全民免费的国民医疗保健体制（National Health Service，NHS）下建立的。NHS 体系由英国正规医疗机构和社区医疗站组成，在 NHS 体系内的医疗机构必须参加医疗责任保险；而 NHS 体系之外的非正规医疗机构可以自愿选择参加医疗责任保险。英国医疗责任保险最大的特点是，医疗责任保险是由三个非营利性的社会团体提供的。这三个机构的业务范围不局限于医疗责任保险，还就可能出现的医疗纠纷为医生提供法律帮助。由此可以看出，英国的医疗责任保险制度在最大程度上保障了医生的权益。

近几年，医疗责任保险制度也被引入我国，而且在国内部分地区已经开始尝试运行这种医疗赔偿保障制度。目前，医疗责任保险的运行主要是采用“医疗机构向保险公司投保—发生医疗纠纷时，医疗机构委托第三方处理纠纷—保险公司代向患者赔偿”的模式。在这种模式下，医疗机构就从医患赔偿关系中剥离出来，不用再分心应对医疗纠纷。这种既保障患者能够及时得到赔偿，又为医疗机构分担了风险的制度是值得肯定的。

为此，2007年6月，卫生部、国家中医药管理局、中国保监会联合下发了《关于推动医疗责任保险有关问题的通知》。2010年1月，司法部、卫生部、中国保监会在《关于加强医疗纠纷人民调解工作的意见》中，又一次从中央层面强调了加强医疗责任保险制度与人民调解制度的联合以构建具有中国特色的医疗风险分担机制，对有效化解医疗纠纷、建立新型的医患关系与和谐社会的重要性，并提出了具体的要求。2014年5月5日，全国医疗纠纷人民调解工作现场会在天津召开。会议强调了人民调解在解决医疗纠纷方面发挥的重要作用，同时提出要坚持医疗纠纷预防和处置并举，积极构建以人民调解为主体，院内调解、人民调解、司法调解、医疗保险分担机制有机结合、相互衔接的制度框架，建立和完善具有中国特色的"三调解一保险"医疗纠纷预防和处置体系，把开展医疗责任保险作为做好医疗纠纷处置工作的一项重点任务扎实推进。

2014年7月11日，国家卫计委又联合司法部、财政部、中国保监会等五部门在北京召开了加强医疗责任保险工作的电视电话专题会议。会议指出全国各地各部门要大力推进以医责险为主要形式的医疗风险分担机制建设，探索综合立体的保险保障制度，逐步使医疗责任保险制度囊括医疗事故、医疗过失、医疗意外等风险形式，覆盖医疗机构、医务人员、患者等医疗相关主体，把医疗保险网编织的更密更严更有保障。五部门联合发布的《关于加强医疗责任保险工作的意见》中还要求，到2015年底前，全国三级公立医院参保率应当达到100%；二级公立医院参保率应当达到90%以上。据统计，2013年全国医疗责任保险费收入15.7亿元，为全国医疗机构及医务人员提供风险保障242亿元；2015年全国医疗责任保险费则跃升至23.64亿元，为全国医疗机构和医务人员提供风险保障高达506.1亿元。而2014年全国医疗机构总诊疗量比2013年增加了5亿多人次，但医疗纠纷却下降了8.7%，这些数据充分说明了医疗责任保险制度越来越为人们关注和重视，并且已经在解决医疗纠纷中发挥了积极且重要的作用。

二、建立医疗责任保险制度的意义

医疗卫生事业关系到千家万户的幸福，是重大的民生问题。保险作为一种市场化的风险分担转移、互助共济和社会管理机制，在保障医患双方的合法权益、防范化解医疗纠纷、构建和谐的医患关系方面具有积极意义和重要作用。

（一）有效维护医患双方的合法权益，构建和谐的医患关系

医疗责任保险是对医疗机构依法应负有经济赔偿责任，依据合同约定进行赔付的保险险种，为解决医疗纠纷赔偿问题提供了一条有效的第三方渠道。医疗责任保险不仅有利于明确医疗纠纷中医患双方的权利和义务，还能使患方及

时得到经济补偿，也为医疗机构分担了一定的职业风险，为解决医疗纠纷、构建和谐的医患关系提供了新的途径。

（二）防范化解医患矛盾，维护正常的医疗秩序

保险作为“第三方”的力量，通过与医疗纠纷调解机制的有效结合，将医疗纠纷处理从医疗机构内转移到医疗机构以外依法进行调解、处置和赔偿，有利于预防、化解医患矛盾，保障正常的医疗秩序。

（三）提升医疗机构风险管理水平，健全医疗行业风险管理体系

保险是市场经济条件下风险管理的重要手段。发展医疗责任保险，利用保险价格杠杆的保障约束作用，有利于积极引导医疗机构转变观念，提高医疗风险防范意识；有利于促进医疗机构加强内部管理，提高医疗服务质量和管理水平，从而预防和减少医疗纠纷的发生，提高医疗风险管理的总体能力。

三、我国医疗责任保险制度存在的问题

（一）商业保险公司的性质与医疗责任保险制度的目的不相符

目前，在我国推广的医疗责任保险制度中，介入医疗纠纷并承担赔偿义务的是商业保险公司。众所周知，商业保险公司是以营利为目的的市场主体，而建立医疗责任保险制度的目的是为了将医疗机构的赔偿风险交由保险公司承担，最大限度地降低医疗机构的风险并尽可能地保障患者的合法利益，其目的具有公益性，是一种社会公共服务。因此，二者便出现了矛盾：让旨在营利的保险公司去主动积极地承担公益性的社会公共服务，从长远来看是不切实际，也不符合市场经济规律的。

（二）医疗责任保险发展缓慢，无法支撑这种制度

医疗纠纷的解决是一个系统而复杂的过程，涉及医疗机构、卫生行政部门、人民调解组织、仲裁机构、法院、鉴定机构等多个组织机构。商业保险公司作为一个商业主体，如果没有政府的协助，很难协调这么多主体完成医疗纠纷的解决。

（三）医疗纠纷的复杂性增加了商业保险公司的运营成本

医疗纠纷的解决需要协调各种关系，这都加大了商业保险公司的运营成本，也就违背了商业公司的营利目的。这些超出运营成本的经济负担最终会转嫁到医疗机构和患者身上，使得医疗责任保险理赔难，商业保险公司、医疗机构、患者均不满意，医疗责任保险也就难以为继。

四、完善医疗责任保险制度的建议

（一）加强政府引导和督导考核

1.加强医疗责任保险的宣传和普及

医疗责任保险制度在我国建立的时间还不长，很多医疗机构的风险防范意识较低，对这种保险还不了解，有的还存在抵触情绪。因此政府各部门应充分发挥各自优势，通过各种渠道和方式，有针对性地开展医疗责任保险及医疗纠纷处理政策的宣传和保险知识普及活动，提高医疗机构利用保险工具应对医疗风险和医疗纠纷的主动性和自觉性，不断扩大医疗责任保险覆盖面，为医疗责任保险发展营造良好的社会氛围。同时，卫生行政部门要将医疗机构参加以医疗责任保险为主要形式的医疗风险分担机制纳入"平安医院"考核体系，一方面提高医疗机构的抗风险能力，另一方面也增强医疗责任保险应用的力度。

2.加强对医疗责任保险的监督

保险监管部门要加强对保险机构的监督、管理和考核工作，指导保险机构进一步完善医疗责任保险合同、条款，信守承诺，及时理赔；引导理性竞争，加强监管，依法严肃处理保险机构的违规行为和损害医疗机构和患者合法权益的行为；卫生行政部门要建立对保险机构服务意识和服务能力的评价机制，促进保险机构为医疗机构和患者提供规范、高效的咨询及理赔服务，不断提高服务质量。

（二）保险公司加强自身建设和吸引力

(1)科学合理厘定医疗责任保险费率，增强医疗责任保险产品的吸引力和适应性。

(2)保险机构要加大对医疗责任保险业务投入力度，引进和培养专业技术人才，练好内功，切实做好风险管控和保险服务工作。

(3)保险机构应定期开展保险案例的总结、评析，根据医疗机构风险状况进行保费浮动调整；根据医疗机构的风险特点创新开发有针对性的保险产品，逐步扩大保障内容和范围，满足医疗机构多样化、多层次的保险需求；以医疗纠纷人民调解协议等为依据，及时开展理赔工作，简化理赔手续，优化理赔流程，提升服务能力和效率。

参考文献

[1] 左传[M]. 昭公二十五年
[2] 荀子[M].
[3] 群书治要·只言[M].
[4] 礼记·经解[M].
[5] 孟子·离娄上[M].
[6] 孔志学. 医疗纠纷与法律处理[M]. 北京:科学出版社. 2007.
[7] 魏振瀛. 民法[M]. 北京:北京大学出版社,2000.
[8] 李圣隆. 医护法规概论[M]. 3 版. 台北:华杏出版股份有限公司,1993.
[9] 柳经纬,李茂年. 医患关系法论[M]. 北京:中信出版社,2002.
[10] 龚赛红. 医疗损害赔偿立法研究[M]. 北京:法律出版社,2001.
[11] 江平. 民法学[M]. 3 版. 北京:中国政法大学出版社,2003.
[12] 何颂跃. 医疗纠纷与损害赔偿新释解[M]. 北京:人民法院出版社,2002.
[13] 曾利民. 医疗合同研究[D]. 重庆:西南政法大学,2007.
[14] 刘志博. 医疗机构法律制度研究[D]. 北京:中国政法大学,2011.
[15] 彭伟军. 医疗行为及其法律规制问题的研究[D]. 兰州:兰州大学,2007.
[16] 张文彬. 医患法律关系研究[D]. 济南:山东大学,2005.
[17] 张丽娟. 中国传统法文化对法治现代化的影响[D]. 长春:东北师范大学,2006.
[18] 谷向晖. 当前医疗纠纷产生的原因及对策研究[D]. 长沙:中南大学,2010.
[19] 轩萱. 构建和谐医患关系研究[D]. 上海:复旦大学,2010.
[20] 谢茜. 关于和谐医患关系构建研究:以湖南省长沙市某医院为调查对象[D]. 长沙:中南大学,2013.
[21] 王杰. 论我国医疗纠纷非诉讼解决机制的再完善[D]. 南昌:南昌大学,2014.
[22] 李宗海. 论医患纠纷的法律解决机制[D]. 合肥:安徽医科大学,2013.
[23] 张杰. 论医疗纠纷的调解机制[D]. 北京:中国人民大学,2008.
[24] 许冠团. 论医疗纠纷解决机制及其完善[D]. 厦门:厦门大学,2007.
[25] 雷开良. 完善医疗纠纷处理机制的法律对策[D]. 重庆:西南政法大

学,2010.
[26] 徐立伟.我国医疗纠纷调解机制的现状与完善[D].北京:中国政法大学,2010.
[27] 冯亚兰.我国医疗纠纷协商解决机制研究[D].武汉:华中科技大学,2010.
[28] 涂飞.医患纠纷的法律解决途径[D].武汉:中南民族大学,2013.
[29] 张一愚.医患纠纷有关法律问题探讨[D].广州:暨南大学,2005.
[30] 宋金仁.医疗纠纷的民事责任[D].哈尔滨:黑龙江大学,2006.
[31] 何有振.医疗纠纷调解制度研究[D].济南:山东大学,2009.
[32] 仇龙妹.医疗纠纷问题探讨[D].上海:华东政法学院,2005.
[33] 罗刚,先德强,王慧靖.医疗纠纷的诉讼解决机制研究[J].中国卫生事业管理,2008(12):825-826.
[34] 吴缦莉.医疗纠纷的行政 ADR 机制构建研究[D].北京:中国政法大学,2007.
[35] 赵云.也谈我国医疗纠纷行政调解机制[J].中国卫生法制,2010(2):52-55.
[36] 曹帆.医患纠纷行政调解规制的完善研究[D].南京:南京中医药大学,2013.
[37] 苏爽.医疗纠纷行政调解制度的完善[D].重庆:西南政法大学,2013.
[38] 高琴.医疗纠纷行政调解制度研究[J].中国医药导报,2013(25):162-164,168.
[39] 陈美玲.医疗纠纷诉讼外解决机制研究[D].北京:中国政法大学,2012.
[40] 万里涛.医疗纠纷解决方式研究[D].上海:华东政法学院,2004.
[41] 陈艳明.医疗纠纷解决机制研究[D].北京:中国政法大学,2011.
[42] 郝志勇.医疗纠纷解决机制研究[D].重庆:重庆医科大学,2011.
[43] 俞飞.医疗纠纷解决机制研究[D].厦门:厦门大学,2005.
[44] 高毓蔚.医疗纠纷的诉讼解决机制探讨[J].法制与社会,2014(9):135-136.
[45] 赵丽娜.中国医疗纠纷解决法律机制问题研究[D].合肥:安徽大学,2011.
[46] 施临湘.对我国医疗纠纷诉讼举证责任分配的研究[D].北京:中国政法大学,2007.
[47] 杭娇娇.我国医疗纠纷仲裁解决制度研究[D].开封:河南大学,2013.
[48] 瞿晓敏,达庆东.防范医疗纠纷的关键:医患双方权利和义务的统一[J].中国卫生事业管理,2001(8):475-477.
[49] 段宏伟.论患者的权利[D].上海:华东政法学院,2004.
[50] 胡永庆.知情同意理论中医生说明义务的构成[J].法律科学(西北政法学院学报),2005(1):91-98.

[51] 王萍.论患者的权利义务[J].医学与社会,2005(3):48-50.
[52] 王丹峰.论医患纠纷中患者权利及其保护[D].北京:中国政法大学,2011.
[53] 夏良伟.浅谈患者义务与文明就医[J].中国医院,2008(2):66-69.
[54] 梁鹏飞.浅析医生权利及其保护[J].法制与社会,2012(3):259-260.
[55] 王锐.论患者权利及其民法保护[D].哈尔滨:黑龙江大学,2008.
[56] 姚非凡.医患关系中患者权利研究[D].南京:南京中医药大学,2011.
[57] 何恬.患者的自决权和医生的告知义务[J].法律与医学杂志,2002(3):145-151.
[58] 吴蓓.医生说明告知义务:以医患关系为考察视角[D].北京:中国政法大学,2011.

主编简介

解放，曾担任《甘肃青年》杂志、《青年晚报》《新一代》杂志副总编，《中国环境报》甘肃记者站站长。其后任甘肃省人大常委会法工委办公室主任，当选中国卫生法学会常务理事、中国消法研究会理事、甘肃省行政法学研究会副会长、经济法学研究会副会长、兰州仲裁委员会副秘书长(驻会)，受聘为兰州大学硕士生导师、兰州大学医学人文中心教授、西北民族大学教授、甘肃政法学院教授。2011年起担任甘肃第三方医疗纠纷人民调解委员会副主任、《第三方调解》杂志主编，专职从事第三方调解实务与研究。参与及编著了《中国市场经济与地方立法》《地方立法新问题探索》《行政许可法详解》《仲裁法律手册》《患者维权手册》《医疗纠纷人民调解法律汇编》等专著，发表过三十余篇法治类论文，参与过近百部法律法规的立法工作，曾荣获“中国3.15奖章”。

张云德，兰州大学副教授，兰州大学医学人文中心常务副主任、硕士生导师、甘肃第三方医疗纠纷人民调解委员会专家库专家。编著有《医学证据学》(人民卫生出版社)、《医学证据学实用指南》(兰州大学出版社)等专著，对医学教育及医疗纠纷处置的教学、研究具有丰富的经验及深厚的造诣。